Estelle Penain

Préface de Lise Bartoli

A Annabel

Naître fille devenir femme

devenir sage-femme parce que
le chemin vers soi/moi
amène la paix...
De la naissance à aujourd'hui
une odyssée au féminin...

En bonus, 10 chansons de l'auteure à écouter gratuitement ! (Voir p. 301)

LEDUC.S ÉDITIONS

« La haine n'est pas innée.
Les hommes apprennent à haïr,
et s'ils peuvent apprendre la haine,
alors on peut leur enseigner l'amour
car l'amour gagne plus naturellement
le cœur humain que son contraire… »

Nelson Mandela

« Un voyage intime et sincère vers le vrai moi. Un témoignage bouleversant. Une leçon de vie et de liberté. Un livre qui nous pousse, comme Estelle, à tomber le masque, à peler l'oignon jusqu'à révéler notre nature profonde. »

CAROLINE ITHURBIDE, journaliste et animatrice

« Merci à Estelle de nous offrir ce témoignage criant de Vérités, de clartés et d'enseignement. L'expérience de son chemin de conscience est un puissant cadeau qui nous guide vers notre propre lumière intérieure. Écouter son besoin de liberté comme symptôme du besoin de sa propre libération est une clé qu'elle nous transmet avec une immense générosité. Chère Estelle, MERCI de nous délivrer ce message avec tant de cœur et de simplicité, de lumière et d'authenticité. »

JOHANNE TOLEDANO, comédienne et auteure

« C'est avec générosité et sincérité qu'Estelle Penain partage avec nous le journal de bord de sa quête personnelle. De l'initiation à l'expérimentation, de la maladie à une reconnexion avec son corps, un parcours riche en enseignements universels. »

ANNE CAZAUBON, auteure, journaliste
en développement personnel et conférencière

« C'est vers notre féminin profond que nous cheminons au fil des pages et des mots que nous livre Estelle Penain. Lire son témoignage fort et intense nous emmène dans les coulisses de notre être où notre féminin et masculin essayent tant bien que mal de trouver leur juste place. »

CÉLINE ANAYA GAUTIER, auteure et photographe

Toutes les chansons citées dans cet ouvrage font partie du catalogue d'Estelle Penain et sont déposées à la Sacem.

Conseil éditorial : Stéphanie Honoré
Suivi éditorial : Estelle Durand
Maquette : Sébastienne Ocampo
Illustration : Shutterstock

29, boulevard Raspail
75007 Paris – France
ISBN : 979-10-285-1241-5

« Homme es-tu capable d'être juste ?
C'est une femme qui t'en fait la question ;
tu ne lui ôteras pas du moins ce droit. Dis-moi ?
Qui t'a donné le souverain empire d'opprimer mon sexe ?
Ta force ? Tes talents ? Observe le créateur dans sa sagesse ;
parcours la nature dans toute sa grandeur,
dont tu sembles vouloir te rapprocher, et donne-moi,
si tu l'oses, l'exemple de cet empire tyrannique.
Remonte aux animaux, consulte les éléments,
étudie les végétaux, jette enfin un coup d'œil
sur toutes les modifications de la matière organisée,
et rends-toi à l'évidence quand je t'en offre les moyens ;
cherche, fouille et distingue, si tu le peux,
les sexes dans l'administration de la nature.
Partout tu les trouveras confondus, partout ils coopèrent
avec un ensemble harmonieux à ce chef-d'œuvre immortel.
L'homme seul s'est fagoté un principe
de cette exception. Bizarre, aveugle,
boursouflé de sciences et dégénéré […],
il veut commander en despote sur un sexe
qui a reçu les facultés intellectuelles. »

Olympe de Gouges,
Déclaration des droits de la femme
et de la citoyenne

Sommaire

Partie III

Épilogue

Préface

Notre chemin de Vie est parfois si encombré qu'il nous semble difficile d'avancer. Le risque est d'imaginer que c'est ainsi, que rien ne peut changer, que la malchance nous poursuit… La fatalité force l'inertie, nous réduisant à l'impuissance de bouger. Pourtant tout ce qui a été déposé sur notre route peut nous guider vers notre véritable voie. Vient le moment de l'en-quête. Alors chaque caillou, chaque branchage, chaque fissure, chaque rocher sur notre piste fait sens et nous aide à nous rappeler notre formidable capacité à nous réveiller pour grandir.

Au cours de mon travail clinique, je me suis aperçue à quel point notre passé lointain pouvait significativement influencer notre destinée. Depuis notre arrivée sur Terre, nous sommes comme « façonnés » par les injonctions, les regards, et même les pensées de notre entourage. Tout ce que nous avons vécu enfants nous modèle psychiquement et émotionnellement bien sûr. Mais on oublie souvent d'autres empreintes aussi puissantes installées depuis la fécondation, la gestation, la naissance, ainsi que l'impact de ce qui a marqué notre famille, nos ancêtres. Tout cela oublié ? Peut-être consciemment. Mais l'inconscient garde ces traces qui demandent à être apaisées pour un mieux-être. Il faut souvent remonter en amont pour que soient révélés les secrets de ce qui nous entrave, pour se libérer et finalement renaître pour être Soi.

Comme beaucoup Est'Elle a subi la direction qui lui a été donnée depuis sa naissance. Naître fille revient à n'être Femme qu'en cachette. L'espoir d'évolution, tel l'œuf figé à l'intérieur, crie son désir de s'ouvrir, d'éclore, d'éclater, de prendre sa place. Le moment de désarroi passé, elle a décidé de comprendre. Puis de transmuter la peur, le malaise, la douleur en de véritables forces pour se hisser au-dessus des épreuves afin de libérer toute sa puissance et féconder sa divine féminité.

Troubadour des temps modernes, Est'Elle a réuni tous ses talents d'auteure, compositrice et poétesse afin de transmettre ce que son parcours lui a enseigné. Elle nous prouve dans ce magnifique témoignage combien le développement personnel est salutaire et comment toutes les techniques d'ouverture permettent de déployer des prises de conscience puissantes. L'enjeu est essentiel : arrêter de subir jusqu'à la maladie même, pour devenir actrice de sa vie.

Merci à elle pour cette déclaration de libération et d'amour. À lire, à chanter, à claironner !

LISE BARTOLI
Psychologue clinicienne, hypnothérapeute,
formatrice et auteure. Directrice pédagogique
du D.U. européen d'hypnose thérapeutique.

Avant-propos

Je vais vous raconter l'histoire du plus incroyable voyage de ma vie, celui de la conquête de ma liberté et de ma résilience à travers l'exploration et l'acceptation de mon être aux polarités féminines et masculines réconciliées. J'espère que, tout au long de cette odyssée intérieure, la lectrice et le lecteur cueilleront des fruits pour leur propre libération intérieure, véritable sésame vers la réalisation de soi, la liberté et la paix dont le monde a terriblement besoin.

Après les hashtags #BalanceTonPorc et #MeToo, j'ai réalisé combien nous étions nombreuses à souffrir en silence. La libération de la parole ne pouvait se faire que dans une explosion de sentiments divers et variés que je ne jugerai pas dans ces pages, car chacun·e de nous fait ce qu'il·elle peut avec ce qu'il·elle est. En revanche, j'ai ressenti l'appel d'une partie de mon âme que j'appellerai ici « la femme sauvage » à vouloir s'exprimer elle aussi. Je le faisais depuis quelques années dans mon travail artistique (création de matrices utérines cosmiques en peinture) et littéraire (des chansons et des slams/poésies pour raconter la résilience Ô Féminin). Mais il me fallait aller encore plus loin. Oser enlever les masques, montrer ma vulnérabilité pour mieux me guérir. Car, oui, je devais guérir d'un mal profond. Un mal silencieux et invisible qui a fait surface il y a quelques années, détecté à la suite d'une fausse couche. L'endométriose. Cette maladie m'est apparue comme un tissu invisible venu se couler sur mon utérus pour l'empêcher de féconder, de donner la vie.

Après la colère est venu le deuil de la maternité. Puis l'acceptation. Et dans l'acceptation est née la compréhension de mon histoire. Pourquoi cette maladie a-t-elle fait soudain irruption dans ma vie? Pourquoi cette maladie? La souffrance m'a ouvert les yeux sur cette part féminine négligée bien malgré moi, puisque jusque-là j'étais ignorante de cette beauté profonde. En allant explorer le tréfonds de mon âme, j'ai vu ces frontières qui empêchent d'être libre, ces barrières ressemblant à des barbelés piquants. Me croyant libre, j'ai découvert que j'étais au contraire enfermée comme une prisonnière dans sa cellule. Cette prison intérieure était à l'image des limites érigées dans ma vie extérieure comme une protection, sans m'en rendre compte. Une particule élémentaire de la société engluée dans ses peurs, ses frontières et ses barrières.

J'ai peu à peu rejoint les philosophies qui ont jalonné ma route sur la nécessité de faire la paix avec soi-même, afin de vivre les valeurs si chères à notre culture commune : « *Liberté, Égalité, Fraternité* ». Et j'ajouterais « sororité » pour les sœurs, puisque fraternité n'inclut que les frères. Ou encore mieux, « adelphité », pour en arriver à ne plus parler de genre mais d'êtres humains. Selon ce qu'on peut lire sur un site dédié au sujet : « *Ce mot s'utilise au Québec et assez rarement (pour le moment) en Belgique et en France. Il désigne la personne qui est née de mêmes parents. Autrement dit, il désigne indistinctement de son genre ou sexe, le frère ou la sœur de quelqu'un. Par exemple : J'ai trois adelphes : deux frères et une sœur*[1] »

1. https://www.adelphite.fr/adelphite-du-langage/

Nous sommes tous des frères et sœurs de l'espèce humaine, n'est-ce pas ? Donc allons-y pour « adelphité ». Ce terme pourrait permettre d'accepter la différence fondamentale entre les femmes et les hommes nés, non pas pour se ressembler, mais pour se compléter. Voilà bien une richesse essentielle pour une harmonie entre les peuples. Sous notre peau, nous avons le même squelette. Nous sommes de la même espèce, que nous soyons homme ou femme, blanc, noir, religieux ou pas, nous sommes UN. Ma responsabilité de femme et d'être humain m'amène à honorer la vie sur cette planète. Par la pratique de l'écoute intérieure – donc du féminin –, il est possible d'adoucir ce monde excessivement masculin et guerrier. Car, rien ne marche dans l'excès.

J'ai observé combien la guérison du masculin blessé guerrier et du féminin blessé abusé était nécessaire pour changer ce monde. Je suis partie à la conquête de cette liberté intérieure trouvée dans l'alchimie du féminin et du masculin devenus UN. En regardant les peurs et les freins au plus profond de mon âme, en écoutant la maladie, langage de mon corps, en dépassant mes croyances, expression de mon mental, la paix intérieure a pris la place de la méfiance et de l'insécurité. C'est dans ce terreau que l'amour a pu éclore. La spiritualité, c'est-à-dire la pratique de l'écoute intérieure, m'a sauvée. La spiritualité m'a montré le pouvoir de l'esprit sur la matière et vice versa. J'ai le pouvoir de guérir. En tout cas, d'aider à ma propre guérison… La maladie m'a appris à entendre le cri de mon âme et de ma profonde nature. Et si la véritable guérison était spirituelle ?

Mais revenons au tout début du chemin…

Partie I

Comment être femme : être un homme comme les autres ?

La naissance. Naître Fille ou n'être qu'une Fille

« Venir dans ce monde sans avoir été désirée
Tu le ressens sans le comprendre, tu es sidérée.
Mais une main attrape tes pieds avec vivacité
Et te voilà sortie dans ce monde sans désir d'exister.
Une fessée pour te souhaiter la bienvenue et respirer
Tu aimerais mieux retourner dans ta félicité[2]. »

Tout a commencé avant même que je naisse. Le désir d'avoir un garçon plane souvent dans une famille, comme dans la société, et je n'y échappe pas. En Chine, en Inde et en Afrique, le contrôle des naissances bat son plein. La politique de l'enfant unique crée un fort désir de garçon pour assurer la descendance. Le nombre d'infanticides explose, concernant les filles. En France, nous parlons du choix du roi si un couple a un garçon et une fille.

2. Extrait de la chanson « Naître Fille ou n'être qu'une fille », auteure-compositrice-interprète EstELLE Penain.

Mais alors deux filles, aucune fierté? Eh bien, non. Et puis, cette histoire de transmission par le fils, qui l'a décidée? Ne naît-on pas tous d'un ventre maternel?

Je suis née fille, et ma naissance est marquée par une arrivée en siège. J'entre dans la vie à reculons, les pieds en premier. La tête sortant en dernier, la respiration peine à arriver. Je me retrouve à l'envers, passant de l'état aquatique à terrestre, pendue comme un trophée, avec quelques tapes sur les fesses en guise de bienvenue. Et l'on m'arrache très vite à ma mère pour me faire les premiers soins. Syndrome d'abandon garanti, quand l'enfant est séparé trop vite de sa mère… Nous sommes en effet nombreux à être touchés par ce syndrome, qui se manifeste ensuite tout au long de la vie par la dépendance au regard de l'autre, par un besoin d'attention aiguë, au point parfois d'accepter les pires traitements uniquement pour « garder » l'autre, ou de faire passer les autres avant soi pour leur plaire et ne pas les perdre… Voilà un aperçu des conséquences possibles.

La dépendance affective, ce gros morceau de la blessure d'abandon, a sûrement commencé pour moi ce jour où l'on a empêché ce lien entre l'utérus confortable de maman et son ventre. Aujourd'hui, on sait combien il est important de laisser l'enfant sur le ventre de sa mère pour qu'il retrouve la chaleur qu'il a connue durant neuf mois, pour le rassurer, pour qu'il fasse la transition entre son ancien et nouveau lieu de vie. Le syndrome d'abandon va faire partie de moi pendant longtemps avant que je réalise qu'il a pu commencer à ce moment-là précisément, lorsque des mains froides et inconnues m'ont attrapée et m'ont coupée du lien sécurisant maternel pour me donner des soins. Une éternité, pour un nourrisson. J'aurais aimé que l'on m'accueille avec douceur, que l'on me dépose délicatement sur le ventre de maman, que mon papa pose sa main sur mon dos comme pour me rassurer, me dire que tout ira bien, que l'on attende que le cordon ombilical cesse de battre pour le couper, que l'on prenne le temps de recevoir ce nouvel être comme un cadeau, et non pas de manière mécanique. Mais on ne connaissait pas ces choses-là, à cette époque. Question douceur, on repassera ! Une forme de violence dès le premier cri. Et la déception de mes parents en voyant le sexe d'une petite fille… Et un début de jaunisse, en prime. J'apprendrai plus tard qu'en médecine chinoise, la jaunisse est corrélée au foie, organe lié à la colère… Alors, déjà en colère à la naissance ? Et ce n'est que le début.

Pourquoi est-ce que je parle de « déception » de mes parents ? Ils avaient déjà donné vie à une première fille, elle aussi plutôt désirée garçon, ma sœur. J'étais la deuxième chance, et ma conception avait été teintée d'un désir encore plus fort d'avoir un garçon. La fameuse envie du choix du roi… Nous pouvons donc imaginer leur déception à la vue de ce bébé de sexe féminin. Je ne condamne ni ne juge leur réaction, bien inconscients des conséquences puisqu'à cette époque, personne n'avait connaissance de l'enjeu prénatal, que je découvrirai moi-même par la suite lors de mon long chemin de résilience. C'est la kinésiologue Claire Marquet qui m'apprendra un bout de mon histoire, lors de nos séances. Sa capacité à entrer en résonance avec mon ventre la conduira à revenir à l'époque de ma vie intra-utérine, ouvrant ainsi un chapitre essentiel, en m'interrogeant sur ma naissance à travers un travail de mémoire cellulaire dont elle saura décoder les messages.

Je reste d'ailleurs marquée par une de ces visions : moi dans le ventre maternel, à côté d'un autre embryon. Choc. Une émotion forte remonte jusqu'à ma gorge. Je ressens cet embryon, son image arrivant comme un flash dans ma tête. Un garçon, justement. Tiens, tiens… Claire évoque avec moi la sensation de ne pas être désirée fille. Elle sent qu'il y a eu un désir contradictoire de la part de ma mère. Et qu'il serait intéressant d'en parler avec elle pour vérifier son ressenti. Je pose donc la question à ma mère. Voulait-elle un garçon ? Est-elle vraie, cette vision évoquée par la kinésiologie ? Oui, ma mère avoue avoir voulu faire plaisir à mon père en désirant un garçon, bien qu'elle-même ne s'imaginait pas en éduquer un. Ils avaient même choisi un prénom masculin pour moi, et ce, bien avant la naissance puisque l'échographie, à cette époque, ne proposait pas encore cette possibilité de connaître à l'avance le sexe de l'enfant. J'ai donc été en gestation dans le ventre maternel avec ce prénom qui planait comme une ombre énergétique sur ma prochaine naissance. Cyril ou Cyrille. Ce ne sera ni l'un ni l'autre. Ma mère garde le souvenir d'une grossesse avec un ventre discret et une prise de huit kilos seulement. Bigre, je ne prends pas trop de place ! L'histoire de ma vie pendant longtemps…

L'injonction de leur profond désir a dû s'inscrire dans mes cellules au moment de la conception car j'ai grandi avec une forte dominance de mon principe masculin. Bref, un vrai garçon manqué, planqué sous des habits féminins. Cette histoire de ne pas être désiré pour qui l'on est impacte fortement la conscience et les cellules. J'ai eu, pendant longtemps, l'intuition que le fœtus entendait et enregistrait tout dans son ADN. Comme souvent, j'ai cherché à vérifier mes intuitions par un travail scientifique ou médical. Au moment opportun, je croise un livre, une conférence, une vidéo présentant le travail d'un·e chercheur·euse. Un embryon peut en effet sentir le désir de ses parents de manière profonde ! L'approche extraordinaire du docteur Claude Imbert sur la psychologie révolutionnaire du fœtus, sur son travail de libération des mémoires prénatales et sur la naissance me donne la confirmation de mon ressenti et des visions de la kinésiologue Claire Marquet. Apparemment, la façon dont nous avons été désirés et conçus impacte fortement nos vies. Et le fait de ne pas être désiré peut conduire à des naissances difficiles. Les empreintes laissées pendant la gestation jouent un rôle déterminant dans le psychisme. C'est un véritable pas de géant en psychothérapie qui est franchi grâce à ces découvertes.

La lecture de ces travaux confirme ce que je ressentais : en l'absence de toute compréhension, le fœtus ou l'embryon grave des informations dans sa mémoire, qui deviendront des croyances inconscientes dans son psychisme. Si la souffrance engendrée est très forte, le bébé mettra une stratégie en place. Quelle ne fut pas ma surprise quand j'ai lu qu'un bébé était capable de prendre une décision comme : je me débrouillerais toute seule puisque l'on ne veut pas de moi telle que je suis. À l'âge adulte, une autre stratégie consiste à devenir parfaite pour être acceptée (courir de thérapie en thérapie pour s'améliorer sans cesse par exemple). La principale empreinte de la vie intra-utérine est l'empreinte gémellaire, en tout cas la plus fréquente selon le docteur Imbert. C'est-à-dire qu'un ou deux ovules fécondés donnent vie à deux embryons, dont l'un meurt spontanément souvent vers la troisième semaine. La mère perd un peu de sang, mais elle est loin de se rendre compte du drame qui se joue pour l'embryon survivant. Les conséquences sont multiples. La peur de prendre trop de place en fait partie. Une croyance inconsciente peut même naître dans l'esprit du fœtus : j'ai survécu et l'autre embryon est mort, peut-être parce que j'ai pris trop de place ? La culpabilité de vivre, la difficulté à trouver sa place, l'impression d'avancer à reculons, voilà bien des sujets qui ont fait partie de ma route. D'ailleurs, dans mes relations, j'ai souvent cherché à fusionner, en cherchant une sorte de double. En amitié et en amour, il m'est arrivé de me sentir liée à une personne comme une jumelle le serait avec sa sœur.

Avec ma grande sœur, mon lien a toujours été fort, un amour évident. Ce qui m'intéresse avec elle, c'est également l'observation de son comportement, elle qui a vécu les mêmes situations de l'enfance que moi. Il est frappant de voir que nos réactions diffèrent alors que nous avons grandi dans le même foyer. Mais la grossesse de ma mère a été différente entre celle de ma sœur et la mienne, et le complexe de gémellité également, puisque je ne peux pas savoir si ma sœur l'a vécu elle aussi. Et puis le tempérament, les interprétations, les situations, l'arrivée de la cadette qui crée souvent un sentiment de jalousie du premier enfant puisqu'il était l'unique, le roi avant l'arrivée du deuxième… Autant de facteurs qui font que deux personnes restent uniques dans leur différence au sein d'une même famille. La cadette cherche sa place en imitant l'aînée, tandis que la première peut sentir pointer de la jalousie et des conflits face à cette deuxième qui lui vole la vedette… Je l'ai constaté maintes fois en interrogeant frères et sœurs. J'ai par la suite connu plusieurs personnes atteintes de maladies avec une histoire similaire, pour qui le fait de ne pas avoir été désirées à la naissance telles qu'elles étaient a provoqué des conséquences, nourrissant des croyances qui se sont incarnées à travers des maux psychiques ou corporels. Aujourd'hui, nous sommes nombreux à avoir le complexe de gémellité sans le savoir, ce qui traduit une difficulté à prendre notre place, selon la théorie du docteur Imbert.

Claire Marquet me guidera pour transformer cette croyance du complexe de gémellité en m'aidant à m'autoriser à prendre ma place comme jumeau survivant, sans endosser la responsabilité inconsciente de la mort de l'autre embryon. La conséquence? Ne plus avoir peur de déranger, d'être trop ceci ou cela, oser devenir artiste, m'exprimer et prendre ma place de femme.

Il m'aura fallu des années avant de prendre conscience de ce que je viens de vous délivrer en quelques phrases, des années pour recommencer consciemment le chemin de l'embryon à l'adulte que je suis aujourd'hui, des années pour me réconcilier avec qui je suis… Mais revenons au début du chemin. Me voilà incarnée dans un corps de Fille et c'est parti pour l'aventure de la vie !

De l'enfant à la jeune femme

« La brutalité de la vie te fait de plus en plus mal
Les adultes méprisent trop la flamme vitale
Qu'ils ont perdu au fil des années par orgueil.
Les souffrances sont devenues maîtresses du seuil.
Les cœurs qui t'entourent, ont oublié d'aimer.
Tu dois cacher ta lumière et ta joie pour exister
Pour avoir ta place parmi eux, ne pas trop briller.
Tu commences alors un chemin d'exil[3]*. »*

L'éducation que je reçois est parfois austère pour la petite fille sensible que je suis. Elle me conforte dans l'idée qu'il faut être forte pour m'en sortir. Qu'il faut souffrir, qu'il faut en baver pour réussir, que l'on n'a rien sans rien, que la vie est un combat permanent, que c'est marche ou crève. Bref, je reçois l'éducation qu'il est convenu d'avoir pour entrer dans le moule sociétal. Alors je suis forte. Insensible de préférence, car on n'aime pas les pleureuses, les chouineuses, les emmerdeuses, les trop sensibles. Pas de bol, il paraît que je suis une empêcheuse de tourner en rond. Que je ne

3. Extrait de la chanson « Naître Fille ou n'être qu'une fille », auteure-compositeur-interprète EstELLE Penain.

suis pas dans le moule. Hors cadre. Compliquée, puisque rebelle. « Rebelle », l'adjectif résonne trop comme une notion héroïque dont je n'ai pas l'étiquette. Je dis rebelle aujourd'hui, mais à l'époque je me sens plutôt jugée. Tout ce que je sais, c'est que je ne cesserai jamais de vouloir atteindre mon inaccessible étoile.

À l'adolescence, je garde le souvenir de ne pas m'aimer. À chaque arrivée des menstruations, une souffrance psychologique pointe son nez, comme une gêne, un problème, une salissure, un handicap. Je les rejette, ou plutôt les ignore. Il faut faire avec, sans y prêter trop d'attention. Personne ne m'explique vraiment mon passage de jeune fille à femme. Si ce n'est rationnellement. Mais rien ne vient vraiment honorer ce passage important pour une petite fille. Pour les garçons, certaines traditions accueillent ce passage de l'enfant au jeune homme comme une fête, lors d'un rituel par exemple. Dans les anciens temps, on honorait les différentes transitions de vie. En Occident, rien ne subsiste des rites anciens de nos grands-mères, de nos aïeules. Nous devons nous débrouiller seules. La course à l'individualisme et au profit dans laquelle notre société est engluée aujourd'hui, a complètement fait voler en éclats la notion de famille et de rituels. Comme si la tradition était synonyme de régression, ou plutôt comme si la modernité imposait d'oublier notre passé. Or, nous sommes le fruit de notre passé collectif.

Le jour où je deviens femme est donc un jour comme un autre. Voire pire, puisque je me sens sale. La première fois où j'ai senti du sang couler entre mes cuisses, j'étais chez un cousin. Je n'ai pas de souvenir précis, si ce n'est l'envie de partir vite de chez lui, et surtout ne rien dire. Pourquoi? Aucune idée. Je ne me souviens de rien d'autre. Comme une gomme qui aurait effacé ma mémoire. Et puis, en famille, nous ne parlions pas des choses intimes. Sûrement par pudeur et par reproduction d'une éducation transmise de génération en génération. Je me souviens seulement que je n'accueille pas ce moment de manière joyeuse mais plutôt comme un boulet menstruel. Je suis maintenant dans la norme. Bien qu'à cette époque, je ne me sente pas spécialement femme parce que j'ai mes règles. Pour moi, c'est plutôt la galère qui commence. Je ne le sais pas encore, mais les douleurs qui surviennent une fois par mois sont le signe annonciateur de quelque chose qui va marquer ma vie.

Mais je ne parle pas de mes règles, tout simplement car personne ne parle des règles. Trop tabou. Le sang dérange. Il plane comme une gêne, même entre filles. Je ne me souviens pas de discussion autour de ce sujet, alors qu'une fois par mois nous sommes toutes confrontées à cette perte de sang. Pourquoi ? « C'est normal d'avoir mal », paraît-il. Voilà à peu près tout ce que je reçois comme information. « Ne fais pas ta douillette, nous sommes toutes passées par là ! » OK, le message est clair. Je fermerai donc ma bouche, et n'aborderai pas ce non-sujet.

Les femmes de ma lignée ont fait comme toutes les familles : transmettre ce qu'elles connaissent. Je n'ai pas beaucoup de souvenirs de partage sur la féminité à cette époque de ma vie. Sûrement trop jeune pour m'en souvenir, ou pas encore suffisamment intéressée par le sujet, vu que je suis plutôt un garçon manqué. Cependant, je me sens tiraillée entre la libération sexuelle des femmes affichée dans les débats des années 1970 et ce qui se passe dans nos familles. Le discours ne suit pas toujours la réalité. Jeune fille, j'ai la sensation qu'être une femme au foyer ne rend pas forcément heureuse. J'entends des plaintes, des revendications, des injonctions à ne pas reproduire les mêmes « erreurs », comme la dépendance financière au conjoint. En observant mon entourage, je crois que j'intègre alors la notion d'indépendance et d'autonomie pour garder ma liberté. Plus question d'être un oiseau fragile tombé de son nid. Donc à nous, la nouvelle génération, de continuer la lutte. Je prendrai ce message très à cœur…

À l'arrivée des menstruations, j'éprouve un sentiment étrange de honte. Le désir inconscient d'être un garçon ? Peut-être. Le refus d'être une fille pour répondre au désir de mes parents ? Sûrement. Mais vu que tout est inconscient, j'avance avec le « cul » entre deux chaises…

Je fuis le monde incompréhensible des adultes avec des jeux artistiques, qui sont pour moi une sorte de refuge face à l'incompréhension de ce corps qui se transforme et que je n'accepte pas, le cachant sous des pulls immenses. J'ai en effet la chance de pratiquer le piano et le solfège au conservatoire de musique. Mais la discipline et le côté conservateur ne m'aident pas à m'émanciper vers une autonomie créative. Après un cycle complet jusqu'en fin d'étude et une mention sur mon parcours, j'abandonne quand même mon instrument pendant de longues années, un peu dégoûtée par le solfège et l'incapacité à jouer autrement qu'avec une partition. J'aspire déjà à la liberté créative, même si je ne le sais pas encore… Et je ne m'autorise pas à sortir du cadre. La partition sinon rien…

Je pratique également le sport de manière intensive, dans une équipe de gymnastique aux agrès de la Fédération française. Mon envie de me dépasser se renforce avec l'envie de gagner des compétitions et des médailles. C'est ainsi que se poursuit mon apprentissage de la vie : pour vivre, tu dois obéir aux règles, tu dois te battre et être en compétition avec l'autre. Je reçois un entraînement austère où la discipline m'apprend la persévérance pour atteindre mon objectif : devenir la meilleure pour vaincre mon adversaire. Le principe de la compétition.

J'ai donc le souvenir d'une éducation basée sur la discipline et peu sur l'encouragement. Éventuellement un peu de réconfort très furtif si j'obtiens une médaille, une coupe ou un diplôme... Et encore, je ne garde pas de souvenir de joie lors de mes « réussites ». Est-ce la pudeur ou la difficulté à exprimer les sentiments qui fait que je grandis dans une insécurité émotionnelle qui ne me quittera pas pendant des années ? Je comprends aujourd'hui d'où je viens, ma lignée paternelle et maternelle et, avec le recul, je ne peux que pardonner. Je souhaite être claire sur la question : je ne condamne pas mes parents, ignorants, comme je le disais, des enjeux engendrés par leur désir de garçon. Ils ont fait ce qu'ils ont pu. Et sûrement que, si je me place d'un point de vue spirituel, si je considère que nos âmes, avant de naître dans cette réalité terrestre, choisissent de s'incarner dans une famille, que les enfants ne sont pas le fruit d'un hasard mais d'un choix conscient pour faire évoluer leur âme, alors mes parents ont joué leur rôle. Dans certains courants spirituels, nous parlons de différents plans de conscience permettant à notre âme de vivre autrement que dans un corps physique. Mais ceci est un autre sujet que j'aurais l'occasion d'explorer plus tard dans le récit...

Avec mes parents, nous sommes passés par des périodes d'incompréhension et avons réglé nos différends, eux et moi. Quand on a des enfants trop jeunes, il semble impossible de ne pas faire d'erreurs. D'ailleurs, qui n'en fait pas ? J'alimente plutôt ici une compréhension de leur parcours et de leur vie. Cela m'a amenée à les aimer de plus en plus tels qu'ils sont, et non pas tels que j'aurais aimé qu'ils soient... Mais il en faut, du temps, pour arriver à ce sentiment... Aujourd'hui, j'accepte notre chemin, nos remises en question et notre évolution. Nous avons traversé des épreuves, dont nous sommes sortis grandis. Et ceci reste une grande victoire pour moi, sur le chemin de l'amour...

Les années 1990 arrivent, j'ai dix-huit ans. Mon baccalauréat littéraire en poche, une liberté toute fraîche s'offre à moi, celle de la vie étudiante dans une nouvelle ville. Je découvre la vie. Que dis-je? Je la croque à pleines dents. La vie étudiante, je la vois uniquement sur les bancs des amphithéâtres. Le reste du temps, je le passe avec une bande de copains fêtards qui connaissent surtout les bistrots. Sorties de trajectoire. Mauvais choix relationnels. Sabotage inconscient de mon potentiel dans l'alcool et les fêtes. Je m'amuse beaucoup. Du moins, je crois m'amuser. D'autant plus que je viens de vivre mes deux premières relations sentimentales sérieuses. Deux fois trois ans. Pas mal, pour un début. Ma première histoire, de seize à dix-huit ans, s'est terminée sur une crise, pendant laquelle je me prends un coup de tête sur le nez. Comment en est-on arrivés là? Après trois années d'un amour empreint de jalousie sur la fin, je voulais mettre de la distance entre nous. Je ne savais pas comment faire. Je n'aime pas faire mal. Parce qu'après trois ans, il y a de la tendresse. Mais la jalousie de cet homme va s'amplifier à mesure de mon détachement progressif. Et lors de ce fameux jour, au beau milieu d'une dispute, il m'attrape par les épaules et me donne un coup de « boule », comme on dit. Un filet de sang au milieu du nez, une douleur lancinante, je suis choquée par son geste. Se confondant en excuses, prétextant que je l'ai poussé à bout, il jure avoir eu un geste accidentel, voulant juste me faire peur! Me voilà donc avec une déviation nasale à l'hôpital… et la fâcheuse habitude à pardonner trop rapidement. Il ne l'a pas fait exprès. Faute avouée à moitié pardonnée. Mais avec moi, c'est plutôt vite pardonné. Je ne sais pas comment je fais, mais j'ai l'impression d'avoir un mécanisme bien rodé à cette époque-là, qui met toute ma souffrance au fond d'un sac. Est-ce le déni? L'envie de ne pas voir la vérité en face? En revanche, je me suis toujours promis que tout geste déplacé conduirait à la rupture. Si je laisse passer un geste mal intentionné une fois, je crains l'escalade. Et puis, même s'il s'agit d'un malheureux accident, même si j'ai une estime défaillante à cette époque, même si je n'ai pas confiance en moi, je sais quand même que personne ne mérite d'être violenté… même pour faire peur… Première violence conjugale.

Marquée par cette rupture, je débarque dans une nouvelle ville où je vis une deuxième histoire sérieuse, de mes vingt à vingt-trois ans. Ah oui, je suis du genre fidèle. Après une année agréable, on s'installe ensemble et là, c'est la catastrophe. Violences verbales et parfois physiques dans l'escalade de nos conflits. Il faut vraiment ne pas beaucoup s'aimer pour rester. Encore aujourd'hui, je ne comprends pas quel pouvoir cet homme avait sur moi pour que je reste trois ans avec lui, dont deux à souffrir d'un comportement toxique de sa part. Le manque d'estime peut pousser à vivre avec son bourreau… J'ai d'ailleurs du mal à dire « bourreau ». Parce que je ne vois pas le mal, à l'époque. Une claque par-ci par-là, ça n'a jamais fait d'un homme un bourreau, il ne faut pas exagérer non plus. Voilà à peu près mon état d'esprit. Est-ce l'époque qui autorisait davantage les rapports violents ? Faut-il attendre des histoires comme celle de Bertrand Cantat pour changer les mentalités ? Ce dont je me souviens, c'est juste que finalement, à cette époque de ma vie, je suis une Marie (Trintignant) qui s'ignore, inconsciente de la violence de son conjoint. Je n'ai de cesse de me dire que ce n'est pas grave, que tous les couples doivent vivre ce genre de rapports. Un après-midi comme un autre, il va plus loin que d'habitude. Lors d'une altercation violente, il me traîne par terre en tirant mes cheveux, me donne des coups de pied dans le ventre et m'insulte. Cette fois, je n'en peux plus. Je le quitte. Comme une déchirure. Un manque qu'il faudra dépasser pour me protéger. Seul le temps permettra d'effacer les cicatrices laissées par cette relation toxique.

En plus d'avoir été violentée, j'ai la sensation d'avoir été déshonorée par le comportement de mon entourage, avec l'impression que les gens « préfèrent » les bourreaux aux victimes. Le bourreau semble se porter bien, manipulateur inconscient ou pas et confiant de sa supériorité sur l'autre, en tout cas sur sa victime, souvent atteinte d'une estime défaillante, d'une fissure émotionnelle dans laquelle le manipulateur s'engouffre, tenant sa victime sous son emprise. Souvent, le manipulateur brille en société, personne ne soupçonne qu'il puisse être si odieux en privé. À part sa victime, qui n'imagine d'ailleurs pas une seconde en être une. Pourtant, plus la relation avance, plus elle se sent mal, écrasée par son bourreau, par le manque d'estime de soi et par son incompréhension à se laisser marcher dessus ainsi. Comme anesthésiée. En train de se voir supporter l'insupportable sans pouvoir réagir. Parce que la victime se déteste, au fond d'elle-même. Dans son manque d'estime et d'amour-propre, elle cherche le regard et l'approbation dans le regard de l'autre. Et si l'autre présente une plastique agréable à regarder, une certaine aura, un trait de caractère intéressant comme l'humour, cela valorise la victime, cela lui plaît. Aujourd'hui, de plus en plus de livres traitent de la manipulation, du pervers narcissique et autres déviances psychologiques. Mais à l'époque, je ne connais rien de tout cela. Je comprendrais cette histoire que bien des années après, après avoir étudié le profil du manipulateur et pervers narcissique.

Quand je quitte la ville de mes études, je suis tellement effondrée que je mets des barbelés tout autour de mon cœur, bien décidée à ce que plus personne ne lève la main sur moi. Pendant dix ans, mes relations ne seront qu'éphémères, comme pour m'éviter de souffrir. Erreur. Je souffrirai autant, voire plus.

Finalement, la discipline et le manque d'encouragement apportés par mon éducation durant les premières années de ma vie ont créé de la résistance chez moi. Donc du mal-être. Le mal-être a créé du manque d'estime. Et le manque d'estime a entraîné le sabotage de mon potentiel créatif.

Débuts dans la vie active

« Il faut que nous restions tous ensemble, unis
Que tu saches que tu es une belle âme aussi
Même si personne ne te l'a jamais dit
Même si la société t'a exclue comme un être maudit
Je t'assure que ce n'est pas la réalité
Tu es née lumière, telle est la vérité…
Personne ne pourra te prendre ton cœur
Ta seule liberté, c'est l'amour, pas la peur…
Alors oublie ceux qui te méprisent ou te jugent
Ceux qui te diminuent ou te font peur, cela urge !
Réveille-toi pendant qu'il est encore temps
Nous sommes des milliards, nous sommes puissants[4]*… »*

En arrivant à Paris, parce que j'ai l'âge pour sortir, faire la fête, brasser du monde, découvrir la vie culturelle, parce que j'ai été abîmée par ces relations toxiques, parce que je préfère vivre dans des paradis artificiels, je plonge au cœur de la nuit, moment des plus excitants pour la petite provinciale que je suis. Mon meilleur ami de l'époque travaille dans un lieu mythique, symbole des nuits parisiennes : Le Lido. Souvenirs de nuits festives avec les

4. Extrait du poème/slam « L'heure du réveil », EstELLE Penain.

danseur·euse·s de ce cabaret fabuleux que je regarde avec une sorte de fascination. J'ai la chance de voir les artistes en backstage, l'agitation en coulisses, les after shows. Je peux même assister aux revues plusieurs fois. Bref, j'ai l'impression d'entrer dans la vie parisienne nocturne par la grande porte. Sans filet, j'en arrive malheureusement à expérimenter le meilleur et le pire au milieu de la nuit. Entre les clubs parisiens et les raves dans la nature, secouée par les BPM de la techno qui agite mon corps jusqu'au petit matin, je m'égare. Comme un trop-plein de liberté que je ne sais pas gérer. Je connais l'ivresse de ces nuits où le corps n'en peut plus d'avoir dansé pendant des heures. Je suis émerveillée par le soleil qui se lève, par ces danseurs qui découvrent la transe et se trémoussent sans retenue. Une sorte de révolte pacifique de la jeunesse par la danse. Un retour inconscient à la nature tout en détruisant nos corps par trop d'abus.

La musique électronique arrive dans ma vie comme un tsunami. La French Touch débarque. J'ai l'impression de faire partie d'un tournant numérique et musical qui me transporte dans des états proches de la transe. Laurent Garnier, Carl Cox, Daft Punk et tous ces noms qui vont devenir des incontournables de cette nouvelle musique, font partie de mes soirées où je cherche l'absolu sans le savoir car j'ai une soif de liberté et de spiritualité que je ne soupçonne pas encore. Je crois faire la fête, éprise de liberté, mais les relations que j'y croise m'entraînent sur une fausse route. Désillusions, trahisons, infidélités, superficialité, je goûte à la partie obscure de la vie. La naïveté ne fait pas le poids dans ce décor loin de ma nature, mais l'inconscience crée un rideau, un voile qui empêche de voir la tristesse, que je planque sous un tapis d'injonctions. Je crois être forte. J'essaie de faire comme tout le monde, d'avoir un côté prédatrice que je ne trouve pas en moi. Je joue alors à faire comme si… Sous ce masque, le manque de confiance brûle mes élans créatifs et je ne m'en rends pas

où j'ai droit à toutes sortes de remarques sexistes dès que j'ouvre la bouche. J'essaie de trouver ma place dans ce décor masculin. Mais trop de testostérone. Je suis peut-être un homme qui s'ignore, mais je n'en reste pas moins femme. Et comme ils me voient comme un bon vieux pote à qui l'on peut tout raconter, parfois ils vont trop loin. Comme ce soir de beuverie, après la signature d'un gros contrat, les plus jeunes se lâchent au point que l'un me montre son sexe, et que l'autre me caresse le cou tout en me parlant. Mais quoi ? Je n'ai pas d'humour ? Je ne sais pas me laisser aller ? Je dois sans cesse poser des limites, qui sont franchies. Blagues salaces, regards insistants sur ma poitrine, remarques fatigantes sur mon postérieur, des réflexions du type « mais t'as tes règles ou quoi ? » si je ne réponds pas aux blagues graveleuses, etc. J'aimerais pouvoir vivre normalement sans me prendre des remarques tous les quatre matins. Bref, il paraît que je vis le harcèlement en entreprise.

À l'époque, autant dire que personne n'en parle. Je ne me rends pas compte de mon mal-être, jusqu'au jour où je craque. Une sorte de petite paralysie faciale. Je ne saurais l'expliquer, mais je sens qu'il est temps que je fasse une pause. J'explique à la direction ma fatigue et les harcèlements des collègues masculins. On me répond qu'on ne peut rien faire face à une meute de loups. On me donne un petit chèque pour partir tranquillement, sans faire de bruit. Et j'apprends dans le même temps qu'à l'étage du dessous, au service comptabilité, ça fait un bail qu'elles se prennent des mains aux fesses et des remarques sexistes sans rien oser dire. Je leur propose de nous réunir pour déposer une plainte. Mais elles ont peur pour leur emploi. Elles me trouvent courageuse de partir. Tu parles ! Je pars car je suis épuisée, au bout du rouleau. J'ai voulu jouer dans une cour qui ne me ressemble pas. Voilà le constat. Un licenciement, alors que je suis la victime. Mais, comme d'habitude, ce n'est pas grave. Je suis forte ! Je range cette histoire au fond du sac. Décidément, le sac est prêt à gerber de toutes ces histoires rances que j'essaie d'oublier…

Après quelques mois de chômage, je rêve de vivre autre chose qu'un quotidien ennuyeux métro-boulot-dodo. Sauf qu'il faut bien payer ses factures. Le seul boulot vraiment excitant que je trouve est au magazine *Nova* (lié à Radio Nova). Un des rares contrats longue durée de ma vie. Pour une fois, je me sens comme un poisson dans l'eau. Je côtoie de nombreux artistes proposant une vision décalée et originale de la culture. Je suis touchée par mon passage dans cette entreprise pas comme les autres. Ici souffle un vent de liberté qui plaît à ma nature rebelle. Le côté underground, défricheur, pionnier, libertaire, grande gueule… Rock'n'roll, en somme… J'aime ça. Je vois fleurir des talents comme Jamel Debbouze, Ariel Wizman, Édouard Baer, Omar et Fred pour ne citer qu'eux. J'écris quelques papiers, mais je n'ai pas le droit de les signer. Parce que je n'ai pas la carte de journaliste. Ah bon ? Pourtant j'ai des choses à dire. Mais personne ne m'écoute vraiment, j'ai l'impression d'être invisible. Et mon talent créatif ? On s'en fout ! Reste à ta place ! Je ne suis que l'assistante de rédaction du magazine de Jean-François Bizot.

Quelle expérience de travailler près d'un tel personnage. Mais, même si son parcours me fascine, je reste dubitative sur les possibilités d'évolution en tant que femme dans ce sérail. Bien vite, je déchante. Moi qui croyais qu'à Nova, on était novateur. Apparemment, pas avec moi. Pourtant, la créativité s'agite à l'intérieur de moi. Parfois même, je vois des idées dévoilées entre deux portes (je suis assez généreuse avec mes idées, que je partage allègrement), devenir un papier sous la plume d'un autre journaliste. Et j'en souffre beaucoup. Tous ces êtres intéressants que je croise – comme Rémy Kolpa Kopoul, Bintou Simporé, Léon Marcadet pour ne citer qu'eux –, je ne fais que me projeter en eux, privée d'espace d'expression propre. On me laisse juste chroniquer des humoristes, dont personne ne veut à l'époque. Quand on sait que, des années plus tard, l'humour et les one man shows connaîtront le succès que l'on connaît… Mais encore une fois, je range mes sentiments au fond de mon sac, qui se remplit toujours. On est bientôt à ras bord…

Un jour, je perds la vue pendant une après-midi. On m'emmène, paniquée, à l'hôpital spécialiste des yeux situé juste en face des locaux. Quel hasard ! Après examen de mon œil, le médecin ne comprend pas ce qui se passe et je réalise soudain que je viens de changer de pilule. Guidée par mon intuition, j'en parle : est-ce possible qu'il y ait un effet secondaire à la Diane 35 ? Possible me dit-on. Pardon ? On peut perdre la vue ? Quel stress ! Après quelques heures, je retrouve la vue. Le corps a parlé. J'arrête la pilule Diane 35, sans trop savoir si elle est vraiment en cause. Mais intérieurement, je me dis que de toute façon, alcool et pilule ne peuvent pas continuer à cohabiter. Et je ne veux pas arrêter les apéros avec les potes. La perte provisoire de ma vue n'a pas été résolue, mais cela ne m'est plus jamais arrivé. Il est vrai qu'avec la pilule, le cycle devenant artificiel, je n'ai pas souvenir de douleurs menstruelles. Elle procure donc un certain confort. Pourtant, au fond de moi, cette chimie infligée à mon corps me paraît suspecte, contraignante et pourtant tellement révolutionnaire. Que faire ? Je testerai par la suite d'autres pilules, plus légères. Mais toujours avec des effets secondaires. C'est comme si mon corps rejetait ce comprimé. J'ai donc opté pour une contraception différente. Ce sera à l'homme d'utiliser le préservatif et, vaille que vaille, je serai protégée… Aujourd'hui, nous connaissons mieux les risques de cancer lié à la prise de la pilule, car toute chimie implique des conséquences positives et négatives. À chacune de voir ce qui est juste pour son corps. Moi, le mien m'a parlé, je ne pouvais que l'écouter. Ce sera sa première conversation avec moi, et pas la dernière…

Révélation américaine

« Sur les écrans du monde entier
Des visages, des guerres sans arrêt
La peur en toile de fond est amplifiée
Pour nous entraîner à craindre ou mépriser.
Refus de cette collaboration programmée
Pour une division de notre humanité
Au profit de quelques-uns animés
Par la soif de pouvoir et la cupidité.
Ma raison de vivre est d'apprendre à aimer
Dans cet enfer du monde, ce démon mal-aimé
Miroir d'un paradis perdu des cœurs assoiffés
De retrouver enfin leur totale liberté.
Qu'est-ce qui nourrit mon âme en profondeur ?
La chaleur de nos cœurs sans peur tous en chœur[5]*… »*

Jusque-là, je me laissais porter comme un bateau sans capitaine, par le courant. Qui suis-je? Pourquoi cette vie? Ces questions m'obsèdent depuis longtemps. Mais même en m'abrutissant de lectures, conférences, émissions, je ne trouve pas de réponses à

5. Extrait de la chanson « Le Sens d'une Vie », auteure-interprète EstELLE Penain, compositeur Gaetan Drouot.

mes questions existentielles. Je noircis des cahiers car je ne veux rien oublier, désireuse de garder des traces, de me rattacher au passé quand tout s'écroule, quand j'ai peur, pour mieux affronter le présent. Que faire de ma vie? J'ai beau aimer vivre au contact de ces artistes, je ne me sens pas accomplie. Je me lasse de regarder les autres s'émanciper. J'ai l'impression qu'il me manque du sens. Attirée par quelque chose de plus grand, l'American Dream me transporte jusqu'à Big Apple… La parenthèse d'une année aux États-Unis a été une période essentielle dans ma vie, m'apportant deux rencontres fondatrices pour la suite de mon parcours.

À peine arrivée, un homme lumineux, Eric, croise ma route. Un soir, dans un bar, nous nous « reconnaissons ». Malgré mon américain sommaire, je comprends tout, j'ai la sensation de le connaître. Entre deux bières, nous échangeons toute la nuit sur la spiritualité. Il me montre une autre voie possible, disant voir mon âme. Ah bon? Il dit voir au-delà des masques, sentir ma sève spirituelle. À ce moment précis, je ne sais rien de ce monde dont il parle, confondant spiritualité et religion. L'inconnu, l'irrationnel, l'ésotérisme et la foi me font peur. À cette période de ma vie, je trouve tout cela inquiétant parce qu'incontrôlable. La religion me paraît plutôt dogmatique et je suis de nature cartésienne, ne croyant que ce que je vois. Et puis, être mise dans une case, jamais! Je veux rester libre! Et Dieu? Est-ce un mythe, une croyance? J'aimerais ne pas douter. Être un bon mouton. Mais j'ai du mal à suivre un troupeau. J'ai plutôt une soif de comprendre et une curiosité insatiable. C'est ma nature. Pourquoi aller contre? Manhattan Downtown, cinq heures, le bar ferme. Nous allons sur les quais jusqu'au lever du jour. La statue de la Liberté face à nous, dans Battery Park, sur un banc, nous parlons religion, nature, musique, art, cinéma, littérature, nous souvenant qu'à cet endroit, ont débarqué tant de gens, esclaves ou libres...

Le parcours d'Eric, ancien manager d'un groupe de rock dont j'ai oublié le nom – peut-être les Guns N'Roses ? Je ne sais plus… – nous entraîne sur une voie commune : la musique et l'appel d'une vie hors norme. Avec la vie de bohème qu'il a menée et les abus qui font partie d'une tournée rock'n'roll, je me reconnais un peu en lui, je le sens comme un frère (est-ce dû à ma recherche inconsciente de fusion avec un jumeau embryonnaire ?). Après des problèmes liés à la drogue, il a dû arrêter cette vie pour ne pas sombrer dans la spirale infernale des tournées, et retourner à un emploi plus posé. Depuis de nombreuses années, il fait un travail sur lui avec un maître. Et cela lui a changé la vie. Je suis fascinée par ses connaissances.

Guidée par mon intuition, au bout de plusieurs mois d'amitié, je franchis le pas et accepte de me livrer à une sorte de « purification », pendant laquelle il nettoie mes énergies. Je n'y comprends rien, mais j'ai confiance. Eric est arrivé dans ma vie au bon moment, me mettant sur une nouvelle voie, m'ouvrant le champ des possibles, m'apprenant l'invisible. Au fil du temps, il nettoie mon corps physique à travers des cérémonies, m'initie à la notion de maître/élève tout en me faisant découvrir une New York underground. De Harlem au Bronx, de Staten Island à Central Park, nous partageons des endroits que seul un New-yorkais connaît. Nous aimons arpenter Broadway, la seule avenue qui ne soit pas droite. Et un soir, une vision m'apparaît. Comme si cette avenue était construite sur un ancien chemin de pèlerinage des Indiens d'Amérique. Un chemin sacré. Est-ce pour cette raison que New York palpite d'une énergie particulière ? Ce chemin a-t-il existé ? Je ne peux l'expliquer, mais je ressens un amour profond pour ces Indiens qui ont donné à leurs terres tant de sacré. Peut-être que la grandeur de l'Amérique vient de cette vibration particulière semée par eux. Parce qu'une terre transpire de l'énergie de ses habitants, je m'y sens bien. Libre ! Comme si j'étais à la maison.

J'adore m'immerger au cœur de la ville, mais en même temps, je cherche le calme pour supporter l'agitation de cette jungle urbaine. Peu à peu, je m'éloigne du centre grouillant pour gagner les petites maisons et parcs en bordure de Manhattan.

Et puis arrive la rencontre avec mon âme sœur. En vacances à Miami, je vis un moment de grâce. Nos regards se croisent lors d'une soirée. Ce beau métisse, Mike, me fait l'effet d'un coup de poignard dans le cœur. Le fameux coup de foudre. Immédiat. Il est à quelques mètres de moi. Perchée sur une estrade, je danse tout en l'observant. Une femme se trémousse devant lui. On dirait qu'il est accompagné. Alors je n'insiste pas. Au moment où je me sens prête, ma horde de copines avec qui je suis venue en vacances, me pousse à quitter la fête pour une autre. Puisque nous sommes en pleine Winter Music Conférence, un rassemblement de DJs du monde entier. À notre âge, nous vivons un grand moment de liesse collective. Cela me rappelle mes fêtes techno en plus classe, passant de grands hôtels somptueux à des plages paradisiaques, d'un club rempli de lits où l'on danse, aux pieds nus du Nikki Beach. Bref, on s'éclate. Je n'aurais jamais cru revoir ce beau métis. Et pourtant, un soir au Crobar, une grande boîte de nuit, je tombe nez à nez sur lui. Et là, le film se déroule sous nos yeux. Nous nous reconnaissons, un large sourire m'invite à le rejoindre sans réfléchir, nos mains se joignent immédiatement, ses lèvres viennent goûter aux miennes en quelques instants. Nous sommes électrifiés. Rien que de l'écrire, je revis l'intensité de la situation. Nous passons ensuite toutes nos vacances ensemble. Puis vient le moment de nous quitter. Un moment horrible. J'ai raconté notre histoire dans mon premier roman, une relation plus importante qu'une simple histoire de vacances. Parce qu'une âme sœur, cela ne s'oublie jamais… Parce qu'il sera le premier homme chez qui je ne sentirai ni violence ni menace. Parce qu'il restera un fantasme lié à trop de distance… Mais notre amour me réconciliera avec la relation de couple. Il m'ouvrira un champ des possibles que je ne connaissais pas encore…

Entre Eric, qui a initié un véritable changement en moi, et Mike, cette âme sœur avec qui j'ai vécu une histoire d'amour intense, je ne suis plus la même quand je rentre en France… contrainte et forcée par une absence de visa.

De la dépression à l'exploration de la conscience

« Ô souffrance, tu es donc là pour m'enseigner la vie ?
Sans toi, irais-je exploiter mes ressources inouïes ?
Du fond, j'ai grimpé jusqu'en haut vers mon cœur
J'ai écouté son rythme, son envie, sa douceur
Et enfin j'ai compris le plus beau des secrets
Pour tuer le conflit, il faut savoir aimer[6]. »

Mon retour représente un épisode noir et douloureux. À tel point que j'en perds goût à la vie. Par nécessité et non par envie, j'ai dû en effet quitter une ville que j'adore et une histoire pas ordinaire avec Mike. Je me retrouve avec un amour à distance et tout le flot de doutes et de peurs que cela renvoie. Sans parler du vide parisien : je ne sais que faire ni où aller, et je sombre. Un vide abyssal m'envahit à un point inconnu jusque-là. Mon château de cartes s'écroule. Tout ce que j'ai tenté de construire s'éloigne de moi. Cet amour impossible me tiendra au cœur et à l'esprit pendant neuf ans ! Sans parler de mon incompréhension sur ma vie professionnelle. J'entame une vie de bohème, à vivre

6. Extrait de la chanson « La paix attend son heure », album Ô Féminin (auteure-interprète EstELLE Penain, compositeur David Keler), présente sur le CD bonus.

chez les uns et les autres en attendant de pouvoir repartir à l'autre bout du monde retrouver mon amour fou. Mais en réalité, mon corps ne suit plus. J'ai trop tiré sur la corde, sans voir mes limites. À force de croire que j'étais super forte, que rien ne pouvait altérer mon énergie de vie et ma soif de découverte, je suis tombée par K.-O. Plus aucune énergie. Plus aucune envie. Je réalise que depuis toujours, les problèmes ORL font partie de ma vie. Et pas qu'un peu. Chaque fois, le rhume se transforme en toux, puis en bronchite chronique. Et dès que je ressens un profond mal-être ou un choc émotionnel, alors là, mon corps tombe malade immédiatement. C'est en plein burn-out, cette profonde chute vers le néant où plus rien ne semble possible, où même l'idée de se nourrir disparaît, où l'envie de mort ronge son frein dans un coin de la conscience, où le cerveau semble avoir grillé ses derniers neurones, que le corps exulte ma peine. Envie de rien, incapacité physique à sortir du lit, à part pour me nourrir, et encore… Comme si j'avais cramé toute ma sève de vie. Personne ne semble voir ma détresse. Ou tout le monde fait semblant de ne pas la voir. Car c'est toujours embêtant, les problèmes des autres. Faut dire que je les cache bien. Cela fait si longtemps que je suis forte, que j'ai décidé de m'en sortir seule…

Touchant le fond, et souffrant d'une énième bronchite, j'accepte enfin, pour une fois, de demander de l'aide. Sur les conseils d'une amie qui suit une thérapie avec Patricia Salgon, et au vu de son évolution, je sens que converser avec une professionnelle me donnera des clés pour me sentir mieux et surtout… être écoutée. Je prends rendez-vous pour savoir si ce genre d'approche peut me convenir. Parler de mes soucis à une inconnue ne faisait pas partie de mes plans, puisque j'étais convaincue d'être suffisamment forte pour dépasser seule les épreuves. Mais cette fois, je n'en peux plus. Les copines n'ont pas cette oreille et cette capacité d'empathie puisque, la plupart du temps, c'est moi, l'oreille.

Je joue souvent le rôle d'une sorte de Mère Térésa ou de bureau des pleurs avec les autres, mais quand il s'agit de moi, bizarrement, je fais fuir mon entourage. C'est au fond du trou que j'en prendrai pleinement conscience. Un autre choc émotionnel. Je réaliserai qu'il y a deux moments dans ma vie où mes relations se sont révélées différentes de ce que j'imaginais : dans le burn-out et dans le succès. Une fois sortie du cadre normal et rassurant d'une vie dans lequel l'autre se reconnaît, il semblerait que les vrais visages se montrent. Tant que je reste dans l'ombre et que je pousse l'autre à briller, on m'aime et m'accepte. C'est peut-être pour cela que, inconsciemment, je ne prends pas trop de place… pour être aimée… Ras-le-bol de me sentir « trop » gentille… Pourtant, j'aime la gentillesse chez l'autre. Mais apparemment, elle n'est pas aimée de tous et toutes…

J'entame donc une psychothérapie de trois ans pour chercher ce qui cloche chez moi. Il semblerait que la vie m'ait mise K.-O pour que je voie enfin quelque chose que je cherchais à éviter : la confrontation avec mes peurs. Je ne veux plus fuir. Fuir qui je suis, fuir mon incompréhension. Ma psychothérapeute m'aide à remonter jusqu'à l'enfance, siège de mes émotions enfouies. Il faut laisser parler l'enfant intérieur. Entendre son cri, son désespoir. Si personne ne l'a vraiment entendu ni compris, il faut bien qu'il trouve une échappatoire.

Pendant une séance d'EMDR – méthode surprenante développée par la psychologue américaine Francine Shapiro pour dépasser les blocages, sorte d'hypnose par les yeux pour effacer les traumatismes –, je revis le moment où j'ai décidé que je serais forte. Ma mémoire me ramène à mes huit ans. J'entends une conversation de mes parents. Ils ne sont pas d'accord et le ton monte. Comme dans tout couple, il y a des incompréhensions. Mais dans ma tête de petite fille, j'entends que je suis concernée par le sujet. Je ne sais plus de quoi il s'agit. Ce qui me revient, c'est juste une sensation de culpabilité profonde. Si mes parents se fâchent à cause de moi, alors je dois être parfaite pour leur plaire et répondre à leurs désirs. Ainsi, ils ne se fâcheront plus. Car tout enfant veut plaire à ses parents. Et je ne veux pas être la cause de leurs soucis. Je dois donc être forte, ne pas faiblir, ne pas trop montrer ma vulnérabilité. Comme je n'écoute pas la douleur de la culpabilité, la reléguant au fond du sac, celle-ci me poursuivra de ma naissance jusqu'à mon burn-out, et s'exprimera comme elle le pourra.

Mais à ce moment de ma vie, pendant cette dépression, au lieu de l'écouter, je vais l'étouffer sous un antidépresseur, le Prozac. Parce que je veux être opérationnelle très vite. Me sentir mal, OK. Mais pas trop longtemps. Il est hors de question que je m'apitoie sur mon sort. Je souhaite d'ailleurs que ma psychothérapie soit expéditive. Je l'imagine durer quelques mois, tout au plus. Mais de séance en séance, nous pelons l'oignon, soulevons les vieux schémas, faisons parler le passé. Le Prozac me permet de rebondir vite et je vis deux mois presque euphoriques. Mais au troisième, au lieu de me sentir sereine, l'anxiété prend du galon. Alors je décide de dépasser cette dépendance. J'ai réussi à surmonter l'alcool et les plaisirs artificiels, je peux bien me passer de cette béquille. Adieu Prozac ! Et bizarrement, ça va un peu mieux au quatrième mois.

Grâce à la psychothérapie, je commence à remonter le fil de mon histoire, faire le tri, entendre la douleur. J'observe ma lignée de femmes et je ne me retrouve pas en elle. À part dans leur maternité, je ne les sens pas épanouies, ces femmes. Je me trompe peut-être. Mais, ce qui est sûr, c'est que je me sens appelée vers autre chose, tiraillée entre le modèle de ma lignée et mon envie de liberté, étouffée par une polarité masculine dominante inconsciente.

Conquérir le monde, oui. Le foyer, la maternité? Pas vraiment d'attirance pour cela. Je serai un homme comme les autres! Toujours sans doute ce désir de garçon qui s'est inscrit inconsciemment dans mes actes.

Diagnostiquée ni bipolaire, ni psychotique, ni névrotique, après trois années à chercher à comprendre papa et maman, il semblerait que je sois guérie du burn-out. Mais ce que j'ignore à ce moment-là, c'est que cette psychothérapie va m'ouvrir un champ nouveau : l'exploration de la conscience, qui va devenir une véritable passion chez moi : comprendre ma vie pour mieux comprendre l'autre. Parce que l'autre soulève chez moi des tonnes d'interrogations.

Pendant ce temps, j'essaie de prendre du recul avec mon amour américain (même si je n'arrive plus à m'engager dans une autre relation sérieuse), mais ni Mike ni moi ne sommes prêts à couper le lien. Nous échangeons encore souvent des mails et des coups de téléphone. Chacun de ses mots me replonge dans notre histoire, avec l'espoir de le revoir un jour. Cela peut paraître étrange de garder un tel lien à distance. Nous avons bien essayé de nous revoir, mais chaque fois, un problème est venu se mettre entre nous. En neuf ans, malgré les opportunités, le destin s'acharne à ne pas nous permettre de nous retrouver.

Depuis quelque temps, je travaille à Paris dans la promotion culturelle. En parallèle, le soir et les week-ends, je m'autorise enfin à vivre une de mes passions : chanter. J'intègre Tarace Boulba, un collectif fondé par deux ex Négresses Vertes dans lequel je deviens choriste. Je pose ma voix sur des rythmes funk et groove pendant plus de dix ans en France et à l'étranger. Vivre la création dans un groupe de cinquante personnes environ, c'est autant d'ego à gérer, une véritable école de l'acceptation de l'autre dans sa différence. Il faut dire que le groupe est un exemple de coopération entre les classes sociales, couleurs de peau et croyances. Sur scène, je guéris une partie de mon être, j'oublie mon quotidien, je me sens comme chez moi, même si le manque de confiance se manifeste là encore : je reste choriste. Je peux m'exprimer sans crainte d'être critiquée. Mais par ce choix inconscient d'un tel groupe, je me fonds au milieu de nombreuses personnes sur scène, histoire de ne pas prendre trop de place. On y revient. Pourquoi je ne devrais pas prendre de place tout simplement? Le jumeau jamais né? Le choix inconscient de ne pas exister comme lui? De ne pas me réaliser par culpabilité? Et si c'était vrai, cette histoire de jumeau?

L'amour du public toujours généreux et enthousiaste et la passion du groove deviennent des moteurs pour supporter les ego des autres. Pendant dix ans, je fais des tournées et concerts que ce soit dans la rue au contact direct du public ou sur des grandes scènes jusqu'à des festivals où des milliers de personnes assistent à nos concerts. Je découvre la transe de la scène. Une émancipation pour la femme qui n'osait pas. Je vis également une histoire d'amour avec un des musiciens pendant un an. Nous partons en tournée ensemble. Il y a ce côté rock'n'roll qui me plaît bien. Jusqu'à présent, j'étais très attirée par le type brun ténébreux, latin ou méridional. Mais mon regard semble avoir changé. Cet homme, que je n'aurais jamais regardé avant, m'attire par sa sensibilité et sa persévérance à vouloir me conquérir. Je ne suis pas convaincue, mais j'ai tellement besoin d'être cajolée et de partager que je cède à ses avances, tout en continuant à recevoir des mails de Mike. Mon esprit n'est pas entièrement disponible pour cette relation. J'aimerais construire ma vie avec quelqu'un. Mais tant que la situation reste floue, ma vie l'est aussi. Même si ce musicien me présente ses parents, ses amis, nous ne passons pas le cap de l'année 1. Je dois donc tenter de clarifier une bonne fois pour toutes ma situation amoureuse avec mon Américain. Neuf ans que cela dure ! Il est temps pour moi de passer définitivement à autre chose.

L'occasion se présente avec une tournée musicale programmée aux États-Unis, où je propose à Mike de nous retrouver. La Nouvelle-Orléans et le Festival international de Lafayette seront nos lieux de retrouvailles. Mais la veille du départ, excitée à l'idée de cette tournée et de le retrouver, je reçois un mail de lui : il vient de rencontrer une femme. Il a besoin d'une vie rangée, il a envie de se poser, de fonder une famille avec une personne proche géographiquement. Que notre histoire est trop compliquée. La distance nous a trop éloignés malgré l'amour… Submergée par la tristesse, je me mets en colère pour mieux la masquer, l'étouffer et me permettre de clôturer cette histoire définitivement. La colère passée, je réussis à lui envoyer un dernier mail lui souhaitant d'être heureux. Nous nous disons adieu. Non sans peine. Mais sincèrement. À cet instant, sans le savoir, il me libère. Je ne sais pas encore qu'il est mon âme sœur…

À mon retour de Chicago, malgré toute la joie de partager la musique avec un groupe, je ne me sens plus en phase avec les textes et ces histoires d'ego, après toutes ces déambulations scéniques. Je cherche à toucher du doigt quelque chose de plus absolu que je n'ai pas encore trouvé. J'ai beaucoup appris avec ce collectif musical. D'autres groupes suivront, très différents. Et, chaque fois, il sera question de prendre ma place. Le complexe de gémellité continue de sévir bien malgré moi…

La lecture d'âme, un moment fondateur

« Tu ne supportes aucune attache,
tu veux te sentir libre parce que
tu as été prisonnière dans la vie précédente.
Tu es revenue dans ta vie actuelle pour apprendre
le pardon. Pardonner à ceux et celles qui
t'ont fait souffrir dans cette vie précédente. »

J'ai accepté le deuil de la relation avec mon Américain. Pourtant, quand j'essaie de vivre d'autres histoires, impossible. Les hommes semblent fades et inintéressants après cette relation fantasmée. Je préfère la solitude à la banalité. Excepté cette parenthèse d'un mois que je passerais avec un homme doux, attentionné et à l'écoute. Emmanuel. Avec un tel prénom, j'avoue qu'il a de la lumière dans le regard. Suffisamment pour m'offrir un cadeau surprenant et tout à son image. Un petit ange sur ma route. Je fais un saut vers ce que j'appelle « les nouveaux hommes », ceux qui se sont réconciliés avec leur part féminine. Ceux qui regardent leur sensibilité, leur vulnérabilité sans peur et sans honte, ceux qui mettent leurs dons intuitifs au service de leur puissance. Je ne suis plus attirée par les hommes très virils, par les mâles en puissance. Quelque chose a changé en moi. Mon regard s'est adouci.

Emmanuel m'offre un jour une « lecture d'âme » et me raconte sa propre expérience, qui lui a montré certains aspects de sa vie, lui permettant de mieux comprendre son chemin, et donc de l'apaiser. Nous cherchons tous à nous apaiser. De nos peurs, de nos anxiétés, de nos doutes. Tout ce travail intérieur représente un chemin vers la paix et une raison de trouver un peu de sens à ce chaos. Et puis l'aventure que cela implique. L'inconnu, qui demeure la plus grande aventure d'une vie. La plus grande peur aussi.

L'originalité du cadeau se mêle à l'excitation de l'inconnu. Je vais rencontrer des personnes capables d'entrer dans les mémoires akashiques, ces sortes de mémoires cosmiques qui enregistreraient les événements du monde, tout comme mes vies antérieures. Et si ce n'était que l'inconscient collectif de Jung? Qu'importe. Cela m'amuse. Je ne dirai rien. Je n'ai pas de trace de ma vie sur Internet, à cette époque. Facebook et compagnie n'ont pas encore envahi notre quotidien. Donc cette personne n'aura rien à se mettre sous la dent pour en savoir plus sur moi. Si ce n'est ces fameuses mémoires akashiques. Chaque histoire contient une pépite, j'en suis convaincue. Cette lecture d'âme me donne la sensation de vivre quelque chose hors du commun. Qui aurait pu croire il y a dix ans que je donnerais une quelconque attention à une personne cherchant à lire ma destinée dans un monde invisible? J'aurais sans doute méprisé cette « illuminée » et ses affabulations.

À peine suis-je arrivée que Françoise et Jean-Claude m'expliquent comment se déroule la séance. Jean-Claude pose les questions et guide Françoise dans le couloir temporel et énergétique. Puis

Françoise reçoit les informations sous forme de visions, qu'elle nous transmet oralement. Des images défilent devant elle, comme au cinéma. Cela lui demande une énergie soutenue. Ensemble, ils ont la faculté de se projeter dans la mémoire du temps. Entre excitation et crainte, je me sens prête à la laisser explorer le grand livre de mes vies antérieures. Je leur donne juste ma date de naissance et mon nom. Rien de plus.

Françoise ferme les yeux, Jean-Claude commence à parler à des entités invisibles. J'aurais pu rire à une époque, mais je sens que cela existe, sans pouvoir mettre de mots dessus. Jean-Claude remercie les entités pour ouvrir le chemin jusqu'aux mémoires akashiques. Il demande à Françoise si elle est arrivée. Une grande respiration. Une agitation sur son visage. Elle semble en transe. Mais sereine. Puis sa voix se modifie légèrement. Comme si elle recevait une information de l'au-delà. Ou qu'un esprit parlait à travers elle. Mieux que dans un film. Jean-Claude lui demande de se connecter. Françoise, avec un grand sourire, confirme que c'est chose faite. Et alors, je l'entends.

« *Estelle vient de si loin. Elle a eu des milliers de vies. Une vieille âme. Tout d'abord, une poussière d'étoiles qui chantait avec une voix si cristalline. Magnifique. Tu es arrivée sur Terre avec une voix phénoménale car tu avais beaucoup chanté dans les étoiles. Je vois ta première incarnation avec cette voix en Atlantide. Tu te servais d'elle pour harmoniser à l'aide des cristaux. Je te vois face aux cristaux, tu reçois un son venant d'eux, tu le perçois dans ta tête et ils t'apprennent à perfectionner ta voix jusqu'à en arriver presque à l'harmonique du cristal. Tu chantes des notes pures. Tu reçois des patients et, avec l'aide des cristaux, tu harmonises les gens sur les plans les plus subtils. Mais surtout sur l'émotionnel ; par le chant, tu arrives à calmer les angoisses et cela harmonise le tout. Sans apposition des mains, le cristal relaie. C'est phénoménal, en quelques secondes, cela marche… Mais Estelle, tu as tellement de vies qu'il va falloir savoir exactement ce que tu cherches. Nous devons faire un choix, il y a trop d'informations à traiter. Je vois beaucoup de choses dans la créativité et la médecine. Veux-tu en savoir plus?* »

Évidemment, j'accepte.

Françoise m'apprend alors que ma créativité s'est manifestée principalement dans le théâtre et la musique, en chantant et jouant. Elle me voit sur le parvis d'une église au Moyen Âge jouer des scènes de la vie du Christ. Après un silence, elle dit me voir ensuite troubadour au XIIIe siècle. J'écris et observe la vie, composant et interprétant mes chansons à la mandoline. Je suis un homme reçu devant des banquets seigneuriaux. Ma voix porte, mes textes sont inspirés de la vie dans les châteaux. Après une vie de débauche, je meurs à trente ans. Françoise me dit que mon âme a demandé à revenir dans une nouvelle incarnation au XVIe siècle dans une troupe itinérante de la commedia dell'arte, en Italie. On me dit que l'on ne maîtrise pas un art en une seule incarnation, qu'il y a une progression d'incarnation en incarnation. Puis j'apprends qu'au XVIIe siècle, je travaille dans une troupe et que j'y croise Molière. Le théâtre est ma vie.

Jean-Claude essuie le visage transpirant de Françoise. Elle a l'air de souffrir.

« *Vois-tu autre chose Françoise pour la musique? demande Jean-Claude.*
– La musique est surtout pratiquée comme médecine. Je vois plein de situations où Estelle utilise sa voix comme un médicament, en Inde. Estelle, à cette époque, tu es un homme très réputé pour harmoniser les gens avec ta voix. Et maintenant tu fais partie

de la communauté des Esséniens à l'époque du Christ. Tu aides les thérapeutes en chantant les voyelles. La puissance de ta voix guérit. Tu en as soigné, des gens, pendant cette incarnation… Après plusieurs vies à utiliser le chant comme voie de guérison, tu demandes à te réincarner comme musicien… Ce que tu seras au XIX*e* *siècle, musicien dans un orchestre de chambre sous Louis Philippe. Et au début du* XX*e* *siècle, tu pratiques l'accordéon en Pologne.* »

J'ai l'impression de vivre un scénario bizarre, écrit pour me donner quelques sensations. Pourtant la réalité me saute aux yeux. Cette femme ne me connaît pas. Pourquoi capte-t-elle ces images ? J'ai la sensation qu'il y a du vrai dans tout cela. Je comptais sur cette lecture d'âme pour m'aider à trouver le sens de ma vie, mais la probabilité que Françoise tombe exactement sur ce qui interroge ma vie actuelle me laisse perplexe. Alors je me lance :

« *Est-ce qu'une vie antérieure peut me permettre d'y voir plus clair pour ma vie actuelle ?*
– Oui. Je peux entendre ce que ton âme a demandé dans ton incarnation actuelle : de vivre la liberté. Le maximum de liberté. Tu ne supportes aucune attache, tu veux te sentir libre parce que tu as été prisonnière dans la vie précédente. Tu es revenue dans ta vie actuelle pour apprendre le pardon. Pardonner à ceux et celles qui t'ont fait souffrir dans cette vie précédente. »

J'avale ma salive. Ce qu'elle dit est vrai : je ne jure que par la sensation de liberté. Et si je ne me sens pas libre, j'étouffe. Littéralement. Je dois m'enfuir ou me protéger.

Viennent ensuite les images difficiles, Françoise respire fort. Comme en transe légère. Suis-je prête à l'entendre ? Je n'ai pas envie. Je lui demande s'il y a un message qu'elle perçoit qui pourrait me guider dans ma vie actuelle. Comme ma difficulté à couper les ponts avec cet Américain que je pressens être mon âme sœur. Françoise me confirme ce lien spécial des âmes qui se connaissent depuis le commencement… Mon ressenti de connaître Mike dès nos premiers échanges était donc réel… Elle reprend son souffle et raconte encore d'autres épisodes de vies de femme avec des accouchements, des morts et des difficultés à enfanter. Je reste stupéfaite. Ce qui me trouble, c'est cette impression de normalité alors qu'il n'y a rien de normal dans cette expérience. Mon esprit cartésien et pragmatique devrait bondir, rugir. Eh bien non, je suis apaisée, calme, comme si j'étais à la bonne place. Une place que je connais inconsciemment. Et si l'inconscient se nichait dans ces mémoires akashiques?

L'heure tourne. Encore des visions de vies d'artiste, médecin, lama, guérisseuse, chamane, pianiste, comédienne… Françoise montre des signes de fatigue. Jean-Claude remercie les guides, demande à Françoise de revenir dans sa conscience d'aujourd'hui, dans son corps physique et énergétique et de fermer le canal akashique. Si le karma décide de nos vies, nous ne sommes là que pour honorer ce qui se présente. Peut-être que cette expérience de vies antérieures me montre à quel point mes intuitions sont puissantes.

Elle termine la séance sur des mots apaisants à mon égard : « *J'ai beaucoup aimé votre route Estelle. Vous êtes une belle âme. Certes, vous avez aussi vécu des situations terribles. Nous n'avons pas le temps de tout regarder en une fois. Mais ce qui se présente aujourd'hui, a son utilité dans cette vie. Ce qui vient, est ce qui convient à votre situation.* »

Jean-Claude m'apprend aussi que les visions de Françoise sont toujours en lien avec la vie actuelle du demandeur, pour servir à mieux comprendre le présent. Puis nous échangeons sur ma capacité à recevoir des informations en direct par le biais de mes intuitions ou mes rêves.

« *Comme beaucoup de femmes de notre époque, tu vas apprendre à guérir ces parties de toi blessées : le féminin et le masculin souillés par trop de violence et de négativité.* »

Les derniers mots de Françoise restent gravés dans ma mémoire :

« *Mon dernier conseil. Ta pensée doit être claire. Pensée claire égale vie claire. Tes peurs freinent le tout. Avec ton bagage spirituel acquis des anciennes vies, sache que tu as toutes les réponses en toi. Et puis, apprends à t'aimer davantage. Et n'attends rien des autres. Donne sans attendre de retour. Cela fait partie de ton chemin… Ton guide m'a dit que plus tu seras dans le lâcher-prise et la confiance, plus les choses arriveront naturellement sans avoir à forcer le destin. La création met du temps à s'incarner dans la matière. L'accélérateur est l'amour. En aimant tout ce que tu fais et dis, tu auras les cadeaux que tu désires. Mais tu dois savoir ce que tu veux.* »

Je ne sais plus si je dois remercier Emmanuel ou lui en vouloir d'avoir ouvert la boîte de Pandore. Depuis cette lecture d'âme, je ne cesse de lire sur les vies antérieures et les mémoires akashiques. J'en ai le tournis. Toute cette encyclopédie de mots, de visions, de coutumes, de croyances, d'expériences, de suppositions, d'intuitions, de rêves, de religions… Où est la réalité ? Y a-t-il une seule réalité ? Impossible.

Partie II

Soif de connaissances pour une exploration de la conscience : quête spirituelle et chemin de résilience

La course au développement personnel

« La souffrance me sourit pour qu'enfin je dise oui
Oui à ma vie, à mes envies, comme une petite souris
Je l'invite à grignoter un morceau du bonheur
Car sans souffrances, puis-je atteindre le meilleur[7] *? »*

Cette lecture d'âme m'a ouvert une nouvelle voie. J'ai envie d'avoir une vie normale. De ne plus me poser de questions. La plupart des personnes autour de moi constatent que le monde ne tourne pas rond, mais tant qu'ils ont un toit, à manger et des vacances en famille, rien ne semble vraiment les perturber. Moi, je ne peux pas me coucher sans me sentir un minimum concernée par mon prochain. Et pourtant, la solitude semble gagner du terrain dans ma vie. Je suis souvent déçue par les relations humaines. Le système destructeur. Je n'ai plus envie de travailler en entreprise. J'aspire à assouvir cette envie d'être utile et créative. Tenaillée par les peurs, je ne sais pas par quel bout m'y prendre.

7. Extrait de la chanson « La paix attend son heure », Ô Féminin (auteure-interprète EstELLE Penain, compositeur David Keler), présente sur le CD bonus.

Depuis plus de neuf ans, je dépose mes questionnements chez différents thérapeutes, bien qu'on ne m'ait diagnostiquée ni bipolaire, ni psychotique, ni névrosée. Je suis devenue mon propre laboratoire pour explorer la conscience. Je suis en quête, une chercheuse du Saint Graal. Mon intérêt pour la psychologie, la sociologie, l'humain dans sa globalité et tout son mystère me pousse à chercher la voie du salut par de nouvelles techniques à travers des conférences, stages, lectures, rencontres. Je me suis passionnée pour le bien-être et la spiritualité. Un de mes moteurs reste cette sensation désagréable de culpabilité de vivre, toujours dans un coin de ma tête. Si je ne suis pas heureuse, alors que les autres ont tellement l'air d'aller mieux que moi, c'est que je suis sûrement coupable… Je fonce comme je peux dans tout ce qui pourrait m'aider à trouver ce foutu bonheur ! Je participe à des conférences et des séminaires jusqu'à l'overdose. Je cherche un sens à ma vie. Mais l'amour et le pardon ne se trouvent pas sous le sabot d'un cheval. Et pour le moment, je suis plutôt en colère et pleine d'anxiété sur l'avenir. Je cherche, en vain… parce que je cherche avec la tête et non avec le cœur. Et je ne connais pas le chemin pour aller de la tête au cœur. Personne ne m'a montré. Alors j'essaie de comprendre ces sentiments à travers l'intellect, à défaut de les vivre, avide de connaissances pour me rassurer. Je suis trop en colère ? Un séminaire sur la communication non violente de Marshall Rosenberg pour apprendre à converser sans attaquer l'autre. Je veux oublier certains traumatismes ? Quelques mois avec l'EMDR. Je veux faire du bien aux autres ? J'apprends des techniques de massage pour soulager les gens. Et je masserai pendant un temps. Je veux chasser les pensées négatives qui m'empêchent d'être heureuse ? J'essaie des outils de développement personnel... Mais plus j'essaie des techniques, plus je doute du mental. Il semblerait qu'il ne suffise pas de répéter une technique pour qu'elle devienne efficace. En tout cas, sur moi, ce n'est pas fulgurant. Pourtant, je suis bonne élève, je m'applique. Mais l'idée qu'il faille fournir autant d'efforts me paraît suspect. En effet, dans cette forme de contrôle sur soi, quelque chose m'asphyxie plus qu'il ne me libère. Voudrais-je être parfaite sans m'en rendre compte ? C'est vrai que j'ai pris cette décision à huit ans. Mais je ne m'en souviens pas.

J'ai compris que je pouvais endosser plusieurs personnages en une vie. Tout à tour victime, sauveur ou bourreau, il faut déjà en prendre conscience et décider que je serais 100 % responsable de ma vie. Pourtant, j'entends ma petite voix intérieure, sorte de juge incessant, me rappeler que je ne suis pas responsable de certaines situations où j'ai été violentée avec des mots, des gestes, rejets, situations d'échec. C'est bien un peu la faute des autres, non ? Eh bien, apparemment non, les diverses approches thérapeutiques intègrent l'idée que chacun de nous est responsable de sa vie, que nous activons inconsciemment des situations pour dépasser nos peurs, que les autres sont des miroirs, des facettes de notre personnalité et qu'en nous confrontant aux autres, nous nous confrontons à regarder notre monde invisible, nos défauts et qualités.

Comme si on était responsable de tout ! C'est un peu lourd à porter, non ? Et pour couronner le tout, les douleurs de mes règles s'intensifient au fur et à mesure que je touille mon chaudron intérieur, que je casse les barrières. Super ! Commence une période où j'écris des injonctions pour me sentir mieux. Pour inverser ce que j'ai appris. Passer du « sois forte » à quelque chose de plus doux. Mais lire tous les soirs des phrases avant de m'endormir (au cas où cela fonctionnerait), c'est un peu encore me violenter pour atteindre l'inaccessible étoile… En gros, je suis toujours en train de vouloir travailler sur moi. Une boulimie pour me transformer. J'ai tellement envie de me sentir en paix ! Mais je n'y arrive pas. Parfois, par intermittence, des moments de légèreté ponctuent un quotidien fait d'angoisses sur l'avenir, alternant des périodes de chômage et de travail. Le paradoxe de l'être humain. Être anxieuse par nature et vivre une vie d'incertitude permanente. Cherchez l'erreur !

La voie de la guérison : yoga et écriture

« Tu m'as montré ma beauté d'âme
Ma capacité à devenir femme
Créative, passionnée et sauvage
Tu as été l'homme sans visage
Celui qui est devenu le sage[8]*. »*

Après avoir décortiqué mon histoire chez des psys, je fais un bilan. Certains de mes problèmes continuent d'exister malgré la compréhension. Manque de confiance important, estime défaillante, désintérêt pour une vie dite « normale », besoin d'absolu non assouvi, vide intérieur et toujours ces toux chroniques irrésolues par la médecine conventionnelle. Tomber malade au moins trois fois par an me paraît suspect. Mais je continue de tousser, sans trouver de remède. J'ai rangé les dossiers dans ma tête, fais le tri dans le méli-mélo de ma conscience, compris d'où venaient mes inconforts psychologiques. Je lis beaucoup. Boris Cyrulnik avec sa résilience, Lise Bourbeau avec ses cinq blessures de l'âme, Neale Donald Walsch et ses conversations avec Dieu, Swami Prajnanpad et son expérience de l'éveil, Deepak Chopra sur la conscience,

8. Extrait du poème/slam « Lettre à un inconnu », EstELLE Penain.

Thomas d'Ansembourg avec son « Cessez d'être gentil, soyez vrai », Guy Corneau « N'y a-t-il pas d'amour heureux? », etc. Je pourrais détailler toutes ces lectures, mais on y serait encore demain. Je veux juste dire par là que je nourris encore et toujours mon mental, inconsciente de cette boulimie de connaissance qui n'apporte pas la sagesse, tout au plus ouvre-t-elle quelques pistes de réflexion pour l'exploration d'un nouveau monde. Je reste persuadée qu'un livre peut quand même changer une vie… Fatiguée par cette incompréhension, par des relations sentimentales toujours toxiques (l'impression d'être vidée, que l'on a absorbé mon énergie, que les hommes rencontrés ne s'intéressent qu'à eux…), je me sens appelée à découvrir autre chose. Et ma route me fait croiser un type de yoga, le Sahaja Yoga.

Shri Mataji est un maître spirituel d'Inde, connue dans le monde entier pour avoir rendu à la spiritualité sa dimension intime. Cette femme exceptionnelle, nominée par deux fois au prix Nobel de la paix, a créé une méthode simple permettant l'équilibre intérieur.

Voilà une clé que j'attendais. Ce « quelque chose » que le matérialisme ne peut apporter à l'individu. La psychothérapie et le développement personnel m'ont permis de trier les dossiers. Maintenant, il est temps d'évacuer les mémoires traumatiques. Parce que oui, si j'entreprends un tel chemin, c'est qu'il y a de fortes douleurs imprégnées dans mon conscient et inconscient. Cela peut être difficile à comprendre pour un être qui a grandi dans l'amour d'un foyer sécurisant. Mais quand la vie a semé des chocs traumatiques sur notre route, il y a une mélancolie profonde, un mal-être installé durablement que les masques ont recouverts… pendant un temps. Puis un jour, tout sort.

Je découvre ces ateliers gratuits où partage et pratique se confondent pour offrir une clé à notre mal-être occidental.

La méditation guidée sera ma première expérience spirituelle profonde, à travers une pratique simple et accessible. J'entends mon mental juger ce qu'il ne comprend pas. Je résiste. Je sens qu'il y a quelque chose de plus grand, bien que je sois en résistance avec l'idée de la religion. Alors quand j'entends l'enseignant nous demander de répéter après lui : « Mère, suis-je l'Esprit ? Mère, suis-je mon propre maître ? Mère, s'il vous plaît, donnez-moi la pure connaissance, Mère, je suis mon propre maître », etc., je n'arrive pas à croire à ces formules. Je suis imprégnée du Père de la religion judéo-chrétienne, alors que je suis née dans une famille athée. Tournis. Pourquoi la Mère ? Pourtant, l'explication de ce yoga puissant me rassure. *Sahaja* signifie « spontané », et *yoga*, « union avec le Soi ». Un chemin pour amener la conscience au-delà de son aspect purement intellectuel. On me parle d'une évolution spirituelle sans effort. Sans effort ? Mais je suis biberonnée à l'effort ! J'ai appris à survivre en me sentant seule au milieu des autres depuis l'enfance.

Je me mets à étudier cette méditation Sahaja sur les corps subtils et les chakras, la Kundalini et les vertus d'une vie spirituelle. Comme une soif intérieure jamais entendue jusqu'à présent. Je me familiarise peu à peu avec ces notions. La Kundalini est une spirale d'énergie lovée dans le sacrum qui peut s'éveiller et monter le long de la colonne vertébrale pour traverser tous les chakras jusqu'au sommet de la tête. Si nous savons la réveiller, nous pouvons atteindre la réalisation du Soi. Mais je n'en suis pas encore là. Pour le moment, si je suis intéressée par cette spiritualité, c'est pour découvrir le sens de ma vie, les causes de mes réussites et échecs, les pièges de la rationalité, les micro-conflits familiaux et professionnels, les dépendances, l'autodestruction… Bref, tout ce qui a été mon chemin jusque-là. Cette nouveauté radicale pour mon esprit cartésien de l'époque est comme une claque que je ne sais pas recevoir à sa juste mesure. Et pourtant, je tenais là une manière simple d'ouvrir ma conscience.

Dans le même temps, je découvre le hatha yoga, que je commence à pratiquer régulièrement mais pas assidûment. Je le pratique encore aujourd'hui, mais à mon rythme, avec une préférence pour les cinq *asanas* (postures) tibétains, une pratique de moines bouddhistes qui a montré que nous avions des clés de longévité et de santé pour le corps, l'âme et l'esprit. Je trouverai par la suite trop de rigueur, de compétition et de manque de spiritualité dans ces cours, voyant trop de personnes en quête du corps parfait et de la meilleure posture, alors que pour moi, le yoga va bien au-delà de ces considérations.

Dans cette quête de sens, l'envie de partage est si forte, la sensation de ne pas être comprise, si présente autour de moi que je m'inscris pour la première fois sur un site de rencontres, afin de trouver quelqu'un avec qui entamer une correspondance. La méfiance et la frilosité face à cette vogue relationnelle me poussent à déposer ma candidature à l'aide d'un avatar. Juste pour voir. Tester. Un pari un peu fou puisque je ne cherche pas l'âme sœur, mais juste quelqu'un avec qui partager ma quête… Pas sûre d'être au bon endroit. Dans le méli-mélo des hommes qui se connectent à mon profil axé sur l'écriture (je précise bien « relations sérieuses » et « désir de correspondance » avant toute rencontre physique), je rencontre un auteur, Gabriel, un homme dont le style me plaît, m'interpelle. Nous allons nous écrire pendant des mois. Notre correspondance va aiguiser ma plume. Il sera celui qui m'autorisera à écrire telle que je suis. Je ne le rencontrerai jamais. Il restera à jamais un héros de film. Un inconnu dont le passage dans ma vie a permis à la femme que je suis de devenir auteure. Notre correspondance sera le prétexte pour écrire un deuxième roman, une correspondance entre deux inconnus terrorisés par l'amour et le couple…

Lettre à un inconnu

Merci Gabriel, inconnu virtuel
Connu sur un site de rencontres virtuelles
Au moment d'un désert spirituel
Cherchant l'amour et son miel.
Correspondance d'une année essentielle
Ton écriture, une profonde guérison
Chaque mot nous rapprochait à tâtons
Sans jugement, nous nous confions
Sur nos rêves, nos doutes, nos passions…
Tu m'as montré ma beauté d'âme
Ma capacité à devenir femme
Créative, passionnée et sauvage
Tu as été l'homme sans visage
Celui qui est devenu le sage
Dénué de violence
Je n'avais plus de méfiance
Une année d'écriture pour renaître
Une année pour devenir et être
Ton écriture m'a soignée, élevée
Notre histoire m'a donné de l'élan
Me reconstruire, m'élancer vers le ciel
Donner le meilleur de mon miel
Et l'offrir aux autres avec passion
Alors merci Ange Gabriel des télécommunications
Tu as joué ton rôle de guérison
Où que tu sois bâtisseur du monde inachevé

Homme virtuel dont l'écriture m'a sauvée
Je t'envoie ma profonde gratitude dans cette onde
Cette énergie invisible qu'on appelle une pensée…
Merci Merci Merci Ange Gabriel de ce monde…

La quête paternelle, la guérison du masculin guerrier

« Je médite donc je suis. »[9]

Depuis mon retour new-yorkais, pendant l'un de mes stages autour de la conscience, je fais une rencontre déterminante : Amélya Tawil, thérapeute et coach. Nous nous prenons d'amitié. Elle fait partie des personnes qui ont su m'accompagner ces dernières années. Elle sera la première à m'encourager sur la voie créative, me donnant l'impulsion d'avancer sans peur de la médiocrité, mais juste pour le plaisir de faire. Elle organise également les séminaires d'un homme devenu depuis un ami, le professeur Amrani Joutey, ancien directeur de recherche d'un grand laboratoire. Tous les trois, nous pouvons parler des heures. Mais c'est surtout le professeur qui nous fait partager sa connaissance et sa spiritualité. Il me fascine et j'aime rire avec lui. Ce père spirituel possède un sacré bagage dont il n'aime pas se vanter. Il a été un des premiers au monde à organiser une dynamique constructive entre la médecine « classique » et les médecines dites « alternatives ». Dans ses mots, je ne perçois aucune autorité.

9. Pr. Amrani Joutey

Il me réconcilie avec le père, propre et figuré, dans le sens de Père divin, de Ciel, d'autorité suprême. Ma vision des hommes à ce moment-là se noie plutôt dans la colère, mes expériences de violence conjugale n'y étant pas pour rien.

Tout ce qui touche de près ou de loin à la notion de père me met donc dans un état difficile à contenir. Il suffit de regarder le monde pour comprendre les effets de la domination d'un sexe sur l'autre. Tout extrême entraîne la décadence d'un système. Il faut de tout pour faire un monde. Comment ne pas être en colère quand on voit comment les hommes traitent les femmes dans trop d'endroits du globe ? Heureusement, j'apprendrai petit à petit à pardonner, grâce à ma rencontre avec le professeur Amrani Joutey, qui, par sa bienveillance, sa spiritualité gorgée de science et son discours m'initiera peu à peu à une nouvelle vision de la vie. Une vision révolutionnaire qui traversera mon existence pendant quinze ans, le temps de l'intégrer dans mes cellules et ma conscience.

À ce moment-là, je stagne dans ma vie d'Occidentale tournée vers la matérialité, la réussite. J'essaie de rentrer dans le moule puisqu'il faut bien payer les factures. Je continue de travailler dans la culture, au service d'une galerie virtuelle d'art contemporain, créant des partenariats entre la galerie et des lieux culturels comme la Villette, les Bains numériques d'Enghien, le musée Pompidou, etc. Mais comme chaque fois, je me sens confrontée à une douleur profonde, un sentiment de vide, que je masque comme je peux. Je fais semblant d'aimer cette vie agitée, teintée de culture, de sorties et d'interrogations.

J'ai besoin d'avoir un guide, un premier de cordée qui a déjà grimpé la montagne pour m'éviter de tomber dans les nombreux pièges qui jalonnent la route spirituelle. Je sais qu'il y a des charlatans. Alors je veux qu'on m'explique les choses sous l'angle de la science mélangée à la spiritualité. J'aime l'idée de mélanger les deux, car c'est ainsi que le monde tourne, entre visible et invisible, conscient et inconscient, jour et nuit. La dualité a besoin d'être explorée avant de retrouver l'unité. J'en ai marre de courir plusieurs lièvres. Stop à la boulimie. Je retrouve le professeur Amrani Joutey et, cette fois, je décide d'y consacrer plus de temps et d'arrêter de « consommer » du stage à tour de bras. Il envisage la santé sous un angle novateur, inédit, incroyable. Je peux me confier pour la première fois à un homme qui me considère pleinement. Qui me regarde non pas comme un être dénué de connaissance, mais comme quelqu'un qui est encore dans l'ignorance de son potentiel. Et du coup, je lui raconte mes différentes expériences, dont mes premiers « lavages » et bains purificateurs à New York… Il m'cxplique que j'ai un grand cœur et qu'il faut me protéger. Il me parle des hommes que j'ai connus qui, dans l'union sexuelle, m'ont pris toute mon énergie, m'ont usée. Son explication me montre en effet qu'il est essentiel de choisir un partenaire sain, car celui-ci décharge son énergie dans la femme. Celle-ci devient comme une coupe sacrée. Alors que, jusque-là, j'ai choisi mes partenaires sans aucune conscience que notre sexualité puisse causer du tort à mon corps énergétique et physique. Le professeur me pousse à découvrir cette grande force spirituelle qui m'habite et dont je n'ai pas conscience. Mais dès qu'il parle de dévotion, j'ai envie de fuir : j'ai besoin de comprendre, pas d'être en dévotion. Mon côté cartésien reste puissant. Et les jugements sont une des caractéristiques du mental. J'ai beau essayer la pensée positive, cela ne marche pas. Le professeur m'explique que s'il y a la volonté de créer des pensées positives, cela sous-tend qu'il y a une pensée négative qui attend sa place, en relativité à cette pensée positive, et qui surgit dès que la faiblesse gagne. Ce que tu redoutes arrive. Pour lui, et au vu de mon mental très fort, il n'y a que la méditation qui peut m'ouvrir des espaces de conscience propices à l'élévation et au bien-être.

Ce qui est fascinant, c'est mon attirance pour tout ce qui a trait à la santé et au bien-être sans savoir que, prochainement, j'aurai besoin de cette connaissance pour dépasser la maladie. La lecture d'âme ne m'a pas influencée, j'étais déjà attirée par ces domaines depuis des années à travers mes lectures et les conférences. Maintenant, j'entre dans le cœur du sujet, comme si je ne faisais que redécouvrir quelque chose que je connaissais déjà. Grâce aux vies antérieures, sûrement... À ce moment-là, je ne suis pas malade. J'ai juste envie d'explorer ma conscience comme une nouvelle aventure à laquelle j'ai décidé de participer pleinement. Un terrain inconnu. Un espace dont je suis la seule aventurière, à l'intérieur de mon univers mental. Je comprends la nécessité du travail intérieur pour évoluer, traverser mes démons et accéder peu à peu au bonheur par ce nettoyage mental, physique et spirituel. Je touche du doigt quelque chose de puissant et au-delà du raisonnement. Je ne comprends pas tout intellectuellement, mais cela me fascine. Sûrement mon côté rebelle. Je vois des personnes témoigner de guérison de maladies graves, j'entends des théories déstabilisantes pour un esprit cartésien. J'apprends que le corps, c'est de l'espace, que la pensée a pris l'habitude de condenser la matière. Et que lorsque je pense, je souffre. La nature de ma pensée doit changer... Quelle drôle d'idée, pour moi qui suis habituée à penser !

« *L'Âme est une agitation. La sérénité, c'est l'Esprit. Les âmes sont les réceptacles universels de l'Esprit. L'âme s'incarne parce qu'elle n'est pas apaisée.* »

PR AMRANI JOUTEY

Le professeur parle de ce fameux mental qui m'obsède chaque jour, cette partie de notre conscience qui souhaite nous laisser dans notre nature animale alors qu'une autre nous entraîne dans notre partie divine. Il n'y a que la méditation pour sortir du « je pense donc je suis », pour aller vers une vie plus libre avec la formule « je médite donc je suis ». Nous ne sommes plus conscients que nous ne pensons plus par nous-mêmes, selon lui. Nous ne savons pas que tout est information et que notre corps a besoin d'elle pour fonctionner. L'analyse mentale aggrave la souffrance.

Depuis quinze ans, le professeur Amrani Joutey participe à guérir ma vision de l'homme guerrier pour voir qu'il existe des êtres humains dénués de cette violence, ayant accompli un chemin intérieur qui leur permet d'être autrement. Grâce à notre rencontre, je fais le voyage au cœur de ma conscience pour transformer mon masculin. Nous pratiquons des méditations alternées avec des concepts de médecine quantique. Je découvre ces énergies impalpables, mais bien présentes : le Prana et le Chi. Un jour, après douze heures passées entre méditations, chants et discussions, je suis comme droguée, mais naturellement. J'explose de vitalité. Je peux faire une nuit blanche sans aucune trace de fatigue. Un état de paix. Depuis notre rencontre, la méditation est entrée dans ma vie, d'abord par petites doses (parce que la procrastination reste encore un moyen inconscient de sabotage), puis régulièrement. Aujourd'hui, c'est une nourriture dont je ne peux me passer. Le matin, pour recevoir l'information nécessaire à ma journée et le soir, pour évacuer le trop-plein de la journée. Cela tombe bien, car je commençais à en avoir marre de vouloir tout comprendre. Ma tête était remplie de nouvelles données que je n'arrivais plus à stocker. J'avais besoin de vacances cérébrales.

Le Chamanisme de l'origine

« Je ferme les yeux et commence à partir dans la transe
Je vois Loup Blanc et son tambour revenir en cadence
La musique universelle traverse les âmes et les saisons
Je sais maintenant que cet Indien Loup Blanc et ses chansons
Hantent mon esprit et mes cellules à chaque percussion
Car un loup ramène au clan ses âmes égarées avec compassion[10]. »

En parallèle, j'entame un travail sur le corps avec Franck Muller, un praticien énergétique. Plus je vais le voir, plus je me détache de l'envie de comprendre, comme je le fais lorsque j'écoute le professeur Amrani Joutey, toujours avide de transmettre un enseignement oral (je ferai une pause durant quelques années, avant de le revoir par amitié et par désir de suivre son évolution et son partage de connaissances tellement précieuses). Le travail de ce praticien me plonge dans des abîmes de perplexité, mais je sors plus légère de chacune des séances, sans comprendre ce qui se passe, voyant des améliorations dans ma vie. Il pratique une apposition des mains sur différentes parties de mon corps, enseignée par un chaman yogi du nom de Loup Blanc. Sa technique

10. Extrait du poème/slam « Hommage à un Loup Blanc », EstELLE Penain.

« Spirales de Vie® est une puissante technique de guérison karmique, qui rétablit le courant d'Harmonie en soi et entre tous les êtres à l'aide de passes énergétiques psycho-spirituelles[11]. »

Au bout d'une année à nous voir une fois par mois, Franck Muller me propose d'aller plus loin dans ce travail avec l'invisible, et m'explique que nous avons tous un pouvoir de guérison entre les mains qui n'est pas exploité parce que nous en sommes ignorants. Je repense à ma vie antérieure et à mon expérience au sein des Esséniens… Je décide donc d'apprendre comment utiliser mes mains pour faire du bien aux autres… sans savoir que je pratiquerais un jour à mon tour ! La Parisienne qui travaille dans la promotion culturelle à ce moment-là ignore totalement que sa vie va prendre un nouveau tournant.

Me voici en route pour des week-ends entiers à découvrir un chamanisme de l'origine transmis par Loup Blanc, au cœur d'un enseignement spirituel, moi qui suis d'éducation athée et plutôt pragmatique. D'un week-end à l'autre, je découvre les trésors de la méditation poussée, apprenant à manger dans le silence et à m'extraire de l'instant présent par un mental toujours en alerte. La connexion avec la nature permet de comprendre que je l'aime, cette nature, mais si souvent absorbée par le mental, j'en oublie de regarder autour de moi. J'apprends à manger, à respirer, à marcher, à danser, à chanter et à méditer en pleine conscience. Je prends contact avec la présence, l'être en moi immobile et immuable, la part divine qui sommeillait depuis toujours… Je ressens un apaisement profond à l'issue de ces week-ends. Même davantage qu'un apaisement. Une sérénité inconnue auparavant. J'apprends à transformer le plomb en or à travers mes mains. L'or pranique coule entre mes membres pour redonner au corps

11. Extrait du site internet de Loup Blanc : www.chamanisme-origine.fr

sa fonction naturelle d'auto-guérison. J'ai écrit cette citation sur mon cahier que je relis souvent : « *La plus grande force du corps humain est sa capacité d'auto-guérison, mais cette force n'est pas indépendante de notre système de croyances… Tout commence par une croyance.* » Albert Einstein

Je ne sais pas de quoi je me guéris, à part d'une mélancolie récurrente. Je cherche un sens à ma vie. Et je crois l'avoir trouvé. Rencontrer Dieu, être en présence avec la Source, voilà maintenant mon chemin. Je ne veux plus comprendre avec ma tête. J'en ai trop sous le capot cérébral. Et ici, on me propose ce voyage dans l'invisible, que j'appelle l'inconscient. Je découvre combien mon cœur est blindé, entouré de barbelés invisibles qui empêchent l'amour d'éclore par trop de méfiance. À force de prendre des coups, je me suis blindée derrière une sacrée armure. C'est vrai que depuis dix ans j'enchaîne les relations amoureuses, mais ne trouve pas mon bonheur. Serait-ce à cause de ce cœur trop endurci ? J'apprends aussi à m'aimer. Parce que je viens de découvrir que je ne m'aimais pas beaucoup. Je faisais semblant. M'en rendre compte me met d'ailleurs une sacrée gifle. Mais l'amour qui juge, critique, condamne n'est pas de l'amour. Or, à observer et écouter ma voix intérieure, j'entends mes démons se cogner aux parois de ma conscience pour mieux les laisser s'exprimer et enfin m'en libérer. Il faudra des années pour les entendre, les accepter et leur laisser la place d'exister afin de peler l'oignon de ma conscience jusqu'à atteindre le diamant brut : la Source de Vie. L'amour du Soi. Inconditionnel et intemporel, au-delà de tout.

Mais je reste le fruit d'une éducation et d'une société où tout est conditionné pour l'excellence, et qui rend accro aux thérapies, au sport, au sexe, à la gloire, à la récompense, aux « *likes* » sur Facebook, à tout ce qui nous donne l'impression de devenir meilleur ou d'être aimé. Et je suis tombée dedans comme Obélix dans sa marmite de potion magique. Je suis droguée à l'idée de m'améliorer à tout prix, au lieu d'apprendre à m'aimer. Mais comment s'aimer quand on passe son temps à vouloir être autrement que soi ? Alors, après la boulimie de la compréhension mentale dans le développement personnel et la psychothérapie, me voilà sur un nouveau chemin, dans lequel je m'engouffre avec la même frénésie. J'y passerai des années avant de trouver ma propre guidance intérieure. Le manque de confiance en soi est un vrai poison, il fait croire que nous ne sommes pas capables de penser par nous-mêmes. Est-ce la religion qui nous a conditionnés, avec sa notion de « pêcheurs » qui doivent se repentir ? Je pense que les croyances réduisent notre capacité à penser par nous-mêmes. Et moi, je veux me sentir libre. C'est sûrement pour cela que je n'ai jamais ressenti l'appel d'une religion en particulier, mais plutôt une attirance pour la spiritualité libre. Ma seule religion, c'est l'amour. Et pour le moment, j'apprends à aimer.

Au septième week-end, une sorte de rituel est pratiqué, comme un baptême initiatique d'une grande puissance. Je ne raconterai pas les détails, car cela doit se vivre pour être compris. Je peux juste dire qu'il y a un avant et un après. Comme si j'entrais dans une conscience plus souple, plus douce, plus aimante. Une ouverture du canal prêt à recevoir l'énergie divine. Je suis au début du chemin, réalisant le trop-plein de rigidité en moi, ce contrôle inhérent à la peur de vivre. Le chemin spirituel m'ouvre un espace de liberté qui n'appartient pas à la volonté, à l'effort. Plus je médite, plus je laisse la lumière pénétrer en moi. Le professeur Amrani Joutey dirait « l'information ». Ce ne sont que des mots. Mais je ressens cette lumière laiteuse pénétrer en moi par le chakra de la tête, comme une mère donnerait sa nourriture à son enfant. Je reçois la mienne par ce canal coronal. D'ailleurs nous pratiquons plusieurs fois des diètes à base de riz ou de raisin pour détoxifier le corps et, grâce à la nourriture pranique, nous ne ressentons ni fatigue ni faim. C'est extraordinaire.

Par la suite, à partir de l'initiation du septième chakra, je serai apte à pratiquer les harmonisations, les fameuses Spirales de Vie, ce que je ferai pendant quelques années. J'aurai la chance de voir combien cet acte sacré peut contribuer au bonheur de l'autre. Sans intention, juste en laissant la lumière œuvrer à travers mes mains… J'observerai que les personnes qui viennent à moi, sont toujours à un moment de leur vie où je peux les aider. La loi d'attraction fait son œuvre de manière formidable.

Celui qui me transmet cet enseignement est un être dont le charisme et le regard me dépoilent en un instant. Comme s'il pouvait lire en moi. Il se définit comme un Wolfman, un Loup blanc. Il protège son clan d'initiés. Son énergie magnétique et spirituelle est si intense que le corps peut être amené à réagir sans contrôle face à lui. Loup Blanc fascine autant qu'il peut faire peur car il possède un pouvoir : il sait maîtriser l'énergie. En ce qui me concerne, j'ai un souvenir mémorable de son doigt posé sur mon front. Je suis en train de méditer depuis un moment et des visions arrivent. Je me sens portée par une lumière laiteuse dans laquelle je me sens bien, si bien que j'ai la sensation d'être rentrée à la maison. Oui, vraiment. Et quelle est cette maison ? Un paradis blanc, un duvet de lumière dans lequel je vois un homme… Pourquoi suis-je persuadée qu'il s'agit de Jésus ? Impossible de savoir. En tout cas, son aura, sa splendeur et sa beauté m'ouvrent le cœur d'un amour tellement fort que j'en pleure de joie. Comme si j'avais cherché cet amour toute ma vie. Et au moment où je vois arriver cet homme, ce Jésus en vision, je sens un doigt entre mes deux sourcils, le siège du troisième œil, la vision supérieure dans un chakra. Et j'ouvre les yeux. Loup Blanc est là, en train de me donner cette fameuse Shaktipâtâ. Enfin, je crois… Pour une fois, je n'ai pas cherché à comprendre.

C'est une expérience mystique intense qui a marqué ma vie à jamais. Pas tant pour les visions, car je me méfie de mon imagination débordante. Mais plutôt pour l'intensité de l'amour que je vis à ce moment-là. C'est donc ça, aimer? J'ai cette capacité d'amour? Ce débordement irrationnel me donne le tournis, tant il est vertigineux. Après cette expérience, quand j'observe cet homme, je suis impressionnée. Il dit qu'il est guidé. Qu'il n'a qu'à aller là où le Père lui dit d'aller. Le Père, le Père! Je grince encore des dents en entendant ce terme trop proche de la religion qui a fait trop de guerres en Son Nom. Je préférerais entendre « la Source ». De là où tout vient, tout naît.

Son chamanisme est empreint des traditions de plus de quarante mille ans, à l'origine des cinq grandes voies d'éveil : le chamanisme, l'hindouisme, le bouddhisme, le christianisme et le taoïsme. C'est en dehors des religions. Ici point d'intellectualisme, juste de la pratique. Et Loup Blanc permet de nous relier à l'invisible en tant que guérisseur de l'âme et du corps. Il est au service du Divin. Alors évidemment, pour une cartésienne comme moi, cela demande de dépasser les croyances.

Pendant sept ans environ, je me rends à ses initiations. Entre le professeur Amrani Joutey avec sa douceur masculine, et ce chaman yogi au charisme guerrier, j'ai l'impression de vivre différentes facettes du masculin dans lequel je me retrouve. Des miroirs pour traverser cette polarité qui habite mon âme… À chaque initiation, c'est la même chose : une grande difficulté à entrer dans le silence intérieur. Parce que nous méditons longtemps. Si longtemps que mon corps en souffre. Puis, peu à peu, le corps s'assouplit en même temps que l'esprit. À moins que ce ne soit le contraire. Ce qui est certain, c'est que les deux communiquent. La souplesse d'un corps en dit long sur le mental. Je vais vivre des expériences troublantes qu'il est difficile de traduire sans dénaturer le propos. En tout cas, je commence cet enseignement parce que la raison ne clarifie pas assez ma soif de compréhension. J'ai senti le besoin de quitter le pragmatisme obtus et têtu pour glisser doucement vers l'autre versant de ma conscience. Pour sortir de ma caverne de Platon, il va falloir me perdre dans les tréfonds de mon âme, affronter les épreuves, retrouver l'essentiel, me débarrasser du superflu et enfin, vivre ! Mais la liberté a un prix… Celle de dépasser les peurs pour trouver la paix intérieure. Voilà l'intérêt de ce travail intérieur. Faire tomber les masques. Extraire les schémas récurrents de l'inconscient vers le conscient pour mieux les accepter et les dépasser. Vivre selon Soi et non plus dans lcs fantômes de nos lignées, nos sociétés, nos illusions. Et dans ces initiations, il ne s'agit plus de comprendre. Mais de vivre. Laisser sortir ce qui doit sortir. La violence à l'intérieur de mon corps et mon esprit semble quitter le nid dans lequel elle se cachait. L'agressivité en est son expression. Si je me sens incomprise ou rejetée, elle bouillonne dans mes tripes comme un animal déchaîné. Il faut l'évacuer.

J'observe ces croyances, ces limites. Il faut du temps pour accepter mes résistances, moi qui me croyais plutôt ouverte et détendue. Quand les masques tombent, ce n'est pas toujours agréable de se voir tel que l'on est. Et puis, il y a la question du divin. Parler d'un enseignement spirituel à une cartésienne, autant dire qu'il y a un sacré chemin à faire. Parce que je ne suis pas prête à croire tout ce que l'on me raconte. Et je persévère encore aujourd'hui. Je suis convaincue qu'il faut toujours garder une pointe de scepticisme. Ce qui est bon pour l'un, n'est pas forcément bon pour l'autre.

Donc tout ce que je raconte dans ce témoignage n'est le fruit que de ma compréhension de l'instant et de plus de quarante années terrestres, voire plus si je prends en compte les vies antérieures... Je surfe sur la vague de la spiritualité pour apprendre à me laisser guider par une force supérieure capable de me métamorphoser et parce que mon âme a soif de vérité… Je veux la paix, sans me soucier de demain, avec la confiance que tout s'agencera parfaitement pour moi, voilà mon objectif. Ce manque de foi entraîne une insécurité traduite par une vie remplie de questions. Fatiguée, usée par la lutte, je ne comprends plus cet environnement où apparemment seul le travail définit qui tu es. Je réalise que je suis très en colère contre la société. Trop de consommation, trop d'apparence, de superficialité. Dans l'enseignement de Loup Blanc, j'ai l'impression d'effleurer plus de profondeur. La spiritualité passe par le corps physique. Finie la vie de labeur, la vie où il faut ramer pour réussir. Elle ne m'a apporté ni réussite ni paix. Au contraire, j'ai traversé la souffrance, le manque, la tristesse, le désespoir, parfois la faim, la solitude, les larmes… Aujourd'hui je mérite de vivre l'autre versant de la pièce : la fluidité, la facilité, la joie, le plaisir, le partage, l'amour, l'allégresse, la passion, la béatitude… Une sorte de valse entre polarités ou dualités, diront certains… Je préfère parler de deux énergies complémentaires. Il est nécessaire d'accepter la totalité de mon être et celles des autres avec nos qualités et nos défauts. L'ego érige un mur de peurs pour empêcher la lumière de passer. Je veux casser ce mur. Alors, j'apprends à entrer en moi.

La méditation apprend à observer le flux des pensées et il est de bon ton de dire qu'il faut les regarder passer sans s'y attacher. Facile à dire. Il faudra des années avant de trouver l'apaisement. Au début du chemin, c'est juste impossible. Je me croyais zen. Je suis pétrifiée. Petit à petit, l'inconscient me renvoie mes limites. Travailler sur l'ego devient une étape décisive pour mon évolution vers la liberté d'être car il manipule mentalement et émotionnellement par des envies dans tous les sens. Et une fois qu'elles sont assouvies, il en redemande. L'ego, ce roi du monde, fait tout pour que j'ignore ma véritable nature : un être divin venu expérimenter la matière et non l'inverse. (J'ai beau me le répéter, je n'en suis pas convaincue à cette époque de ma vie.) La connaissance apporte la liberté et éloigne l'ego. Il n'aime pas ça. La réelle guérison passe par la possibilité à se remplir d'amour soi-même. La méditation apporte cette solution. Mais entre la théorie et la pratique, il y a un monde. Et ce monde demande du courage, de la discipline et de la continuité. J'ai l'impression de mener une guerre avec ce mental.

J'apprends que Dieu se manifeste avec la respiration. Sans elle, point de vie dans ce corps physique. L'Esprit souffle dans ce corps pour lui donner vie. Je vais donc apprendre à mieux respirer. Avec une pratique appelée Pranayama. « Prana » veut dire « vie ». Et « yama », « mort ». Cette respiration permet d'allonger la vie en repoussant le passage à la mort. En donnant de l'information (« prana ») à mon corps, je lui permets de se nourrir autrement que par l'information solide comme la nourriture. Et je vois rapidement des effets positifs sur mon humeur et mon bien-être général. J'apprends à me laisser guider par Loup Blanc, moi qui pensais pouvoir tout résoudre seule. J'apprends à laisser entrer en moi cette « énergie » particulière que l'on appelle le Prana ou le Chi. J'apprends à devenir plus souple et à accueillir… Je reçois des soins qui me font voyager dans des espaces inconnus. J'ai des visions de l'univers, de la Terre, de notre histoire qui viennent comme des flashs. Je découvre que mon intuition puissante peut me guider bien au-delà de mon mental. J'apprends à lui faire confiance. Les initiations permettent à l'information (ou énergie) de traverser les blocages de mon corps physique. Qu'est-ce qui me fait voyager au-delà du raisonnement ? La lumière. Plus je me remplis de cette lumière (mot spirituel) ou de l'information (mot rationnel), plus mon corps se spatialise et plus je m'allège. C'est comme si mon cerveau se remplissait d'informations par la vie quotidienne et qu'à un moment, il faille le vider pour faire de la place à du nouveau contenu.

Régulièrement, je reprends mes notes prises pendant les conférences du professeur. Je comprends mieux l'idée de la reliance entre les êtres, cette unité que nous cherchons inconsciemment dans notre rapport à la vie, aux autres, à l'univers et son mystère. Nous nous croyons séparés parce que nous sommes manipulés par notre mental, qui est limité. Dans l'expérience de la transcendance, nous pouvons vivre notre véritable nature. C'est ici que peut éclore l'amour. Pas par la fusion, qui crée un mal-être. Si nous cherchons la fusion avec l'autre, c'est parce que nous nous croyons séparés. Ici, à travers les rituels, je réveille mon potentiel de transcendance innée parce que c'est cela ma véritable nature, étouffée par un mental censeur et envahissant. C'est certainement cela que nous cherchons auprès des religions, assouvir ce retour au transcendantal étouffé par nos sociétés consommatrices et déconnectées de notre nature profonde. Nous avons oublié qui nous sommes. J'apprends à devenir observatrice, c'est ainsi que je pourrai me réveiller. Il paraît que nous utilisons seulement 10 % de notre cerveau. Quel gâchis ! Alors en selle pour la conquête de ce nouvel eldorado !

Partage d'expériences d'initiations spirituelles fondatrices

« Les mauvaises herbes ressemblent aux mauvaises pensées
Elles distillent leur poison et empêchent d'avancer.
J'ai ouvert mon cœur pour l'examiner en profondeur
J'ai vu les herbes folles cacher la beauté de mon cœur.
Il est temps de nettoyer mon jardin sentimental
Pour laisser de la place à la Femme animale[12]... »

Pour comprendre l'intérêt de ce travail dans mon évolution et dans ma vie quotidienne, je vais partager quelques moments d'initiations marquantes sur plusieurs années, afin d'éclairer un chemin qui peut paraître incompréhensible.

À cette époque, je cherche un sens à cette vie dont la société ne m'apporte pas de réponse. Dans ce travail chamanique, nous apprenons à affronter nos peurs, observer le jeu du mental, de notre ego. Tout dépend de notre capacité à lâcher prise. Plus nous

12. Extrait de la chanson « Jardin d'Eden », album Ô Féminin (auteure-interprète EstELLE Penain, compositeur David Keler, feat. Jay.S), présente sur le CD bonus.

résistons, plus difficile est le chemin. C'est un travail d'ouverture qui permet de trouver notre centre, le siège de l'âme, notre cœur. Ici, il y a des règles à respecter pour entrer dans l'initiation : pas de drogue, ni tour de magie, ni recette miracle. Le travail qui se fait requiert un sens du sacré, du respect. C'est pour cela que nous gardons le silence afin de rester en permanence dans le travail. Pas d'échange de regards, de mots écrits. Chacun doit s'intérioriser au maximum. Pas de cigarettes non plus. La fumée provoque des dégâts, particulièrement au niveau des chakras et nous empêche d'accéder à certains niveaux de conscience. De plus, ici, nous ne mangeons pas d'animaux. En effet, l'enseignement proposé implique d'adopter le végétarisme, nécessaire pour plusieurs raisons. Loup Blanc défend l'idée qu'il ne peut y avoir de paix tant que nous continuerons à tuer. Ensuite, les animaux sont des êtres doués d'une conscience tout comme nous. L'explication est claire : manger des animaux, c'est se nourrir de cadavres que nous avons cuits. Ils pourrissent à l'intérieur de nous pendant la digestion. Nous nourrissons la mort alors que nous cherchons la vie. Quand nous mangeons un animal, nous donnons à manger à notre colère. Ah bon ? Je n'aurais pas imaginé cela… Les carnassiers activent inconsciemment leur part animale. Entre une personne se nourrissant exclusivement de manière végétarienne et une autre mangeant de la viande, il semblerait que leur corps ne vibre pas à la même fréquence, ce qui crée des ressentis différents pouvant causer de l'incompréhension mutuelle. Or le monde vibre, tout est interconnecté. Pour atteindre un certain niveau spirituel, Loup Blanc dit que toute évolution sincère passe par le végétarisme, voire même le véganisme.

Pour nous qui choisissons la voie initiatique, le chemin d'évolution demande à dépasser nos instincts reptiliens pour devenir des humains habités de spiritualité, transcendés cherchant à redevenir divins. Voilà la base de l'enseignement. Personne ne nous oblige à rester, seul le cœur dicte notre conduite. Le mien n'a pas de problème avec le végétarisme et les règles de respect. De toute façon, je n'ai jamais aimé la viande. Petite, je buvais de l'eau et avalais tout rond mes morceaux de viande sous le regard de mon père qui m'obligeait à en manger, persuadé que c'était une nécessité. Comme quoi… En arrêtant complètement mes dernières portions de poulet et de poisson, j'ai senti rapidement une légèreté de corps et d'esprit.

Avec cet enseignement, je change mes habitudes, je prends soin de mon corps et essaye de lâcher prise de mon comportement souvent limitant. La position assise en lotus sert à positionner la colonne vertébrale droite afin de recevoir la lumière, nettoyer les canaux énergétiques et permettre ainsi au mental de s'apaiser peu à peu. Il faut du temps. Les douleurs dans le corps sont des mémoires qui sortent, se libèrent. Et particulièrement en position assise.

Un jour, durant une initiation, au son du tambour, les vibrations dans mon corps résonnent en profondeur. Un frisson parcourt ma colonne vertébrale puis descend jusqu'aux pieds. Ce rythme puissant, profond, rond crée une onde persistante qui s'infiltre jusque dans les os. La cadence augmente. Doucement, le bassin se met à se mouvoir. Je me concentre sur ce mouvement. Je ne pense plus. On dirait que j'ai quelque chose en moi d'incontrôlable. Le tambour me projette des années en arrière, à l'époque où j'allais en « rave » dans la nature. La musique tribale s'est invitée dans la technologie, mais le fond est resté. Une sorte de rappel à ma mémoire de liens ancestraux que réveille cet instrument. Surprenant. Je veux prendre ma dose, mon shoot pour partir au septième ciel, mon envolée extatique, ma quête d'absolu comme lorsque je courais ces fêtes techno pour libérer mon corps d'un poids, pour m'envoler dans l'extase du son et de la drogue. J'ai vieilli. L'alcool et la drogue ne m'intéressent plus. L'ivresse, si. J'ai envie de goûter au mystère, à la magie des histoires racontées par Carlos Castaneda et Jan Kounen.

La cadence du tambour bat son plein. Certains participants restent assis sur leur tapis tandis que des danseurs ont investi l'espace. J'admire leurs gestes libres et amples : apparemment ils ne se préoccupent guère de l'opinion des autres. Première observation : il me semble que je n'oserai jamais me laisser aller comme eux. Bizarre, moi qui me croyais détendue. Le tambour vient de s'arrêter. Certains émettent des sons d'extase. On dirait un orgasme collectif. Quelle exagération ! Eh oui, il y a des jugements dans la tête de chacun au milieu d'un groupe.

Les journées alternent des moments de respiration et de méditation avec des marches silencieuses dans la nature et les repas. Tout le monde semble imprégné d'une énergie qui commence à se transformer. La sensation d'avoir déjà déposé un bagage se fait sentir. Loup Blanc a l'œil partout. Il semble lire dans nos pensées, lire notre histoire. Le mensonge ne peut exister au contact d'un tel être. Malgré sa puissance, ses pas légers le rendent discret pendant le travail du groupe. Parfois il pose une main sur la tête, touche une partie du corps ou entreprend une cérémonie au tambour. Puis il nous demande de nous lever sur une musique aux sonorités chamaniques. Le groupe commence à danser. Là encore, je me sens intimidée, il faut que je laisse peu à peu la musique s'infiltrer dans mes cellules pour sentir sa force, sa douceur. J'ai envie de danser jusqu'à l'extase pour oublier ce mental trop encombrant. Je voudrais me sentir libre, mais le groupe m'oppresse.

Le lendemain, la salle a été nettoyée, les tapis rangés dans un certain ordre. L'encens, les bougies et la musique inondent la pièce d'une atmosphère particulière. Loup Blanc prépare un rituel. Pendant que nous méditons, nous passons l'un après l'autre dans les mains du chaman, pour effectuer un travail de purification destiné à nettoyer les mémoires au niveau du squelette, mémoire du règne minéral. Premier stade de l'histoire terrienne inscrite dans le corps humain. Loup Blanc s'agite autour de moi, la sauge qu'il a dans les mains entraîne une montée de la température de mon corps et des douleurs le long de ma colonne vertébrale. Des visions aux couleurs flamboyantes inondent mon esprit d'images de l'univers. Impression d'avoir quitté mon corps. Un voyage instantané à la vitesse de la lumière. La conscience projetée en une seconde dans un autre espace-temps. Réalité ou illusion ? Imagination fertile ? Qu'importe. Je me sens bien. J'apprécie que l'on prenne soin de moi. Réparation. La cérémonie s'achève. Tout le monde s'est levé au rythme de gongs, percussions et tambours. Quelle montée d'adrénaline ! Bouger nos corps sans retenue. Nous immerger de la vibration des dix tambours. Remonter à nos origines. Laisser l'âme s'exprimer. Plaisir et joie – deux mots encore trop rares dans ma vie – s'invitent au menu de cette danse extatique. Le bonheur semble si simple, quand la tête est au repos. La musique s'arrête. La fougue collective a réchauffé la pièce. La magie du mouvement crée une purification des corps et des esprits. Les visages gracieux offrent le paysage harmonieux d'un groupe qui s'ignorait le jour précédent. Nous avons dansé en prenant conscience de notre squelette. Il nous rappelle notre histoire. Deux cent six os nous constituent. Je n'avais jamais réalisé son importance. Parfois, j'avais même la sensation que mon squelette menait la danse. On a dansé toute la nuit. Mon squelette ressemble à un tas d'os morts. Comme un de ceux visionnés dans des tombes depuis des millénaires.

Pour moi, pas de doute, voilà la représentation de la mort en moi, du vide spirituel.

Le travail de groupe apporte à chacun de nous. Dans un groupe, il y a la confrontation avec l'autre. L'autre ne se comporte pas comme on le voudrait, l'autre dit des choses qui peuvent nous agacer, l'autre nous renvoie un mauvais souvenir ou un bon… Bref, le groupe possède une force supplémentaire pour mieux avancer. Il suffit d'observer. Un microcosme de société, chacun avec sa personnalité. Et, tous ensemble, nous décidons d'élever nos énergies pour faire circuler l'information en nous à travers un travail énergétique. Certains ont une capacité d'accueil et d'ouverture qui contribue à faire évoluer l'ensemble. D'autres, comme moi, ont du mal à lâcher prise du contrôle par peur. Être aidée est pour moi un monde inconnu. J'ai toujours pensé qu'il fallait tout faire par soi-même pour ne pas être blessé. Mais apparemment, les autres peuvent contribuer à mon bonheur. Et mon ego, cette prison mentale, se démantèle peu à peu. Voir les autres être en transe continue de m'inquiéter, cependant. Pourtant tous les témoignages transpirent de bonheur et de joie. Alors pourquoi refuser un tel cadeau ? Pourquoi ne pas accepter le plaisir ? Quelle culpabilité se greffe là-dessus ?

Autre initiation. Toujours dans l'observation. Le silence reste de rigueur. Certains se font des sourires, parfois un regard rencontre une expression sympathique, complaisante, méfiante ou en colère. Le groupe s'est installé en cercle. Je respire à fond. Quelque chose semble coincé dans ma poitrine. Les tambours sont déchaînés et leurs vibrations se mélangent en un rythme proche des battements d'un cœur. Loup Blanc se met à chanter. Je respire par le ventre. L'air monte dans les clavicules. J'ai le tournis. Je commence à ne plus sentir mon corps. Des images de l'espace apparaissent derrière mes yeux. Je vois des lumières vives incroyables, des galaxies, des espaces-temps indescriptibles avec des mots, des beautés galactiques d'une autre planète. J'ai la sensation de tout connaître, sans pouvoir le retranscrire clairement, comme si la connaissance faisait partie de moi, comme si je faisais partie du tout, à cet instant-là. J'entends : « L'énergie suit la pensée. » J'ai l'impression de voir des amas de pensées se réunir entre eux. Le mot « égrégore » apparaît. Toutes les pensées individuelles sont attirées par les mêmes sources énergétiques. Une pensée négative va rejoindre un groupe de pensées négatives qui, si elles sont alimentées régulièrement, prennent de plus en plus de puissance. Je vois des guerres commencer par des pensées négatives en masse qui, ensemble, deviennent si puissantes qu'elles créent la réalité qu'elles ont alimentée ! Quelle responsabilité et quelle conséquence de nos choix ! Je suis devant une évidence et pourtant je n'imagine pas qu'une guerre puisse commencer dans l'invisible par les pensées pour se manifester ensuite sur le plan physique. Je vois toutes les télévisions du monde entier allumées sur les informations et les catastrophes. Je perçois à ce moment précis la nourriture de nos pensées offerte à l'égrégore négatif par toutes ces images de guerres, de catastrophes et de pessimisme. Je vois le monde des humains, où il est possible de tuer, de trahir et de voler en échappant à toute justice pour certains. Seulement, je vois aussi la trame de la Conscience universelle enregistrer chacun de nos actes. Comment est-ce possible ? Je ne sais pas. Mon mental humain reste limité pour expliquer ce que je vois dans cet état modifié de conscience. Mais je le vois, sans l'ombre d'un doute… Est-ce cela, les mémoires akashiques où voyage la conscience de Françoise ?

Je sens une main sur mon cœur. On dirait que je dois retourner dans mon corps physique. Un courant chaud m'envahit. Loup Blanc pose sa main sur mon cœur. Je pousse un cri. Mon corps se met à trembler. Des spasmes traversent mon dos, puis mes jambes. Un hurlement sort de ma bouche. Mon corps fait des sauts incontrôlables pendant quelques minutes. Sensation de voler… J'adore lâcher le contrôle de ce corps. Il semble qu'il y a un esprit en moi qui me fait sauter dans tous les sens. Il se balade de bas en haut avec la sensation qu'il nettoie mon corps. Une sorte d'aspirateur énergétique fantastique. Je n'ai pas peur, je suis en confiance, alors que je ne comprends pas ce qui m'arrive. Comment est-ce possible que moi, EstELLE, je puisse aimer quelque chose que je ne comprends pas ? Quel délice de ne rien comprendre. Quel soulagement de sentir mon corps capable de se laver avec cette « chose » qui m'habite ! J'ai l'impression de vivre une transe. Je ne sais même pas si je suis habitée par un esprit ou si c'est la respiration intense qui fait son travail de nettoyage. Allez, un grand coup de Javel ! Je me sens si bien. Régénérée, plus jeune, plus lumineuse. À cet instant précis, j'ai envie de crier mon bonheur au monde. Je savais qu'il allait se passer quelque chose d'inhabituel. Je dois absolument me faire confiance, écouter mes intuitions. Je me sens comme libérée d'un poids. Lequel ? Je ne sais pas et je n'ai pas envie de savoir. Bravo, je progresse !

Les tambours finissent leur transe. Les cris, pleurs, rires s'estompent pour laisser place à une euphorie, une paix particulière. Le temps suspendu dans cette expérience ne reprend son rythme habituel qu'après un long moment de récupération.

C'est très important de nous ancrer, surtout avec ce genre d'expériences. Il n'y a rien de pire qu'un être spirituel en connexion avec le ciel mais complètement déconnecté de la matière. Cela en fait un être illuminé, qui ne peut s'accomplir dans cette réalité. C'est la même chose pour un être uniquement axé sur la matière et déconnecté du ciel. Il y a en lui un vide. Le but de ce travail est de trouver le centre (cœur), entre la terre (matière) et le ciel (spirituel). Voilà le chemin de l'humain divinisé, de l'humain amour.

Quand nous faisons l'expérience de la transe, il est impératif de garder en esprit l'enracinement, les pieds sur terre, être présents à notre corps, des pieds à la tête, de voir toute cette énergie se frayer un chemin en nous, illuminer chaque cellule de notre corps, qui se sont reconnectées entre elles. Nous avons perçu notre âme. Et plus nous la ressentons, plus nous sommes incarnés dans ce corps et plus nous pouvons créer les changements et les rêves qui nous habitent.

Autre initiation chamanique. Il règne une impression solennelle. La cérémonie a lieu autour d'un grand chêne, arbre maître autour duquel tout vibre. Avec le travail énergétique et les années, nous pouvons ressentir cette vie et cette beauté tout autour de nous. Les arbres vibrent à un certain niveau, et le chêne émet une telle énergie qu'il est capable de balayer tout ce qui ne va pas dans notre organisme et de le rééquilibrer. C'est un arbre guérisseur de grande puissance, une sorte de magnétiseur des forêts et un parfait relais entre le ciel et la terre. Loup Blanc se dirige vers plusieurs arbres pour préparer l'initiation. Cela se passera entre un frêne et des bouleaux, on dirait. Le frêne est un arbre qui libère les sentiments et purifie les pensées. L'arbre spirituel par excellence. Il incarne l'ordre divin par la parfaite circulation de ses fluides. Et le bouleau n'aime pas être seul. C'est un arbre protecteur réputé capable de chasser par sa seule présence tout ce qui n'est pas bon dans l'endroit où il vit. La nature enseigne à qui veut bien lui laisser la place qu'elle mérite. Elle n'aurait jamais dû quitter nos vies, mais l'explosion des cités urbaines a déconnecté l'humain de sa véritable essence, celle d'être un élément non séparé de la nature. Or, la plupart de nos névroses ont trouvé leur foyer dans cette déconnexion. Il est donc temps que nous vivions cette expérience d'unité avec qui nous sommes : la nature. Voilà ce que m'apprend l'initiation chamanique. Loup Blanc délimite un territoire entre les arbres et nous invite à y entrer en mettant notre attention sur ce que nous ressentons. Puis, en silence, nous sortons de ce cercle. Il pratique une purification et ensuite, sans un mot, nous entrons à nouveau. À la fin de la cérémonie au tambour, nous quitterons le cercle en silence et reprendrons nos places autour de l'arbre maître. Ma conscience semble modifiée. Les pupilles dilatées avec une vision plus profonde de ce qui m'entoure me rappellent la sensation extatique de la drogue. Je veux vivre quelque chose d'exceptionnel. Voire de surnaturel. Je sens que ça va être puissant, même si j'ai un peu peur. Si mes amies me voyaient, elles me diraient que je suis dans une secte. C'est sûr. Vu de l'extérieur, c'est bizarre. Mais à l'intérieur, je sais qu'il n'y a rien de sectaire. Juste un rituel amérindien. J'ai confiance dans la vision sacrée de la nature des Indiens.

Loup Blanc commence à effectuer une sorte de danse, à la manière des Indiens Sioux. De la sauge brûle dans un récipient, la fumée purifie le lieu. Il parle une langue inconnue. Je suis fascinée par sa danse, gracieuse, puissante et mystique. Il s'assoit, attrape son tambour et commence à fredonner un chant très doux dans cette même langue inconnue. Quelle magnifique mélodie ! Un baume pour le cœur. Attirée, j'entre maintenant dans le périmètre sacré. Mon corps se met à gesticuler sans aucun contrôle possible. Aucune peur, comme si mon inconscient guidait ce squelette ondulant de la base de la colonne vertébrale jusqu'en haut de la tête. La danse du serpent. Dans ce mouvement répétitif, la transe me gagne peu à peu. Une chaleur suivie d'un courant d'air froid enveloppe mon corps. Loup Blanc nous dit le mot « ARBRE ». Je fonds en larmes. Le désespoir m'envahit. Je pleure longtemps, comme une enfant… Il me faut un moment avant de retrouver mes esprits. Je sors du cercle, déconcertée, triste et soulagée en même temps. Assise sur mon coussin, je reprends doucement mes esprits. Après un bon quart d'heure, l'écriture m'appelle pour soulager ma peine.

Je savais que j'allais vivre quelque chose de spécial. Cette cérémonie était magnifique. Je suis devenue arbre. J'entendais leurs plaintes. Les arbres des villes devant autant d'indifférence de la part des citadins. Les arbres de la campagne devant la déforestation massive. Je ressentais tout l'impact écologique destructeur de l'humain sur la nature. Nous sommes en train de couper la branche qui nous nourrit. Je sentais leurs racines s'enfoncer dans le sol et leurs branches monter vers le ciel pour mieux nous protéger, nous donner ombre et oxygène quand nous, pauvres humains endormis, n'avons pas conscience de leur beauté et leur puissance. Je vais replanter des arbres dès que je serai rentrée. Par amour pour cette planète et pour pallier la folie des hommes sans état d'âme. Je ne veux plus avoir peur de manquer d'argent, de nourriture car c'est à cause de cette peur de manquer que nous faisons des excès en tout genre au lieu d'avoir la foi qu'il y a suffisamment de ressources pour tous. Les animaux semblent dépourvus de cruauté gratuite comme peut l'être l'humain. C'est une véritable révélation que de sentir autant d'amour. Je suis sidérée par ce que j'ai ressenti. C'est presque effrayant. D'où cela vient-il ? Mon corps s'est mis à bouger sans aucun contrôle et je n'ai pas eu peur, moi qui aime avoir le contrôle sur tout dans ma vie. Que s'est-il passé ? Au fond, le bonheur que je cherche n'est-il pas la prise de conscience permanente de la beauté de la vie ? Les arbres me l'ont montrée.

La soirée se termine dans une fête, une extase collective, où tout le monde danse. L'atmosphère respire la joie. Le corps reprend toute sa place. Dehors, un orage éclate. La pluie se met à tomber. Cinquante personnes dansent maintenant au rythme de dix tambours sous une pluie fine et douce, véritable bénédiction. Les gouttes perlent sur nos visages heureux de ressentir cette eau salvatrice. Je savoure cette union entre les personnes, la nature, la danse, la musique et le ciel. À cet instant, je crois que j'aime vraiment, je me sens unie au groupe et à tout ce qui m'entoure. Une première fois, cela ne s'oublie jamais…

Pendant les méditations, il n'est pas rare que surgissent des douleurs physiques : c'est notre ego qui se cogne à notre mental pour nous dire qu'il est là. Pour nous détourner de notre être véritable. Toute démarche pour le faire taire devient un danger pour notre conscience. C'est pour ça que beaucoup de gens abandonnent le genre de travail que nous faisons, car leur ego est trop puissant. L'ego, c'est comme une marmite avec toutes nos habitudes, nos mécanismes conscients et inconscients. Les initiations permettent de faire chauffer le chaudron pour prendre conscience de notre fonctionnement. Des outils sont là pour nous attaquer aux racines du problème et nous en libérer : la respiration et le tambour notamment. Suivre sa cadence pour se donner de la motivation. Je n'aime pas trop le passage entre la sensation de tournis et l'extase. J'ai mal à la poitrine. Au plexus solaire. C'est un blocage avec la famille. C'est ici que les nœuds familiaux se glissent. J'ai comme un verrou que je n'arrive pas à faire sauter. Pourtant, j'essaie ! Je respire. Je sens mon corps exulter douleurs, angoisses, vertiges. Je dois continuer à respirer de plus en plus fort. Je dois redevenir le bébé qui naît à la vie. Pour effacer toutes mes mémoires. Pour vivre en harmonie. Mais j'ai mal au cœur. Je ne sens plus mes mains, mes pieds. Mon corps. Le tambour traverse chacune de mes cellules. Puis, je vois les notes de musique entrer en moi. Elles se mettent à nettoyer ma colonne vertébrale, purifier les sept chakras correspondant aux sept notes de musique et aux sept couleurs de l'arc-en-ciel. Instant merveilleux où je ne suis plus ce corps. Jusqu'au moment où je me mets à vibrer des pieds à la tête. Comme un shaker. Je sens la terre s'ouvrir. Puis, je vois deux bras se dessiner dans le sol. Mon corps est soulevé par ces deux bras de terre. Une vision incroyable. Une « mère » de couleur terre me regarde avec des yeux très doux. Je suis bercée comme une petite fille. Comme si je revenais à la source. Tant de douceur, tant d'amour. Comment est-ce possible ? Quel est cet amour inconnu ? Et là, j'entends un message : « Tu es une enfant de la Terre. La Terre t'aime tant qu'elle t'a tout donné : du minéral pour créer tes os, de l'eau avec ton sang, du feu avec la digestion, de l'éther avec le Prana, des poumons avec l'air pour respirer. Tout ce qui te compose vient d'elle. Et tu l'as oubliée. Comme tu as oublié ta féminité. Tu as oublié d'aimer la nature, la terre et ta propre terre : ton corps. Tu as oublié de te connecter à la terre. Pourtant c'est comme cela que tu t'enracines, en étant présente dans ton corps. Tu dois prendre soin de ta terre intérieure et extérieure. » Je suis bouleversée. D'où me vient ce message ? Je ne pensais pas que la spiritualité concernait le corps, il va me falloir faire attention à lui.

L'initiation du chakra du cœur m'a marquée, également. Après avoir commencé à nettoyer notre mental encrassé de croyances, doutes et peurs, nous percevons mieux la notion d'observation, le chemin du lâcher-prise. Notre tête nous procure beaucoup de plaisir. Penser est utile et amusant, mais aussi limitant. Le cœur nous donne la possibilité d'expérimenter nos émotions. C'est un don merveilleux. Mais il faut aussi que nous descendions du cœur au ventre. Sinon nous ne sommes que partiellement éveillés. Notre ventre est comme un deuxième cerveau, où se logent toutes nos fondations. Il nous permet d'être enracinés, d'être solides. Si les trois axes sont alignés, nous devenons entiers. Il suffit qu'une seule partie soit négligée pour que le reste en pâtisse.

Loup Blanc joue du tambour, du gong et de la flûte. Sa musique transperce petit à petit mon mental fatigué. Je me concentre sur une lumière qui descend de mon cerveau vers le cœur. Là où je mets la conscience, je mets la vie. Donc, j'oriente ma conscience vers le cœur. Je sens cette partie devenir chaude. J'essaie maintenant de laisser faire les choses. Une fois assise en tailleur, les premières heures de méditation me paraissent interminables et douloureuses. J'ai toujours les articulations qui coincent, le jugement qui pointe son nez quand certaines personnes se mettent à jouir. Ah oui, car il faut le voir pour le croire ! Certaines sont amoureuses du maître. Je peux comprendre. Il a une belle musculature pour son âge et son charisme le rend très attirant. Chacune nos projections. J'ai vu le père en lui. D'autres y ont vu leur amant. Je n'ai jamais imaginé finir dans son lit. Bien que j'avoue chercher encore son regard, sa présence. La petite fille en moi qui attend un bon point. Sa reconnaissance. Mais celles qui gémissent au moindre roulement de tambour font exploser mon seuil de tolérance. Au début, entendre des gémissements ou voir des roulades par terre me faisait sourire. Au fur et à mesure, cela m'a dérangée. Je n'ai pas envie d'écouter les autres. Je vois leur manège. Sans savoir si la situation respire l'honnêteté ou la supercherie, je sens le pouvoir et la jalousie au milieu de ce groupe. Une arène, une cour. Qui sera le préféré. Comme dans un parti politique. Comme dans la vie. Le jeu du chat et de la souris. Un maître existe parce qu'il a des élèves. Et le jeu des ego et des dominations se met en place comme dans la vie… Finalement, chacun doit vivre son expérience. Pour certains, servir le maître reste la meilleure situation pour grandir. On est toujours au service de quelqu'un.

Un fin filet de lumière blanche m'apparaît en vision. Je le vois descendre dans mon ventre. Prendre toute la place. Comme un massage invisible de mes organes. Puis il s'approche de mon utérus. Tel un serpent de lumière, il se déplace dans tout mon bassin. Un soin de douceur. Je me délecte de cette sensation. La chaleur augmente. Puis mon bassin se met à bouger tout seul. Mon corps sait. Les cellules reçoivent un jet de lumière pour la première fois. Peut-être manquaient-elles de visite ? Pour la première fois, je m'adresse à cet utérus, parce qu'il est important de parler au corps. Comme un ami. Je me rappelle cette initiation durant laquelle mes lunes rouges sont arrivées. En pleine méditation, je sens le sang chaud couler. Je suis stupéfaite parce que, d'habitude, j'ai des symptômes prémenstruels (nausée, fatigue, douleurs pelviennes). Mais ici, parce que je suis en contact avec la lumière, la conscience, parce que j'allège mon corps en l'inondant de lumière, je peux vivre mes règles autrement. J'ai le réflexe de vouloir prendre un médicament, par habitude. Je voudrais courir prendre un Ponstyl, un anti-inflammatoire, pour supporter. Mais je ne peux pas. Là, dans cette salle au milieu de tous et toutes, je décide de mettre ma conscience dans l'utérus et j'accueille ce qui se passe. Et ce qui se passe, c'est que la douleur s'estompe. Cependant, au fil du temps, la douleur va revenir et s'amplifier. Car je ne pourrai pas réitérer cette expérience à mon domicile, tout simplement parce qu'il m'est impossible de méditer autant chez moi qu'en initiation. Et confrontée au stress, à une alimentation trop acide, à la sédentarité, je recommencerai à souffrir pendant les lunes rouges… Mais cette expérience a marqué mon esprit de ce potentiel libérateur. Et j'en ferai usage plus tard sans le savoir…

Plus j'avance dans la méditation, plus j'ai la sensation de voir ce qui se passe dans ce corps. Je ne sais pas si les images qui arrivent sont le fruit de mon imagination ou celles vues dans un documentaire. En tout cas, je voyage dans l'espace corporel comme le ferait un astronaute dans l'espace. Et j'y vois tant de similitudes. Les couleurs, les formes. Je pense à la vie, à ces spermatozoïdes qui se battent dans le vagin pour dépasser le col. Comme dans la vie, les hommes partent à la conquête de leur compagne. Souvent. Maintenant la situation a changé, mais je reste vieille France, j'aime cette idée de séduction par l'homme pour conquérir sa dulcinée. Je reviens dans l'utérus. Les spermatozoïdes plus vaillants ont dépassé le col de l'utérus.

Ils doivent se battre avec une flore abondante de petits filets, cils ou je ne sais quoi, pour se frayer un passage. Puis arrive l'énorme et majestueux ovule. Encore une bataille pour trouver l'entrée. Un seul va réussir à percer la carapace de protection de l'ovule. Une fois entré, tous les autres savent qu'ils vont mourir d'ici quelques jours. À l'intérieur, il perd sa petite queue qui l'a conduit jusque-là. Il arrive dans le cœur du noyau. Le Saint Graal. Le trésor tant convoité de la Vie. Et l'union se fait à ce moment-là. Le spermatozoïde et l'ovule deviennent un. Le dédoublement de la cellule va se multiplier jusqu'à donner un fœtus. N'est-ce pas magique, le fruit d'un mystère ?

Fascinée par ces visions, je nage dans une sorte de béatitude. Est-ce cela, Dieu ? Tout ce qui entoure la matière ? Cette lumière me procure un sentiment de paix. Je commence à comprendre la nécessité de cette nourriture vitale pour le corps. Et sûrement mon âme. Même si je n'ai pas encore compris où se situait l'âme. Dans le cœur, sûrement. En tout cas, je réalise l'importance de la régularité dans ce travail intérieur. J'ai arrêté de manger de la viande. Je me sens mieux depuis. Cela s'est fait tout seul. Puis, il y a eu toutes ces vidéos. Ces horreurs faites aux mamans avec leurs veaux. Cette pollution mondiale. Ce carnage à grande échelle. Cette mort qui appelle la mort. Cette violence sur des êtres inoffensifs. Quelle injustice. Les larmes chaudes et la douleur intense explosent dans un cri qui me vient des entrailles. De mon ventre. Comme une mère à qui on arrache son enfant. Je vois cette vache courir derrière son veau à peine né. J'ai tellement mal. Je me recroqueville sur moi. Comme un bébé. J'aimerais pouvoir faire quelque chose pour arrêter ce mauvais film. Mais, impuissante, je me jure de ne plus jamais manger toute cette violence. Un animal ressent des émotions. Je le vois dans ses yeux. Comme s'il me parlait. Je suis en lui. Je suis un animal.

Le tambour a cessé. J'entends d'autres pleurs autour de moi. L'énergie nous a bousculés. Je suis épuisée.

Dans cette parenthèse temporelle au milieu d'un groupe plein de conscience, les événements s'accélèrent. Les réponses fusent à une vitesse que le quotidien ne permet pas d'entendre. Un soir, Loup Blanc fait distribuer de grands tissus noirs, chacun reçoit un grand carré. Il nous propose de nous cacher dessous. Je pose donc ce grand tissu cachant ma tête et mon corps jusqu'à la taille. Je me retrouve dans le noir. Puis il joue du tambour. Le son vibre comme chaque fois dans mes cellules. Une sorte de chaleur en mouvement. Je sens monter une respiration plus intense. J'ai chaud. Envie d'enlever le drap. Mais la consigne a été claire : je dois rester dessous pendant toute l'expérience. Le tambour a été rejoint par d'autres sons. Un gong, des percussions, des flûtes. La musique crée une déconnexion avec le corps. Comme projetée à la vitesse de la lumière dans l'univers. Puis des galaxies inconnues aux couleurs fluorescentes viennent s'inscrire sur l'écran noir de mes visions. Merveilleuses. Immersion dans le temps, retour sur terre. Une vision lointaine. Près d'une rivière, une communauté d'Indiens. Du Nord. Lakota. Une femme danse. Je suis cette femme en pleine transe face à un bel Indien jouant du tambour. La danse de la fertilité. Je connais cet homme. Mon amoureux. Sa beauté me transporte. Les enfants jouent au bord de l'eau. Nous sommes si heureux. La famille tout autour de nous célèbre la terre et ses richesses. Nous honorons le sol pour sa nourriture, nous louons le vent, les animaux, les pierres. Cette danse célèbre le solstice d'été. J'étouffe. Je sens que je vais exploser. Je me mets à pleurer sans raison. Que s'est-il passé ?

J'ouvre les yeux. Le carré de tissu noir me ramène à la réalité du moment. Trop d'émotions. Et ces visions. Comme au cinéma mais puissance mille. Je n'ai pas souvenir d'avoir vu une scène de film où je sentais dans mes chairs, l'environnement projeté sur l'écran. Est-ce vraiment des vies antérieures ? Pourquoi les voir ? Cette régression a-t-elle une utilité ? Ne m'apprend-on pas à vivre le moment présent ? J'ai beau chercher les films que j'ai vus, les livres lus, je vois bien quelques ressemblances. Des souvenirs. Des traces. Mais les sensations ? Cet homme indien, je l'aimais de tout mon cœur. Qui est-il ? Je le connaissais, c'est une évidence. Peut-être que mon imagination mérite le prix Nobel du voyage intersidéral. La conscience voyage au-delà de ce petit cerveau… On me dit que je suis une vieille âme. Plusieurs personnes croiseront ensuite ma route pour le confirmer sans aucun lien entre elles. Astrologues, guérisseurs, chaman, yogi, acupuncteur… On m'explique que je suis arrivée sur terre avec un bagage spirituel gagné après de nombreuses vies. Celles-ci me sont apparues pour une raison que je comprendrai le moment venu en méditant. Je dois cesser de vivre dans mon mental. Ce sera ma véritable guérison.

L'Ayahuasca, la plante médecine

« Nos peurs sont créées par notre mental.
Tu es venue pour les traverser.
Les regarder en face et t'en débarrasser.
Alors je ne veux plus t'entendre te plaindre[13]. »

Il y a un gouffre entre l'énergie d'un groupe ouvert au changement par le travail intérieur et le monde social et culturel. Paris me fait l'effet d'une cuvette asphyxiée. Des multitudes d'informations s'y croisent dans tous les sens. Les pensées, les ondes radio, les fréquences des portables, les champs électriques… Un chaos énergétique dans lequel nous nous noyons. Vais-je pouvoir rester dans cette ville électrique, dans ce magma technologique qui court-circuite ma fonction cérébrale ? Je m'y perds, m'y fatigue. La nature apporte plus de sérénité et d'éclaircies. Je vois Paris noyée sous un nuage de pollution et mon imagination fait le reste : je suffoque. Petit à petit, les différentes initiations me guident vers plus d'authenticité et de vérité. J'ai besoin de rester à la maison, loin de l'agitation, pour profiter pleinement du bénéfice acquis. Je sens maintenant la différence vibratoire entre une personne

13. Paroles du chaman yogi Loup Blanc.

saine et une autre plus lourde, par son alimentation riche, parfois alcoolisée. Le teint d'une personne qui fume m'apparaît gris, terne. Je n'avais jamais remarqué cela avant.

J'ai besoin d'air. De sobriété. Les objets inutiles sont mis de côté. Le canapé trouve une place plus adaptée pour accueillir la lumière du jour venant des fenêtres. Je sens l'espace s'alléger. Cela me fait du bien. Ranger mon intérieur pour laisser de l'espace afin que l'énergie puisse circuler librement. En apaisant mon esprit, je manifeste alors la sérénité dans ma maison…

Cela fait maintenant un moment que je pratique les techniques de libération de soi, d'harmonisation, de méditation et de respiration permettant le rééquilibrage des corps énergétiques. Depuis quelques années, Loup Blanc propose d'aller encore plus loin pour qui le souhaite, en s'immergeant au cœur d'un voyage chamanique si profond qu'il nettoie les cellules de leur mémoire par un travail avec des plantes, comme la fameuse Ayahuasca, dont j'ai un peu entendu parler. Les livres de Carlos Castaneda et les films de Jan Kounen ont en effet traversé ma route au bon moment. C'est la curiosité, véritable fil d'or de mes expériences, qui m'a poussée à franchir le pas vers cet inconnu qui me terrifiait autant qu'il m'intriguait. Je devais le faire. Une fois. Pour voir. Pour me libérer de cette mélancolie chronique. Est-ce du courage ou de l'inconscience ? De l'excitation à sortir de la marge, à explorer l'inconnu ou de la naïveté ? Tout ce que je sais, c'est que je me suis retrouvée dans un avion pour Lima, et bientôt au cœur de la jungle avec un groupe prêt à traverser les rives de nos âmes pour entrer au plus profond de nos ombres… Folie furieuse !

Pérou, 13 février

Après un voyage de presque quarante-huit heures, nous sommes arrivés à destination sous la pluie. Quelle idée d'aller me confronter à mes démons !

Aéroport de Lima, direction Tarapoto. Une demi-heure de marche éprouvante dans une obscurité, sans lampe ni bottes, épuisée, dans une jungle inconnue. En voilà assez pour que la colère commence à pointer son nez : nous aurions dû passer une nuit à la capitale pour reprendre des forces avant d'entamer cet ultime voyage pour le saut chamanique. J'ai déjà envie de repartir. Et je ne suis pas au bout de mes peines. Alors que je suis en pleine marche, tâtonnant entre les brindilles, les racines, les feuilles, un homme s'écroule. Inerte. Entre fleuve et jungle. Médusée, j'alerte comme je peux. Par chance, une infirmière fait partie du convoi. Premiers soins de secours. Rapidement, elle nous annonce son décès. Le choc. Envie de m'enfuir. La mort. Souvenir comme un flash de mon grand-père. Ce front gelé m'avait terrorisée. La mort, ce glaçon sans vie. Dans cette lumière tamisée, je ne vois pas grand-chose, des bruits de pas, des gens s'activent. En espagnol. Les gérants du lieu ont prévenu Loup Blanc. On nous dit de partir. Que le colosse va être pris en charge. Il est si grand. Choquée, j'avance comme un zombi. Arrivée troublante dans une ambiance glauque, les pieds dans la boue, la mort en guise de bienvenue. Cet inconnu va prendre une grande place dans cette initiation. Inutile de faire semblant d'être peinée, je ne le connais pas. Mais quand même, drôle de sensation… Je commence à avoir peur…

Nos chambres sont attribuées. Le domaine est assez grand. Plusieurs habitations sur pilotis encadrent les côtés d'un grand terrain. Une bâtisse centrale sert de bureau d'accueil et une autre en hauteur sera la fameuse maloca, lieu de nos voyages chamaniques. Une autre maison à pilotis sur la droite fera office de dortoir. Je m'engage sur le petit chemin et monte les escaliers de la maison en bois typique, agencée d'ouvertures fermées par des moustiquaires en guise de fenêtres. Un dernier lit disponible s'offre à moi. Dormir à côté d'une porte ouverte me demande un effort surhumain, moi qui ferme tous mes verrous plutôt deux fois qu'une. Pas rassurant. J'ai aperçu deux gardes faisant la ronde. C'est parti pour faire sauter les habitudes.

Deux autres femmes occupent les lieux, mais je n'ai pas eu l'occasion d'apprendre à les connaître durant nos précédents séminaires. Je regrette d'être venue. Cette mort ne prédit rien de bon. Je ne comprends pas pourquoi Loup Blanc ne l'a pas sauvé. Le doute me saisit immédiatement sur ses capacités, sans pouvoir contrôler ce jugement alors qu'il n'est pas un magicien à ressusciter les morts. Mais persuadée qu'il est là pour protéger nos âmes, un doute puissant m'envahit. Dire que je vais lui confier la mienne ! Je ne me sens pas du tout protégée. Respiration. Panique à bord.

Une cloche retentit entre les gouttes de pluie. Le signal du départ vers la maloca. L'énergie du lieu impressionnerait n'importe qui. Nous enlevons nos chaussures à l'entrée par respect. Pour ne pas amener nos énergies sur ce sol prêt à recevoir nos immondices mentales. Des tapis sont disposés en cercle tout autour de la pièce avec au milieu, un feu et sa colonne de fumée montant vers le ciel par un trou dans le bois de la maloca. Je m'installe à gauche de l'entrée. Pas trop loin du chaman. Pour me rassurer. Papa n'est pas loin. Mince, je l'ai dit. Je vais essayer de me détacher de cette emprise de Loup Blanc. En attendant, il observe l'arrivée de ses voyageurs au grand départ vers l'inconnu de cette initiation. Je ne me sens pas à ma place. Autant en France, je comprends ma route, autant ici, j'ai vraiment la sensation d'être étrangère à cet enseignement. Trop éloigné de ma culture. Et puis je suis en colère. Et c'est alors que Loup Blanc nous parle de cet homme qui a quitté cette réalité sur le chemin qui menait au centre. Tout a été tenté pour le réanimer. En tant que chaman, il peut aider son âme à partir sur l'autre rive, mais il n'a pas le pouvoir de vie et de mort sur une personne. Loup Blanc se définit comme un passeur d'âmes, pas un magicien en effet. Nous sommes venus faire une initiation profonde et intense qui demande de respecter un silence absolu. Personne ne nous oblige à être ici. Nous pouvons encore partir avant le grand départ demain soir. D'ici là, nous sommes invités à bien réfléchir et si nous sommes prêts, rendez-vous ici demain soir. Nous avons ensuite prié pour cet homme décédé afin que son âme puisse partir en douceur vers d'autres rives. Nouveauté pour moi que de prier un mort. Mais il semblerait que mon âme soit prête pour cela car je le fais avec solennité et respect, malgré ma réticence mentale faisant le lien entre religion, prière et dogme…

Il faut que je fasse confiance à Loup Blanc malgré la méfiance qui s'est enclenchée en moi. Sinon ma vie ici va être un enfer. Vingt et un jours dans le silence ! Encore une fois, je suis tentée de partir. Fatiguée par le décalage, le manque de sommeil, la marche et la mort en toile de fond, nous retrouvons rapidement nos chambres. Je ne saurai rien de mes colocataires puisque dorénavant le silence est de rigueur. Épuisée, j'ai l'impression d'entendre le glissement d'un serpent sous la maison. Ne pas penser aux bestioles. Ne pas penser à la porte ouverte sur la jungle béante. J'aperçois un cafard géant passer devant la moustiquaire. Tout va bien. J'ai une bonne étoile au-dessus de la tête. Enfin, j'espère…

14 février

La lumière envahit la chambre par la moustiquaire dès 6 heures. Courbaturée. Mauvaise nuit. J'ai l'impression de vivre dans une chambre monastique version exotique. À croire que j'aime les challenges. Après avoir goûté à cette joie de l'eau contre mon corps engourdi, je me sens déjà plus ouverte à retrouver cette réalité et ses occupants. Mais le doute sur ma capacité à supporter cette expérience pendant vingt et un jours refait surface.

19 heures. Début des festivités. Dans le silence ponctué du bruit des pas, des respirations et des sons de la nature, nous marchons l'un derrière l'autre comme dans une procession, dans le respect des consignes. Nous grimpons l'escalier vers le lieu des sacrifices. J'exagère. Quoique… Il s'agit bien de sacrifier notre confort, notre zone de bien-être pour dépasser les frontières que nous avons érigées en nous et autour de nous par méfiance et peur de l'autre. Pour accepter une telle expérience, j'ai dû être amérindienne dans une autre vie, je ne vois pas, sinon, pour quelle raison j'aurais choisi de venir ici ? L'envie d'un trip? Je n'ai plus ce feu de la jeunesse. L'envie d'extase? L'Ayahuasca n'est pas une drogue, même si elle fait traverser d'autres réalités. Pour un Occidental, ce concept reste difficile à appréhender. La plante médecine offre un pouvoir de guérison par un voyage au cœur de la conscience. Un nettoyage énergétique puissant pour enlever toutes les scories du passé, travailler au plus profond de nos mémoires. J'ai peur de cette expérience et en même temps je sens l'appel dont il parlait. Comme si je devais le faire, une fois. En vingt et un jours d'initiation en pleine jungle, cela équivaudrait à… dix ans de thérapie! Vraiment? Après tout, vingt et un jours, c'est quoi dans une vie pour gagner du temps à ne plus me morfondre ou sentir cette mélancolie récurrente m'envahir?

Le décor est planté pour la cérémonie ritualisée qui commence par un passage individuel devant Loup Blanc et ses « assistants », afin de récupérer notre verre rempli du liquide visqueux. Le nectar des dieux amazoniens. La fameuse plante médecine : l'Ayahuasca. Loup Blanc va être le messager de la plante. Son rôle semble être le garant du lien entre le verre et nous. Loup Blanc devient un pont entre l'esprit de la plante et notre conscience. Je ne comprends pas exactement la « fonction » de chaman, si ce n'est la capacité à voyager entre les mondes, la capacité à guérir les âmes, quelque chose dans le genre… Mais pour une raison que j'ignore, je connais intuitivement cette médecine. Je sais qu'elle a fait ses preuves et que Loup Blanc en connaît les secrets depuis de nombreuses années. Moi qui ai une grande méfiance pour toutes sortes de « gouroutisation », je sens qu'ici, on ne rigole pas avec le sacré. Mon âme sait.

En prenant le verre, ma main tremble. Nos visages ne respirent pas la sérénité. Ce genre d'univers inconnu fait vraiment très peur… Ce soir, nous allons faire une mise en bouche pour inviter notre corps à rencontrer l'esprit de la plante. L'Ayahuasca va nous ouvrir les portes d'une réalité différente de nos sens habituels. Nous allons purger ce corps, l'âme et l'esprit par ce nettoyage complet. Maintenant, nous buvons en conscience en remerciant l'esprit de la plante. Et c'est parti. Je n'avais jamais rêvé goûter à cet élixir. Que dis-je ? Ce liquide infâme. Un goût infect, une couleur noirâtre, un aspect visqueux, épais. Indescriptible et imbuvable. J'ai envie de me boucher le nez pour absorber ce liquide nauséabond. Si je dois aimer la plante, c'est mal parti. Infect ! À peine sommes-nous allongés que les tambours remplissent le vide sonore de la maloca pour envahir peu à peu nos consciences.

Combien de temps a duré la musique ? Je n'ai le souvenir que du glissement rapide vers une autre dimension, une sorte de phase identique à l'état proche du sommeil. Au réveil, je cherche l'heure. Mais sans montre, c'est compliqué. Dehors, il fait encore nuit. Le ventre remué, je vois d'autres personnes du groupe déjà réveillées. J'essaie de me souvenir. Rien, à part un anneau noir. Chacun vient témoigner au micro pour partager ses ressentis, évoquer ses visions ou cauchemars. La cérémonie a duré longtemps, jusqu'à six heures du matin, puis nous levons le camp vers nos chambres. J'ai donc dormi pendant des heures sans m'en rendre compte. Hier soir, l'esprit de la plante a dit à Loup Blanc de respecter notre besoin de récupération. La grande lessive commence ce soir.

En descendant vers la chambre, une halte pour le petit-déjeuner. Fruits, céréales, plantes infusées pour la détoxination du corps. Le groupe semble si fatigué et les regards si tristes. J'aimerais échanger un sourire. Rien. Respect des consignes. Ici, pas de rébellion. On applique à la lettre. Aucune parole ni échange de regard, excepté pendant les témoignages. Pour nous obliger à rester centrés sur nous. Ce côté austère me gonfle. Je vais en profiter pour observer mes contemporains. Car finalement, ici comme ailleurs, dès qu'un groupe se forme, les codes de la société se rejouent. Je l'ai vu au sein du collectif musical il y a quelques années, je l'ai vu en entreprise, je l'ai retrouvé durant les initiations chamaniques, et je le vérifie encore ici. Il y a toujours les moutons, les leaders, les rebelles, les fuyants, les timides, les perfectionnistes, les premiers de la classe, les militaires, les illuminés, les doux, les amoureux, les psychopathes, les idéalistes, les joyeux, les jaloux, les manipulateurs et tous les autres… Mais je ne dois pas me tromper d'objectif : je suis venue d'abord pour observer ces autres qui habitent en moi.

15 février

Cet après-midi, après une longue sieste, la pluie me réveille dans une atmosphère lourde et humide. Notre deuxième cérémonie va commencer dans quelques heures. Vingt nuits encore à tirer. La montée vers la maloca est ponctuée de signes d'anxiété. Je ne savais pas que j'avais si peur. Nous arrivons dans ce lieu avec le mental chargé à bloc de convictions, croyances, peurs, mauvaise hygiène. Il faut nettoyer tout cela, ce que va faire le nectar. J'entends la flûte, le tambour. Puis peu à peu, la musique fait place au silence. Comme si je m'éloignais de cette réalité. La lessive commence. Des images arrivent à la vitesse grand V sans sens, se bousculant, se chevauchant. Des couleurs, des formes, des situations de ma vie, de l'humanité s'enchaînent à un rythme impossible à canaliser. Des visions hallucinatoires ou bien est-ce ma conscience captant un flot d'informations ? Pourtant la clarté des images m'interpelle. Je n'ai pas l'impression d'être droguée. Suis-je en train de traverser la folie ? Cet état de démence fait peur. Peur de perdre le contrôle des pensées, de ma vie, de mon état. Est-ce cette peur qui se matérialise sous forme de visions étranges, obscures ? J'ai l'impression de vivre une scène du film *Au-delà de nos rêves* avec Robin Williams. Les mêmes couleurs fluorescentes, éclatantes. La même possibilité d'intervenir sur nos pensées pour créer notre réalité. Essayer de comprendre le pourquoi de telle image est vain car une autre a déjà commencé à effacer l'ancienne. Impossible de contenir quoi que ce soit. Impossible de maîtriser ce flux d'informations visuelles qui donnent le tournis. Tant d'images sans rapport entre elles. Une éternité de l'humanité arrive devant mes yeux comme un film projeté sur un écran virtuel sans avoir à passer par la case raisonnement et intellectualisation. La tête plongée dans un écran de télévision avec DVD implanté dans le cerveau. Pur délire ou réalité virtuelle sur d'autres plans ? J'ai peur. Des sueurs froides alternées de suées bouillantes m'obligent à me relever. Ma vision a changé. L'endroit semble irréel. Loup Blanc s'approche. J'aimerais le toucher pour sentir son existence physique. Je panique. Sensation de solitude au milieu de tous ces corps inertes, allongés, inanimés. Je n'aurais pas dû ouvrir les yeux. Et voilà le retour des visions sans sens, sans forme, dans un enchaînement inconnu à la conscience ordinaire. Mais pourquoi ? Les mots s'inscrivent dans cet écran noir de ma conscience comme un mantra à réciter : la plante médecine comme une autoroute vers la félicité.

D'un coup, je sens une force puissante gigoter dans mon ventre. L'impression de vivre la scène de Sigourney Weaver dans *Alien*. Décidément, le cinéma a marqué de son empreinte mes canaux neuronaux ! À l'intérieur, « cela » gigote, se tourne, se retourne. Comme une énorme « chose ». Je sens qu'elle va sortir. Les nausées s'intensifient. Je cherche ma cuvette. Au moment culminant, un cri horrible sort de ma bouche, suivi par un flux de renvoi de toutes mes tripes. Et l'horreur s'affiche devant mes yeux. J'ai l'impression d'avoir vu l'espace d'une seconde un véritable alien, monstrueux, dans le récipient accueillant le contenu intestinal. Une hallucination de mon esprit puisque la cuvette ne contient que les déchets de mes maigres repas. Pourtant, je jure avoir eu la sensation de voir sortir la tête d'un monstre. Il me faut un moment avant de reprendre mes esprits. J'ouvre les yeux. Je vois d'autres personnes penchées sur leur bassine. À ce moment-là, Loup Blanc me donne du sel pour me faire revenir sur terre. Oh mon Dieu, Loup Blanc, je n'aurai pas le courage de faire ce travail, ce n'est pas pour moi, je me suis trompée. J'ai trop peur. J'ai passé ma vie à voir ce qui n'allait pas. Depuis un an, j'arrive enfin à voir la vie autrement et voilà que je m'inflige à nouveau une telle violence. Voir la mort ou la folie ne m'intéresse pas. C'est du masochisme. Et la réponse fuse : personne n'est devenu fou avec cette plante en étant avec Loup Blanc. Donc pas de panique. Tu n'es pas sous antidépresseur. Tu ne risques rien. Juste à traverser ta propre folie. Car on dirait bien que nous traversons cette forme de folie. Celle de nos peurs, qui sont pure folie puisqu'elles n'existent pas. Elles sont créées par notre mental. Tu es venue pour les traverser. Les regarder en face et t'en débarrasser. Alors je ne veux plus t'entendre te plaindre. C'est ce que me dit Loup Blanc.

La peur prend la forme d'images liées à mon inconscient rempli de tout ce que j'ai vu dans ma vie. À moins que ce soit une mémoire de vie antérieure ? J'ai vraiment peur de perdre le contrôle, de perdre la raison. À cet instant, j'aimerais vraiment être rassurée. La lumière est au bout du tunnel, mais il faut d'abord traverser le long tunnel. Seuls avec nos épées de conscience, nous voyageons avec les dragons de feu pour trouver le fameux Saint Graal. Personne ne pourra nous sauver. Nous devons traverser les montagnes, tel le valeureux chevalier ou la courageuse amazone, afin de trouver notre propre libération. Mais je n'ai pas la force de me sentir si seule et démunie. On dirait que personne ne s'en rend compte.

Six heures du matin. Le temps a changé de paradigme, passant du crépuscule à l'aube en un éclair. Retour à la chambre. Un déjeuner unique vient ponctuer ma journée, parenthèse de carottes, choux rouges, pois cassés, purées de féculents, maïs, le tout sans sel ni pain. Au secours ! S'il faut passer par là pour avoir l'éveil, je trouve le chemin hallucinant, c'est le cas de le dire. Ni Jésus, ni Bouddha, ni Amma, (cette grande prêtresse actuelle qui donne des darshans dans le monde entier, ces câlins particuliers au creux de la Mère, Amma) n'ont pris l'Aya…

Les journées s'enchaînent, ayant trouvé leur rythme. Sortie de la maloca à sept heures du matin. Petit-déjeuner de fruits. Dodo.

Réveil. Douche. Midi, déjeuner de légumes. Sieste, lavage, promenade dans le domaine ou écriture. Collation de fruits à 18 heures. Retour en salle. Cérémonie. Rituel. Enseignement. On dirait une bande de toxicos en cure de désintox. Même traitement. Détox de l'ego. Vingt et un jours dans une vie. Une parenthèse pour faire taire cet ego dominateur. J'essaie de me rassurer comme je peux. La soirée arrive à nouveau. Je n'ai pas envie de boire le breuvage. À tel point que je pleure. Et puis, toutes ces visions. Je ne me sens pas à ma place. Trop austère pour moi. Mais le verre arrive entre mes mains.

Allez, courage. Tu peux le faire. Tu es forte, n'oublie pas. Tu t'es dit à huit ans que tu serais toujours forte et que tu ne pouvais compter que sur toi pour t'en sortir. N'oublie pas…

Je bois le nectar des esprits en me concentrant sur la musique, le chant et le tambour. J'accueille la plante. J'essaie de me dire qu'elle est là pour mon bien. Je m'endors… Pas de vision cette fois. Une trêve. Seulement le souvenir d'un paysage naturel où vivaient des Indiens d'Amérique avec qui je me sentais bien. À mon retour, je commence à écrire quelques notes pour ne pas oublier… ma grande spécialité. Ne pas oublier le passé.

J'en ai marre de vouloir comprendre. Je commence à avoir envie de laisser faire les choses. Être ici donne envie de mordre la vie à pleines dents à mon retour. Comme si cette expérience extraordinaire me faisait apprécier le quotidien ordinaire. Le bonheur n'existe que s'il est partagé. Les témoignages en sont la preuve. Le reste du temps nous voyageons dans nos consciences. Certains ont l'air de dire qu'ils arrivent à faire de la télépathie entre eux. Je n'en suis pas encore là ! Tout ce qui m'intéresse dans la vie, ce n'est pas de vivre des choses extraordinaires mais de vivre en conscience dans l'amour et la joie. Pourquoi continuer à me violenter en voulant tout résoudre ? Pour continuer d'ouvrir mon cœur ? Un peu d'aide ne me ferait pas de mal. Loup Blanc me surprend. Je ne sens pas sa présence rassurante. Sous la plante, je me sens livrée à moi-même. Comme dans la vie. Seule. Quelle souffrance. Pourquoi prendre cette voie ? L'être humain m'apparaît parfois comme un être assoiffé de violence qui s'est dicté des codes civilisés pour ne pas s'entre-tuer (enfin si on veut !). Cette violence latente, je la sens ici aussi… Les gens, avec leurs discours sur l'amour, me font sourire. C'est sympa d'en parler. Mais le tout est de le vivre. Je suis fatiguée de la violence et de la rigidité. Certainement mon propre miroir qui se reflète dans le regard de mes complices d'aventure.

Prendre ce breuvage tous les soirs me fait penser à une punition, un supplice. Ce n'est pas le chemin de la douceur. Un sacrifice sur l'autel de mon ego ? Je le connaissais mal, alors. J'étais venue ici dans l'espoir d'avoir plus d'amour envers moi pour le donner davantage aux autres. Je ne vois pour le moment que violence. J'aimerais tant m'accepter telle que je suis. Imparfaite. Mais ça. Je ne connais pas. J'ai le souvenir du « sois forte », cette injonction enracinée dans ma mémoire créant l'impossibilité de la vulnérabilité. Est-ce donc cette vulnérabilité refoulée qui s'est transformée en violence ? Ce monstre à deux têtes sorti de mon corps ? Ce déni de ma faiblesse ? Ai-je le droit de faire des erreurs ? D'être imparfaite ? De tomber ? Jusque-là, je ne me l'autorisais donc pas ?

Ces quelques mots griffonnés en toute hâte provoquent un flot de larmes impossible à contenir. Comme un bébé, prise de convulsions, la petite fille que j'étais peut enfin pleurer toutes les larmes de son existence. Elle a le droit d'être imparfaite. Elle a le droit à l'erreur… Elle a le droit d'être rassurée, cajolée. D'être une enfant.

Juste une enfant. Celle qu'elle a oublié d'être. Trop vite adulte. La lumière s'est éteinte. Il est temps de la rallumer…

En journée, des souvenirs remontent comme des pièces de puzzle qui se remettent en place sur le grand échiquier de la vie. Il y a un fossé entre comprendre et ressentir. Ici, je vois combien mon approche trop intellectuelle de la vie crée barrières et mur de protection, une sorte de frontière invisible entre mon cœur et les autres. Pourtant, je pensais être ouverte et réceptive. Intellectuellement oui. Mais maintenant, je sais faire la différence. Je sens.

Une semaine passée ici et voilà déjà la sensation de déposer quelques fardeaux. Le corps s'allège en même temps que l'esprit. C'est incroyable, comme sensation. L'un ne va pas sans l'autre. Je vois combien l'environnement impacte fortement sur cette capacité à ressentir. En ville, dans des mégapoles comme Paris, l'obligation de se protéger pour pouvoir supporter autant de monde sur une petite surface implique forcément des barrières qu'ici, je peux observer et faire sauter. La nature offre sa générosité et son écrin pour laisser déployer la vulnérabilité sans peur d'être dévorée par un ennemi, comme on peut l'être dans la jungle urbaine. Ici, le temps ne compte plus. Désintoxication digitale, physique et émotionnelle pour casser habitudes et mauvaise hygiène de vie. L'habit tue de… quoi ?

Une nuit, je n'ai eu aucune vision. Étrange. Comme une nouvelle trêve pour mieux intégrer. Je relis mes notes sur les douze états de conscience qui constituent notre potentiel. Douze ? Je ne connaissais que l'éveil, le sommeil et le rêve. Et depuis peu, le rêve éveillé, celui où tu deviens acteur de ton propre rêve. Il y aurait aussi le don de télépathie, d'ubiquité, de téléportation… La science-fiction puise donc ses scénarios dans une réalité qui nous dépasse ? Je me disais aussi que ces cinéastes ne pouvaient pas tout inventer. La source d'inspiration vient bien de quelque part. En tout cas, cette information ouvre un champ des possibles encore jamais expérimenté et qui me montre combien la route ne fait que commencer. Je suis loin d'utiliser mon plein potentiel. La capacité cérébrale va au-delà de tout ce que je peux imaginer. Ce sera la nouvelle conquête du siècle, j'en suis convaincue. Alors autant en savoir le plus possible pour ne pas se faire manipuler. J'ai envie de connaître ce talent de pouvoir lire la pensée de l'autre. Quel gain de temps pour vivre, travailler, créer avec confiance. Je ne dois donc plus avoir peur de la plante sacrée. Même si elle me parle à travers des visions incompréhensibles pour mon cerveau rationnel, je sais qu'elle parle à mes mémoires, à mon ADN, lui donnant des codes pour ouvrir d'autres espaces inconnus. Il faut lui faire confiance.

Me prend l'envie de m'éloigner du restaurant, de me nourrir autrement, avec les éléments de la nature. Assise sur le sable près de l'eau, les cheveux au vent, je respire en profondeur pour commencer le feu digestif de la nourriture ingérée en douceur. Les sens décuplés, je perçois le moindre battement d'ailes d'un oiseau dans le ciel. Je lève la tête. Un aigle plane au-dessus du centre, très haut dans le ciel, dans une danse circulaire, observant de ses yeux vifs, cette espèce humaine en agitation sur le sol. J'ai l'impression qu'il me regarde. Pourtant il vole très haut. Mais j'entends ses battements d'ailes avec une précision impressionnante. Je deviens l'aigle. Il est en moi. Je l'aime. Fermant les yeux, l'aigle revient dans un autre paysage. Celui d'Indiens d'Amérique du Nord. Je les vois avec cette capacité à entendre à distance l'arrivée de leurs ennemis. Leur conscience affûtée par cette connaissance de la nature. L'eau du fleuve me remet les pieds sur terre. Un poisson saute hors de l'eau. Les sons se superposent, créant une mélodie, une symphonie à plusieurs pupitres où chaque élément joue sa partition. La musique de Dame Nature. Une telle beauté. Que je ne voyais pas. Embrumée par mes pensées parasites, un rideau, un voile avait obscurci le décor de ma vie.

Les mains dans le sable, je commence à jouer avec lui. Entre les phalanges s'écoulent ses petits grains de roche. Plaisir simple. Puis, une forme se dessine. Les deux enfants du gardien m'observent depuis quelques minutes. D'abord intimidés, sachant que la consigne du silence doit être respectée, les voilà maintenant à côté de moi. Imitant mon geste, nous entrons en communication avec le sable. Un jeu de regards, une alternance de propositions entre leur créativité et la mienne se mettent en place. Et peu à peu, un cœur prend forme. Plus nous mettons de sable, plus cette sculpture prend de la hauteur. Les deux enfants respirent la joie. Ils s'activent à apporter toujours plus de sable, heureux de contribuer à ce jeu simple avec la terre et le sable. Et nous sommes heureux de le faire ensemble. Simplement. La beauté de leur sourire, la joie d'être avec eux dans ce paysage, loin du groupe, me procure une grande satisfaction. Ma fibre maternelle me pousse à les prendre dans mes bras, si heureuse de choyer ces deux petits êtres innocents et pleins de grâce. Deux soleils. Je n'ai pas souvent l'occasion d'exprimer cette partie de mon être. En effet, je n'ai qu'un neveu à ce moment-là de ma vie, et il habite loin de chez moi. Nous nous voyons peu. Je pense à lui à ce moment, à cet être né dans le ventre de ma sœur. Je me souviens de cette première fois où je l'ai pris dans mes bras. Un si petit bébé. Je l'ai tenu et senti tant d'amour dans ce regard innocent. J'aime le regard des bébés. J'ai l'impression de voir leur âme encore vierge de tout… La cloche sonne. Je laisse les enfants finir notre sculpture.

Ce soir-là, nous prenons une purge à base de plantes, sensées tuer les microbes, les vers et autres bactéries de nos intestins. Elles savent mettre de l'ordre dans un juste équilibre microbien.

La nuit avance. Je lutte contre des jugements qui m'assaillent. Sur le groupe, sur certains témoignages, sur ce travail aimant le fond mais pas la forme. La musique allège les pensées. Nous avons dansé comme des Peaux Rouges cette nuit. Et nous continuons dans cette tradition avec la fabrication d'une flèche de visions. Notre créativité peut s'exprimer. Je choisis trois couleurs et prends plaisir à fabriquer manuellement un objet plein de sens. Chaque couleur correspond à plusieurs vœux. Avec le violet, ce sont des vœux spirituels liés à ma relation au divin. Avec le vert, en lien avec le cœur et le rouge en lien avec la matière. Ainsi je donne naissance à sept vœux sur une flèche à trois couleurs. Deux chiffres sacrés. J'ai l'impression que cet acte créatif ancre le spirituel dans la matière. L'un doit nourrir l'autre. L'un et l'autre sont appelés à s'unir pour faire de moi un être complet. Apaisé. Dans l'acceptation de toutes les parties qui constituent un être vivant.

Samedi. La notion du temps a changé. Impossible de dater précisément. Le temps n'a plus d'importance. Jour de lunes rouges. C'est à partir de ce moment que je décide d'adopter ce terme pour parler des menstruations ou des règles. Quel drôle de nom : les règles ! Changement hormonal. Tout m'irrite. J'ai peur d'avoir mal et de ne pas pouvoir prendre de médicaments. Je mange peu. Purge avec des plantes depuis deux jours. Nettoyage intense. Grande fatigue. Trop pour moi. Traitement lourd. Au secours ! Mais je remarque une baisse d'intensité des douleurs dans le bas-ventre. Entre des contractions pelviennes et l'anxiété du ventre, le bas du corps ressemble à un chantier dans lequel je sens qu'il est temps que je mette les pieds, que je m'y intéresse en profondeur. Malgré la purge, nous reprenons du breuvage sacré. Une trentaine de minutes plus tard, les visions commencent. Je suis dans un tunnel rempli de serpents gigantesques. Je suis tétanisée. Cela ressemble à l'enfer. Je les entends se déplacer, leur glissement visqueux dans une eau noire, collés les uns aux autres dans un espace infini. Et je suis là, parmi eux. On dirait qu'ils ne me voient pas. Suis-je devenue l'un d'entre eux pour sentir autant leur peau, leur odeur, leur présence? Si tout est le fruit de mes pensées, je peux contrôler ce délire. Je me force à changer de bobine.

Arrête ton cinéma!

Mais je ne réussis pas à contrôler ce que je vois. À un moment, le film propose un engin avec des roues carrées et rondes! Puis me voilà glissant dans un entonnoir, une sorte de vortex de lumière multicolore me propulsant à la vitesse de la lumière. Le *Space Mountain* multiplié par… impossible à chiffrer! Cela n'existe pas dans notre réalité! Les mots me manquent devant autant d'images qui s'enchaînent, impossibles à stocker dans mon disque dur mental. Tournis. Proche de l'évanouissement. J'ouvre les yeux. Loup Blanc s'approche avec des feuilles mouillées, les passant sur la tête et le corps. Je me rapproche du feu. Garder les yeux ouverts. Chacune de mes cellules vibre. Sensation d'être vidée. Pour la première fois, je ne pense plus. J'ai libéré un espace. Je me sens fatiguée mais sereine. Il faut du courage pour supporter ce travail intense.

Mardi

Loup Blanc m'a donné une petite dose pour me requinquer. Du coup, j'ai dormi. La sensation d'être vidée de toute énergie pourrait provoquer en moi une méfiance vis-à-vis de cet enseignement. En étant sans énergie, nous sommes influençables et malléables à la croyance. Mais pourtant, personne ne me dit comment penser. Chacun est invité à reprendre le pouvoir de sa vie, à ressentir cette force de vie sans passer par un intermédiaire. Ce qui éloigne l'hypothèse d'une secte. Ici pas de gourou, juste un guide pour éviter de nous perdre dans cette drôle d'aventure. D'ailleurs en voulant être protégée, je cherche une sorte de « gourou » protecteur, ce que refuse Loup Blanc. Notre responsabilité est de devenir des êtres libres. Apprendre à nous aimer sans la validation d'une tierce personne, sans le besoin d'être sauvés par qui que ce soit, si ce n'est, soi-même. Apprendre à nous estimer sans nous comparer ni nous juger, apprécier la vie, la beauté et l'instant présent, demander de l'aide au Ciel et à la Terre en l'appelant par le nom qui nous convient mais avec une foi absolue que cela sera entendu, accueillir ce qui vient. C'est le message qu'est venu délivrer le prophète Jésus, comme d'autres grands sages sur tous les continents. Même seuls, nous ne sommes pas seuls à celui qui sait demander.

Jeudi. Réveillée par l'orage, je sors dans la cour. La pluie fine coule sur mes vêtements. J'enlève tout, ne gardant que le maillot de bain pour laisser glisser les perles d'eau. La danse de la pluie. Comme une coupe recevant le nectar de l'eau, elle me purifie, alimente mes cellules, capture l'information qui circule dans l'invisible. Tout est information et demande à être entendu et respecté. Entre Terre et Ciel, le Saint Graal magique peut recevoir l'eau du haut et la vapeur de sa terre. Je ne sais pas pourquoi ces mots « Saint Graal » ne cessent de venir à mon esprit. J'ai l'impression que nous passons notre vie à chercher un trésor à l'extérieur de nous alors qu'il se cache en nous, là où nous ne pensons pas le chercher, ayant été contaminés par cette pensée que nous ne sommes que de pauvres pêcheurs bien incapables d'accueillir pareil trésor. Et si le Saint Graal était ce corps, ce réceptacle à la vie, aux sens, ce véhicule de l'expérience charnelle permettant l'expérience spirituelle ? L'esprit grandirait-il à travers un corps à habiter ? J'ai l'impression que oui.

Chaque jour avance dans un quotidien régulier et pourtant tellement différent selon l'humeur du jour. De longs témoignages interminables ont raison de ma tolérance. Encore une semaine à tirer. Ras-le-bol ! Tout le monde a l'air de trouver ces nuits merveilleuses. À croire que je ne sais pas me laisser aller. Pourtant, ce n'est pas faute d'essayer. Mais je n'ai vu ni Dieu, ni ange, ni lumière incroyable. En France, j'ai eu la chance de vivre des états de félicité qu'ici je ne retrouve pas. J'attends un résultat. Voilà le problème. Tout ce que je fais dans la vie doit m'amener à un résultat tangible et utile, sinon à quoi bon ? J'ai du mal à accepter la légèreté. Et pourtant je reste imprégnée d'une soif d'idéalisme que je devrais utiliser autrement.

Dimanche. Apparition de boutons. Urticaire géant. Le foie ! Détox sévère. Entre les moustiques et l'urticaire, j'ai envie de crier. Les démangeaisons avec la chaleur me rendent dingue ! J'en ai tellement marre. J'ai hâte de retrouver la simplicité de ma vie. Et s'il fallait que j'en passe par là pour accepter ce quotidien que je jugeais ennuyeux ?

Mardi. Rapidement après la prise de l'Ayahuasca, les visions arrivent. Ce soir, je suis gâtée. Place à des paysages somptueux. J'ai l'impression d'avoir les yeux ouverts. Le passage entre la réalité les yeux ouverts et cette autre dimension les yeux fermés se fait avec facilité. J'ouvre, je ferme, j'ouvre, je ferme. On dirait que mon cerveau a compris le mécanisme de la plante et n'en a plus peur. J'ai l'impression de vivre une réalité virtuelle avec un casque mais sans le casque. La plante s'occupe de me faire voyager dans les méandres des canaux neuronaux, à moins que la conscience soit au dehors de cette tête. Quelque part au-delà du corps. Comme si je pouvais entrer dans une plus grande Conscience que ma petite conscience. Ne sachant comment naviguer dans cet espace intemporel, je m'y perds à nouveau, noyée par toujours autant de flux d'informations en continu. Si je reste passive à regarder les images défiler, je perds pied. Par contre, j'ai remarqué que j'avais le pouvoir de devenir maîtresse de mon rêve ou imagination. Je peux donc calmer le flux en étant maintenant actrice. Mais cette soudaine force se rétracte rapidement. À nouveau, je perds le contrôle. En ouvrant les yeux, je ne vois plus que mes membres désarticulés, avec des espaces vides entre les mains, les bras et les coudes. Je sais que nous ne sommes pas cette matière dense appelée corps physique condensé mais bien un amalgame d'informations, un égrégore d'électrons en mouvement remplis de vide, tournant très vite, nous donnant l'illusion d'une matière solide et fixe. Est-ce le vide que je perçois à cet instant ? Pour me rassurer, je veux toucher le sol. Mais il n'existe plus !!! Que du vide. Angoissée, je bouge mon corps. Projetée dans un autre espace-temps, j'ai l'impression d'être le passé. Mais non ! Le passé n'existe pas. Quoi ? Qui me parle ? J'ai peur... J'ouvre les yeux. Je vois des fils de couleurs et d'argent relier nos nombrils. Une espèce de toile d'araignée géante. Nous serions donc tous connectés ? Est-ce la fameuse reliance dont parlent de nombreuses traditions ? Serions-nous tous liés par ce fil invisible que la plante me permet de voir pour montrer que nous sommes un ? Possible.

Tu n'es plus une enfant, tu ne peux pas continuer à réagir. Ce n'est pas parce que l'on ne fait pas attention à toi, que l'on te rejette, qu'on ne t'aime pas. Tu dois cesser d'attendre l'attention des autres pour te sentir vivante.

Je ne sais plus quel jour nous sommes. Je n'ai plus envie de savoir. Je sais que nous nous rapprochons de la fin. Les doses vont être amplifiées ce soir. J'ai encore peur. Si peur que j'ai demandé une trêve à Loup Blanc. Refus. La sensation de rejet fait monter la colère. Je lui en veux, le trouvant si froid et austère à présent.

On dirait un autre homme. À moins que je sois en train de projeter? Si l'autre est une projection d'une partie de soi, alors me montre-t-il ma propre violence? Moi, violente? Jamais. Ce n'est pas parce que je l'ai côtoyée par le passé que je vais la transmettre. Il y en a, bien sûr, au fond du sac. Elle me faisait tellement peur que je ne l'ai jamais acceptée. Si je ne m'en débarrasse pas, si je ne l'accepte pas, elle continuera de frapper à ma porte. J'avale le verre. Je déteste ce travail. Nettoyer mon karma? Rien à faire. Quel orgueil de vouloir affronter une expérience extraordinaire, je n'ai pas respecté mes limites.

Allongée, les visions arrivent. Je perçois un message sur un rendez-vous important manqué il y a vingt-six mille ans! Je ne sais pas qui me parle mais j'entends clairement une sorte de voix m'expliquant une ouverture cosmique de l'espace à cette époque que nous avons ratée. Ce qui nous a conduits à rester dans cet univers électromagnétique, une sorte de voile entre la matière physique et l'antimatière, le non phénoménal. On dirait que je perçois un souffle d'informations sans mot. Plutôt un échange d'énergies de conscience à conscience, c'est très difficile à expliquer. Puis, j'entends le mot apocalypse cosmique. L'état fusionnel entre notre corps physique et éthérique. L'union avec mon double de lumière! Quoi? Je suis donc un hologramme? Un double de cet être éthérique supposé être moi? J'ai le vertige! Pourquoi me donner autant d'informations dont je ne saurais que faire? Mais la curiosité est plus forte que la peur. À nouveau, des images apparaissent pour me montrer notre monde réel et un monde virtuel. Nous aurions en mémoire la nostalgie de cet autre monde derrière notre nature voilée par un champ électromagnétique. Incroyable! Je reçois un enseignement en direct. La plante a donc le pouvoir de m'enseigner, comme nous l'a dit Loup Blanc? Je crois que c'est elle qui me parle. Serait-elle en train de me faire comprendre la raison de ma venue à contrecœur au pays des esprits? Je perçois des images toujours suivies de compréhension sans mot. Exceptionnel. On dirait que j'ai accès à une connaissance universelle. Je vois la terre au début de son activité avec le programme minéral. L'univers se met en activité pour créer la forme. Puis le programme végétal. Dans cet espace-temps, toute vie est reliée et en a conscience. Adam et Ève semblent vivre dans cet Eden cosmique, ce monde immuable, éternel. Puis le programme animal se présente sous le symbole d'un serpent. L'individualité, la séparation, le désir s'incarnent dans l'être humain. Tout s'enchaîne très vite. Impossible de me souvenir de chaque image. On dirait que cette « chose », cette « voix » veut imprimer de l'information dans mon cortex cérébral. Pourquoi? Et la voix me répond : « Tu n'es pas là pour comprendre mais pour extraire de l'information, te purifier et créer! » Jc suis rassurée. Merci. Autant de connaissances acquises en une fraction de seconde, c'est un peu trop pour la pauvre mortelle que je suis. Quelle soirée!

J-2. Nous nous rapprochons de la fin. Rassurée par les dernières visions, je prends le breuvage en toute confiance. Et pourtant… Ne jamais se croire arrivée au bout du chemin… Aspirée dans un trou noir, j'ai si peur. Je veux crier mais le son ne sort pas. D'ailleurs, le son n'existe plus. Je sais que j'ai crié « au secours » car je vois les mots s'afficher dans l'écran noir de ma conscience. Mais les lettres s'effacent une à une, pour ne plus avoir aucune forme, aucun son, aucune couleur ni aucun espace. Je vois défiler toute ma vie comme un rêve qui n'aurait pas existé. Jusqu'à cette maloca, ces gens, ma famille. Rien n'existe. Un rêve éveillé. Par contre, la conscience dans laquelle je ressens ce vide intense, ce trou béant tout noir sans vie, me semble être la véritable réalité. Sur terre, ma vie ne serait qu'un hologramme projeté de ma conscience pour vivre une expérience. Une vie virtuelle de mon être éthérique venant sur terre pour expérimenter la création à travers les sens physiques. J'ai l'impression d'être tout et rien. Un vide absolu, seule au monde. Le néant, la vacuité dont parle le bouddhisme. Seule dans l'univers. Une sensation de conscience absolue sans aucun sens. Impossible de décrire ce que je vis avec des mots… Impossible. Suis-je morte ? Je n'ai aucun repère. Plus de haut, plus de bas, plus de gauche ni de droite. Rien. La pire nuit de ma vie, si tant est que je sois encore vivante à cet instant. Je cherche un objet autour de moi qui pourrait me ramener dans l'autre réalité. Ma cuvette ? Où est-elle ? Mais elle a fondu aussi au début de l'expérience entre mes mains, devenues elles aussi énergie puis poussière… puis plus rien. Plus de corps. Plus de vie. Je suis volatilisée quelque part. Il ne reste que l'esprit. Je ne sais pas combien de temps a duré cet enfer mais lorsque je retrouve la sensation de mon corps, je perçois d'abord des formes floues. On dirait que je réintègre ce corps, ce programme vivant dans lequel je dois réapprendre à vivre. Les yeux ouverts, j'ai l'impression de revenir d'un long voyage où les codes étaient différents de ceux terrestres. Je ne sais plus marcher. Ah bon ? Oui. Je n'arrive pas à bouger. Des femmes s'activent autour de moi. Que se passe-t-il ? Je découvre qu'une femme est en train de me… nettoyer ? Pardon ? Je ne comprends pas. Trois personnes m'attrapent par les bras. Je comprends avoir vomi mes tripes sur mon chandail. J'avais vu d'autres personnes vivre cet état de légume avancé. Comme un handicapé dans l'incapacité d'utiliser son corps. Avec un effort surhumain, j'arrive à me changer. Cela prend des plombes. Ce que j'arrive à faire en cinq minutes me demande une concentration de folie. J'ai l'impression d'avoir été lobotomisée. Une femme s'occupe de moi, me dit de ne pas avoir honte.

J'arrête. Je ne reviendrai plus jamais. Je cesse cet enseignement. Je ne veux plus me sentir si seule et démunie face à autant de vide intersidéral. Plus rien n'existait. Comment savoir où était la réalité ? Cette vision du vide, du rien, du néant, est-ce ce qu'on appelle l'illusion ? Je n'ai plus envie de me faire subir ce lavage de cerveau. Trop violent pour moi. Je ne veux plus jamais revivre une telle expérience traumatisante. Même si la vie peut paraître futile et vide, essayant de la remplir tant bien que mal, je préfère encore vivre cet « enfer » terrestre que ressentir à nouveau ce chaos total de mes nuits sous Ayahuasca. Ces mains qui fondaient, ce corps, ces pensées, nulle part où me raccrocher. J'ai eu beau appeler à l'aide, personne n'est venu me secourir. Mes intuitions avant le départ me criaient que je n'étais pas prête pour ce genre d'aventure. Je ne me suis pas écoutée. Comme d'habitude. Chacune de mes intuitions semble savoir mieux que quiconque ce qui sera juste pour moi. Je n'ai pas à attendre qu'un soi-disant maître décide pour moi. C'est terminé. Mon mental va faire encore plus blocage, j'ai perdu toute confiance, je ne peux plus lâcher prise.

Au moment de témoigner, je dis tout ce que j'ai sur le cœur. Je n'en ai rien à faire de ce que l'on va penser de moi. Loup Blanc m'a déçue à un point inimaginable. L'absence de soutien rend la relation tendue. Il me répond par une phrase qui me laisse songeuse : « Tu viens de tuer ton ego. » Ah bon ? Super ! Je suis ravie d'apprendre que tuer mon ego devait passer par cette expérience sordide. Qu'il aille au Diable ! Et si c'est le chemin pour laisser sortir la colère, alors bien joué, cher maître car là, maintenant, je vous déteste tout en vous aimant.

Ras-le-bol de travailler autant. J'ai suffisamment d'outils pour faire la route à mon rythme. Si j'ai tué mon ego dans cette effroyable nuit, tant mieux. L'avenir me dira…

La veille du départ, on me pousse à reprendre le breuvage pour ne pas partir avec cette peur.

Dernière nuit. Dès mon arrivée dans la salle, je refuse de prendre le verre que Loup Blanc me tend. Il trouve dommage mon refus. Mais il me propose une autre plante pour finir. Du San Pedro. Je bois le liquide amer. Pas de visions. Mais une montée d'excitation intense une heure ou deux après l'ingestion. Une furieuse envie de danser. Comme sous une drogue douce et planante. Impossible de dormir. J'observe Loup Blanc toute la nuit. Parfois, il se repose, parfois il fait le tour de la salle. Près du feu, il chante des mélodies profondes. Je chante avec lui, intérieurement. Les tambours se réveillent et trouvent leur place dans ce chant improvisé. Montée d'adrénaline et de rythme. Nous dansons et chantons toute la nuit, comme pour finir sur une communion que j'ai longtemps attendue. Un cadeau après ce dur périple. Finalement, ce sont ces moments que je préfère. Inutile d'aller au Pérou pour chanter et danser. C'est décidé à mon retour, l'art fera partie de mon quotidien.

En cette dernière journée au fond de cette jungle, loin des miens, je comprends pourquoi je suis venue. Pour mesurer tout ce chemin guerrier que j'ai parcouru dans la lutte ou la fuite. Parce que je n'acceptais pas qui j'étais, ni la société dans laquelle je vivais. J'ai grandi avec une inconnue appelée féminité. Personne ne m'a montré ce que c'était que d'être une femme. Avec la clarté de mon cerveau purgé de ses toxines, je vais guérir. Je veux devenir Femme. Je sens l'appel de la vie, de la créativité. Je laisse ma virilité sur ces terres péruviennes pour naître à nouveau comme la femme que j'ai toujours été.

Ce qui m'étonne avec l'écriture, c'est cette capacité à découvrir des pans de ma conscience à travers les mots qui défilent. Comme si l'acte d'écrire plongeait mes doigts au cœur de mon inconscient démasqué par ces mots qui s'affichent sans volonté, juste par le lâcher-prise créatif. L'écriture est devenue ma meilleure amie.

Avec elle, je peux aller au fond des choses sans jugement. Elle m'entraîne dans son tourbillon imaginaire, permettant à la vie d'exploser sur l'écran ou la feuille de mes carnets noircis à l'encre.

C'est fini. J'ai attendu ce moment dès le premier jour et maintenant que j'y suis, la gratitude d'avoir vécu cette expérience domine. Le nettoyage intense semble avoir fonctionné. Je me sens propre, claire, confiante, aimante, accueillante, libérée. Heureuse. Légère comme jamais je ne l'ai été. J'ai l'impression d'être un poids plume. Physiquement et mentalement. Les fruits de cette aventure ont mûri pendant ces vingt et un jours pour se déposer dans mon ventre, siège d'émotions apaisées. Je ne regrette rien. Je ne reviendrai pas, mais je l'ai fait. Je peux être fière d'avoir été au bout de cet enfer. Même si j'ai eu du mal à lâcher prise, j'ai eu le courage d'aller au bout. Voilà ma victoire. J'ai ouvert le champ des possibles, nettoyé des mémoires, travaillé sur ma lignée familiale. Gratitude d'être en vie. Ne plus jamais oublier combien cette vie est précieuse, tout comme la terre qui m'accueille en son sein. Je suis convaincue d'aimer ma mère la terre comme ma mère intérieure, qui à son tour, va aimer l'enfant intérieur, la petite fille que j'ai été. Car je suis née fille, je vais devenir femme.

Un dernier repas est organisé dans la salle du restaurant. Nos visages ont changé. Nos expressions se sont adoucies. Dans cette observation, je me demande qui sont ces gens. Pour la plupart je ne les connais pas. J'aimerais parler à Loup Blanc, mais il est cerné par une meute de gens. Il fait des accolades pour dire au revoir et il clame haut et fort qu'il choisit à qui il a envie de dire au revoir. Encore son jeu de préférences… J'observe depuis vingt et un jours ce grand monsieur avec toute sa sagesse, mais aussi sa part d'ombre. Ses préférences affirmées, ses humeurs parfois dérangeantes, ses altercations culpabilisantes pour soi-disant faire travailler notre ego, ses phrases déplacées comme « nettoie ton ego et ta merde et ne viens pas pleurer » m'ont bousculée et dérangée. J'ai pris conscience que j'avais encore choisi un « maître » trop guerrier, trop dur à mon goût. Je veux sentir davantage une spiritualité honorant pleinement notre imperfection humaine et incarnée. Il est peut-être temps que je devienne ma propre maîtresse, que j'écoute davantage mon guide intérieur et que je me fasse enfin confiance. Car nul autre que moi ne saurait ce qui est juste sur mon chemin. Je ne regrette pas ce voyage fantastique mais dorénavant, je me jure d'écouter mon cœur.

Le retour à la réalité passe toujours par une sensation de descente. Je me promets de belles intentions. Je ne les respecte pas toujours. La vibration d'un lieu sacré ne ressemble en rien à celle de la vie quotidienne. Je ne peux donc pas espérer trouver cette atmosphère dans ce monde, à moins d'aller finir mes jours dans un ashram ou un monastère. Mais je ne veux pas de cette vie. Je la veux entière, riche, pleine d'expériences. Dans la vraie vie. Dans celle des gens ordinaires. J'observe le monde et j'apprends. Et la vie est orchestrée de surprises quand on lui laisse la place de nous étonner.

Il est temps de vivre.

Partie III

S'aimer en tant que femme : comment l'endométriose m'a réconciliée avec ma féminité

Le couple spirituel : nouveau chemin de vie

« J'aime tes voyelles entre deux consonnes
Ce doux prénom celtique en route vers la lumière
J'aime le prononcer comme une madone
Et recevoir sa musique comme une prière.

J'ai vu ton âme dans ton si doux regard
Me parler sans mot et sans aucun fard
Allongée près de toi, tout était évident
Rien à dire, juste apprécier d'être vivants
Regarder le ciel et n'être qu'un à cet instant
Près de toi, sans passion ni fusion
Ressentir l'éclosion d'un frisson
Dans un mot, un regard, une effusion[14]. »

Une année après le Pérou, en pleine initiation d'été, dix jours passés dans le silence, j'expérimente un épisode très fort autour d'un mandala. La sensation d'un amour profond envahit mon cœur. Comme transportée. À cet instant, au sens spirituel, je me

14. Extrait du poème « Amour », EstELLE Penain.

sens prête à rencontrer l'homme avec qui construire et partager un amour profond. J'ai maintenant cet amour en moi, et je peux donc le partager. L'univers m'entend puisque quinze jours plus tard, je rencontre Gaël, un de ces hommes nouveaux, j'ai déjà eu l'occasion d'en parler, l'homme sensible et généreux, l'homme du XXIe siècle, désireux de retrouver et d'exprimer sa sensibilité dans ce monde trop guerrier.

Je viens de rentrer d'initiation et je décide de prendre quelques jours de vacances. Je veux changer de vie. M'accorder plus de temps pour créer, écrire, danser. Je sais maintenant que c'est vital pour moi. Mais je n'ai pas encore décidé comment mettre cela en place. Et je viens de faire un bilan professionnel : la créativité doit devenir un emploi. Alors, avant de décider du comment, je pars à Deauville pour une semaine de détente entre Festival du Film américain (j'adore le cinéma et le savoir-faire américain dans cet art), plage et sport. Je suis avec une journaliste en train d'attendre pour une projection, quand celle-ci se retourne et me dit qu'elle connaît le jeune homme derrière nous. Ni une ni deux, nous sommes présentés. Ma première impression reste son regard, cette douceur. Je suis très sensible au regard, cette fenêtre de l'âme. Le regard ne trompe pas, si on l'observe bien. Et par ses yeux, je reçois un flux de douceur rare chez un homme. Emmanuel m'en avait donné un aperçu. Gaël m'offre un océan. Oui, il m'arrive d'être fleur bleue derrière ma carapace trop yang... Deux âmes viennent de se retrouver. Cela ne s'explique pas.

Gaël et moi, nous nous retrouvons après la projection pour un cocktail. Et que se passe-t-il ? Nous nous mettons à parler yoga, vie de couple, avenir, sens de la vie, entre deux coupes de champagne, au milieu de la jet-set présente ce soir-là… Le lendemain, il organise un après-midi avec des amis et me convie. Nous ne nous adressons pas la parole, jusqu'au moment où nous réalisons que nous ne sommes plus que tous les deux. Et alors, nous nous mettons à discuter. Puis vient la nuit. Nous allons dîner ensemble. Comme deux êtres qui se connaîtraient depuis longtemps, nous prenons des plaids et nous nous allongeons en regardant les étoiles. Toute la nuit, nous refaisons le monde. La relation coule de source, nageant entre fluidité, simplicité et complicité. Nous partageons une première nuit… Et depuis, nous ne nous sommes jamais quittés. Cela va faire dix ans…

Aux débuts de notre vie ensemble, nous dansons la valse du couple, décidés à grandir, à réparer conjointement nos blessures. Ce sera mon nouveau chemin spirituel. D'ailleurs, depuis le Pérou et cette rencontre, je sens moins l'appel des initiations. J'espace peu à peu les rendez-vous avec Loup Blanc et le professeur Amrani Joutey, sans réelle intention de le faire. Cela se fait, c'est tout. La quête paternelle a fait son chemin à travers ces hommes. Grâce à eux, j'ai réparé ma part masculine guerrière, je l'ai adoucie. D'ailleurs, Gaël ne ressemble en rien à mes relations précédentes. Lui et moi sommes complémentaires. L'eau et le feu. Le calme et la tempête. Le soleil et la lune. Le lac et le volcan. Le Ciel et la Terre. Le masculin et le féminin. Il m'apaise, là où mes autres petits amis m'irritaient. Il me respecte infiniment, me protège et m'apprend à recevoir. Il arrive au moment où ma créativité prend naissance, puisque je publie mon premier roman la semaine où je le rencontre. Son soutien profond et sincère va aider à développer cette part créative qui existe chez moi. Il me dira même une phrase que je n'oublierai jamais. « *Je suis né pour te donner les moyens de t'émanciper. Je t'ai longtemps cherchée. Maintenant, je t'aiderai à devenir qui tu es.* » Cette phrase m'a fait l'effet d'une bombe dans le cœur. Comme si j'avais attendu cela depuis longtemps, cette alchimie de nos êtres pour nous émanciper.

Je suis heureuse de voir que Gaël s'émancipe dans ce rôle de protecteur, qui lui tient très à cœur. Je lui permets ainsi d'apprendre à traverser davantage sa part masculine et moi, il me permet de découvrir davantage ma part féminine. Ensemble, nous apprenons à rééquilibrer nos polarités. Je ne veux plus aller me battre contre mes démons. À ce moment de ma vie, je nage dans le bonheur, tout simplement. Nous plantons ensemble les racines de notre amour dans une vie entre ville et campagne, isolés du monde pour mieux apprendre à nous connaître. Car nous nous suffisons à nous-mêmes, à ce moment-là. Nous nous sommes attendus pendant des années, nous voulons maintenant jouir du fruit de cette rencontre. Les fondations, les racines sont plantées en profondeur pour mieux faire pousser l'arbre de notre vie commune. Et nous savons qu'il faut prendre maintenant soin de cet arbre. Ce sera ma nouvelle priorité. J'ai passé tant d'années dans des collectifs.

Ma nouvelle famille de cœur se constitue d'un duo, rejoint bientôt de deux petites chiennes. Je goûte à l'incarnation de tous les enseignements reçus dans l'échange de nos âmes et nos corps. La sexualité devient sacrée, un espace dans lequel je vais pouvoir doucement entendre des mémoires transgénérationnelles longtemps enfouies par le déni et qui viendront toquer à ma conscience petit à petit, comme des avortements clandestins et des viols. Je ne suis pas directement concernée, mais je sais que ma lignée de femmes a connu ces épreuves, sans que personne n'en parle vraiment. En lisant les propos d'Alexandro Jodorowski sur la métagénéalogie, je réaliserai que ce qui n'est pas réglé sur une génération se transmet sur la prochaine, jusqu'à résolution du problème. Comment vous expliquer ce que je ressens autrement ? J'ai l'impression que je suis née pour participer à la réparation des souffrances des femmes de ma lignée. Voilà pourquoi la sexualité doit être sacrée, car mon corps demande un grand respect.

J'en ai bien pris conscience, avec tout ce travail intérieur. Et Gaël et moi sommes d'accord sur le fait qu'une sexualité consciente et sacrée demande de s'apprivoiser et se respecter infiniment.

Cela commence après la période de fusion dans le couple, ce moment où les individualités reprennent leur place. Les miroirs se réfléchissent tellement qu'il y a un moment de bascule entre la fusion et le véritable amour, celui du détachement nécessaire pour mieux vivre ensemble. C'est à ce moment-là que reviennent les blessures non guéries. Et j'observe que les blessures de ma lignée non guéries semblent se cogner aux parois de mon corps. C'est ce que traduit sans doute cette souffrance de plus en plus grande que j'endure pendant les règles. Par le passé, j'avais des douleurs, mais elles ne m'étaient pas aussi insupportables. Je prenais des anti-inflammatoires et j'arrivais tant bien que mal à vivre avec. Mais depuis mon retour du Pérou, on dirait que les mémoires remontent. J'ai cette sensation qu'en étant allée derrière le voile de mon mental, j'ai soulevé les mémoires enfouies au fond de l'inconscient. Je savais que la plante péruvienne ferait son travail de « nettoyage » pendant plusieurs années. On m'avait prévenue. Eh bien, c'est ce que je vis à ce moment-là. Mais je pensais qu'en étant aimée, cajolée, respectée et soutenue aussi bien spirituellement que sexuellement, tout irait bien. Sur le moment, je ne comprends pas cette souffrance, récurrente depuis l'adolescence, qui s'amplifie malgré le travail intérieur. Il me faudra enquêter pour connaître mon arbre féminin… Et c'est là que j'entendrai parler d'avortement et de viol dans ma lignée, et tout deviendra clair…

Mais avant cela, avant d'explorer mon arbre féminin, perdue dans l'incompréhension, je ressens comme à mon habitude le besoin de trouver de l'aide. Je n'avais pas prévu de retourner en groupe, mais pourquoi m'en empêcher puisque j'ai besoin de me ressourcer, de retrouver des êtres avec qui je me sens connectée, sur la même longueur d'onde de spiritualité et de conscience? Ce n'est pas toujours facile de parler de spiritualité dans notre société occidentale sans passer pour une illuminée. Excepté dans l'art, où on vous laisse tranquille. Un artiste a le droit de sortir du cadre... Ouf! Et comme ma vie matérielle se fond avec ma vie spirituelle, j'ai un besoin profond de me sentir reliée à des personnes similaires.

Gaël ne peut répondre à toute ma soif spirituelle, malgré notre amour. J'ai l'impression que notre couple représente la manifestation physique de la guérison spirituelle du masculin féminin en cours en chacun de nous. Nous nous aimons, mais il y a aussi l'intuition que notre union n'est pas le fruit du hasard, mais l'opportunité de guérir en profondeur nos blessures individuelles et collectives. Il comprend mon chemin, il en est même assez admiratif, même si lui ne ressent pas cet appel pour le moment. Il a eu l'occasion de faire un travail sur lui il y a des années, à travers le *rebirth,* où il sera enseigné pendant deux ans, ce qui réparera pas mal de choses chez lui d'un point de vue émotionnel. Depuis, son chemin passe par la vie active, le travail et notre couple. Il a suffisamment développé son intuition pour savoir l'écouter. Ce qui me plaît beaucoup. C'est même lui qui me pousse dans mes moments de doute, me disant que j'ai un message à faire passer. Nous nous comprenons. Je crois qu'il arrive aussi avec un bagage spirituel inné qui lui permet d'être à l'écoute et attentionné. Ensemble, nous apprenons plutôt à nous fondre dans ce monde physique et sociétal pour vivre la matérialité autant que la spiritualité. C'est cela, notre chemin : la matière et le spirituel ne faisant plus qu'un. Spiritualiser la matière ou densifier la spiritualité dans cette réalité appelée la terre… Même si la société consumériste s'oppose souvent à la spiritualité, la considérant comme un danger plutôt que comme une opportunité exceptionnelle d'évolution… Le matérialisme et le patriarcat marchent ensemble depuis le néolithique, il y a environ cinq mille ans. Autant dire qu'il reste un sacré chemin à faire pour faire bouger les lignes.

L'appel du groupe se fait donc sentir à nouveau. Je repars en immersion avec mon cher professeur (qui est un peu comme un papa spirituel pour moi, et que j'aime profondément), comme pour me rassurer encore et toujours sur le fait que je suis capable d'affronter les incompréhensions de la vie, en trouvant de la force à travers ces initiations. Au Maroc, le professeur nous fait partager ses dernières trouvailles en termes de machines quantiques, destinées à harmoniser nos corps subtils. Car nous avons tous un corps physique, visible à l'œil nu, et un champ électromagnétique ou « aura », que nous appelons « corps subtil » car invisible à l'œil nu, mais que l'on peut sentir entre nos mains et avec des machines spécifiques. De la main guérisseuse, nous passons donc à la technologie guérisseuse. Fascinant. Ma curiosité, celle qui me pousse à toujours vouloir avancer plus loin, me donne envie d'essayer ces machines.

Je me retrouve donc à tester des machines qui peuvent servir à envoyer de l'information canalisée au service de la régénération du corps humain. Je garde notamment en mémoire une expérience fascinante : le professeur a rempli une piscine d'eau dans laquelle il a placé plusieurs machines quantiques diffusant des fréquences. Celles-ci informent l'eau. Apparemment, il réussit à retrouver la fréquence ou le Ph du liquide amniotique du ventre maternel. Puis nous entrons un par un dans cette eau. Je n'ai pas encore l'information de cette fréquence en plongeant mon corps dans la piscine. Ce que je peux dire, c'est que j'ai bien l'impression de me laver, me purifier (ne pas avoir peur de ce mot, au-delà de toute connotation religieuse), et d'être parfaitement heureuse dans cette eau, comme si mon corps retrouvait un élément connu. Aurait-il ainsi réparé un souvenir de ma vie intra-utérine ? Difficile à dire. En tous les cas, je vis un moment de grande relaxation, heureuse d'être là, sachant que cette eau m'est bénéfique, sans comprendre toutefois comment elle agit. J'apprends ensuite que le Professeur a passé des années de recherche sur la mémoire cellulaire de l'eau et sa capacité à transporter l'information. Étant composé d'eau, notre corps entre en résonance avec elle et harmonise son champ électrique intérieur. Voilà ce que je comprends de cette expérience profonde.

Je découvre également les ventouses comme moyen d'alléger les souffrances menstruelles. Quelques incisions au bas du dos et voilà les ventouses en train d'aspirer les amas graisseux en trop dans le corps. Une tradition ancestrale. J'accepte. Le praticien spécialisé marocain invité par le professeur nous explique qu'il y a un souci au niveau de mon bassin. Un fibrome ? Un problème qu'il faudrait traiter à mon retour… Mince alors.

Et puis, j'ai toujours ces douleurs menstruelles persistantes qui m'empêchent de vivre et me poussent à continuer ce chemin, parce que, non, décidément, ce n'est pas normal d'avoir si mal pendant les lunes rouges, même si on me martèle le contraire. Il serait temps d'écouter le message. Envie de bébé ? De fonder une famille avec Gaël ? Il est vrai que nous en avons rapidement parlé. À dire vrai, au bout de quinze jours ensemble, nous parlions déjà de cette envie et de l'évidence que si la vie nous proposait d'être parents, ce serait ensemble. J'avais trouvé le père idéal pour l'arrivée d'un enfant. Et lui, il me disait pareil. Nous étions prêts. Du coup, au Maroc, séparée de lui pour la première fois depuis deux ans, je me mets à réfléchir à ma condition de femme et à ma place dans la société… Cela peut paraître étrange mais, bizarrement, je me suis posé des tas de questions sur la vie après la mort, la conscience, l'univers, la réincarnation, en somme beaucoup d'interrogations métaphysiques, mais jamais… physiques. Jamais je ne me suis vraiment demandé ce que c'est qu'être une femme. Je l'étais en conscience, mais pas incarnée dans mon corps. Au Maroc, à l'annonce d'un problème apparent, physique, dans mon corps, sans savoir de quoi il s'agit, c'est comme si je revenais soudain les pieds sur Terre ! Comme si j'étais une âme consciente ayant du mal à s'incarner dans cette réalité. C'est ainsi que je peux définir mon ressenti. J'ai pris conscience que j'avais un corps au-delà de l'esprit ! Il serait temps de l'entendre… Et la vie ne va pas tarder à me répondre…

Devenir femme

« Je suis devenue Femme
J'ai entendu mon âme
Je suis devenue Femme
J'ai retrouvé ma flamme[15]*… »*

À force de travailler au contact des hommes, il semblerait que j'aie occulté une partie de mon être. Dans mon comportement, tout d'abord, je suis assez masculine. Au contact de Gaël, j'en prends pleinement conscience, comme si notre union me permettait de découvrir ce que c'est qu'être une femme. Pourtant, j'ai eu d'autres relations. Mais apparemment, celles-ci étaient plus ancrées dans la compétition et la rivalité. Avec Gaël, nous avons suffisamment mûri pour ne plus jouer sur ce registre. Nous souhaitons coopérer et nous soutenir dans la réalisation de nos êtres. Mais il nous faut pour cela réajuster nos polarités, comme je le disais. C'est une danse à deux qui s'engage.

Je réalise ainsi que depuis longtemps je m'habille souvent de manière unisexe, sans valorisation de mes formes, que je suis du genre à ne pas trop aimer faire les boutiques et que si j'y vais,

15. Extrait de la chanson « Je suis devenue Femme », album Ô Féminin (auteure-interprète EstELLE Penain, compositeur David Keler), présente sur le CD bonus.

c'est vraiment parce que j'ai besoin de quelque chose de précis. Comme mes amis masculins. Que je n'ai jamais fait ni manucure ni pédicure. Que j'ai oublié de prendre soin de mon corps. Que depuis toujours, mes amis masculins disent de moi que je suis un bon « pote », avec qui on peut prendre un verre au comptoir, sans séduction. Que je réagis au quart de tour si une personne pleure, voulant mettre ma cape de Zorro et la protéger. Je me suis vue jouer au curé, en mariant des copines, ou aux billes, dans la cour d'école primaire plutôt que de jouer à la poupée ou à l'élastique par exemple. Au travail, j'ai assumé des postes à responsabilités et je ne supportais pas de me retrouver aux emplois plus « féminins », comme le secrétariat, l'assistanat ou ce genre de stéréotypes bien ancrés dans ma tête, de manière inconsciente. Avec les hommes, j'affichais un rapport de compétition, nous étions comme deux coqs confrontant nos connaissances, ce qui ne manquait pas de créer des rivalités inconscientes mais bien réelles. Tout ceci ne m'empêchait pas de préférer passer une soirée avec des hommes, que je trouvais plus simples que les femmes. Et pour finir, j'ai toujours eu plus d'adrénaline à l'idée de vouloir « sauver » le monde, plutôt que penser à créer une famille… Rien de cela n'appartient à un genre ou un autre, mais les clichés ont la vie dure, et il faut bien admettre qu'il y a tout de même certains attributs plus féminins que d'autres. Et ce n'est ni bien ni mal. C'est juste un constat. Au vu de cette femme très yang et cet homme très yin que nous sommes, Gaël et moi comprenons que nos repères vont évoluer vers plus d'harmonie. Il se trouve que c'est son féminin dominant qui m'a attirée. Sa douceur, son écoute et sa bienveillance m'ont permis de croire à une vie de couple dans le respect de nos différences. Et je n'avais pas vraiment connu ces qualités dans mes autres relations amoureuses.

À cette époque, sans le savoir, je rejette la féminité car j'ai une image, inconsciente, de la femme comme étant passive, victime de manipulations et non productrice. Finalement, suis-je une femme machiste ? Est-ce que j'ai une vision étriquée de la féminité ? Oui. Moi, je veux prouver que j'ai une belle intelligence, que je suis indépendante et que je peux effectuer une tâche jusqu'au bout. J'aime parler avec les hommes pour me prouver ma valeur intellectuelle, cela me rassure. J'ai besoin de me sentir accueillie dans le cercle des hommes, car cette société valorise les postes à responsabilité, l'argent et l'autorité. En observant la femme que je suis devenue à ce moment-là, je me rends compte que je passe ma vie à être active pour apporter ma contribution au monde, recherchant la consécration du système patriarcal à travers mon besoin de reconnaissance. De cela, je ne veux plus, et un épisode de ma vie, de notre vie de couple m'a aidée à m'en apercevoir.

Avec Gaël, nous montons ensemble en 2011 une société de production audiovisuelle. Épris d'idéalisme, avec l'envie de faire bouger les lignes sur la cause écologique, nous voulons tourner des films à vocation humanitaire. Nous passons le cap des trois ans, mais la difficulté d'un marché de niche ne nous réussit pas. Nous faisons des erreurs. Notre idéalisme se confronte à la réalité. Malgré notre volonté et nos valeurs communes de vouloir contribuer à rendre ce monde plus beau, plus conscient de sa grandeur, et de la nécessité que l'humanité prenne le tournant nécessaire à la préservation de notre écosystème, nous mettons la clé sous la porte. Cette expérience nous apprend que travailler en couple demande une organisation et un détachement pour lesquels nous n'avons pas encore les outils. Trop compliqué. Partir de rien, trouver des clients, envisager la communication, créer… Autant de moments où je vois les talents et les défauts de mon conjoint tout comme mes lacunes et mes compétences. Et puis, le travail s'invite partout, pendant nos repas, et au lit. Nous savons que nous risquons de nous perdre à ce jeu, d'autant que je n'aime pas ses méthodes de travail. Le travail a beaucoup fragilisé nos rapports.

Épuisés par trois années à travailler ensemble, prenant du recul sur cette bonne expérience néanmoins, qui m'a montré ce que c'est que d'être entrepreneur, de gérer une entité, de produire, nous décidons conjointement qu'il est mieux pour nous de continuer séparément notre vie professionnelle, afin de garder notre union solide. Gaël me pousse à écrire à temps plein, pendant que lui n'a qu'une obsession : faire de l'argent pour me produire, tout en commercialisant des salons professionnels (sur les villes intelligentes de demain, par exemple), une manière de contribuer à faire évoluer le monde à sa façon. Belle ambition. Il produira ainsi mon premier album musical et réussira dans le monde du salon professionnel. Nous sommes à présent dans une autre façon de partager le travail. Nous ne travaillons plus ensemble, nous coopérons. Lui produit, moi je crée. Chacun son expertise. Et cela fonctionne, ainsi! Mais j'ai traversé plusieurs phases avant d'arriver à cet équilibre dans mon couple.

Après la fermeture de notre société de production, je me sens déphasée, avec une sensation de vide et de solitude. Je réalise mon manque de disponibilité pour ceux que j'aime. Je me suis également coupée de mes amitiés avec d'autres femmes. Vouloir me fondre dans ce modèle masculin ne m'a pas comblée, je n'ai pas la sensation d'être accomplie. C'est comme si je m'étais coupée de mes émotions. Après avoir travaillé sur l'archétype masculin, c'est donc à présent l'autre versant de mon être qui se réveille, à moins que ce soit juste moi qui prenne conscience que le féminin existe? Du coup, je me tourne vers ce qui représente cet archétype intérieur pour moi. Et là, je prends une claque, réalisant que je dévalorise tout ce qui touche au féminin, sans m'en rendre compte. La thérapie permet de travailler sur le père et la mère, qui sont les archétypes du masculin et du féminin. Avec une bonne image de ces deux entités, tout va bien. Mais en général, il y a souvent l'envie de se reconstruire sur ses propres valeurs. Peu de femmes autour de moi valorisent la réussite. J'ai ainsi rejeté la féminité au profit de la masculinité. Tout comme la société rejette souvent les valeurs du féminin, excepté la maternité. Je ne fais que suivre la tendance du moment, parce qu'il est somme toute difficile de ne pas être « contaminée » par son environnement, sa culture et ses courants de pensées dominantes. J'avoue que, à cette époque, j'aime gagner. (Aujourd'hui, j'aime *m'accomplir*, mais je ne me sens plus attachée au résultat, ce qui change la vie !) D'ailleurs, j'ai souvent peur du mot « féminine ». J'ai l'impression que cela implique de se sacrifier, sans avoir d'espace pour se réaliser. La société encourage les femmes à vivre pour leur famille. (Depuis, les réseaux de femmes ont fleuri un peu partout pour donner de la visibilité à ces femmes ambitieuses et créatrices.) Il suffit de regarder les publicités, les messages envoyés par les médias pour comprendre le message sous-jacent. Et celles qui essaient de réussir leur vie professionnelle tout en préservant leur famille, sont sujettes à des emplois du temps de folie car la société n'a rien prévu pour elles. Comme si le fait de se réaliser devait se payer… Du coup, je suis partagée. Une pensée domine mon esprit à ce moment-là : être femme signifie forcément la dépendance. Sans m'en rendre compte, je rejette l'image de la mère et de la féminité, occultant par conséquent une partie de moi, inconsciemment.

Le couple change la donne et m'oblige à voir ce que j'ai mis au fond du sac, m'indiquant la voie à suivre : le chemin vers ce féminin meurtri et ignoré. Et l'apaisement d'un masculin trop guerrier et en colère. Je rejette encore ma féminité. Je ne suis pas en accord avec cette partie. Je cherche ma place. Toujours le « cul » entre deux chaises… Mais de moins en moins, dans les yeux de mon conjoint… Grâce à mon couple, je reprends ma place petit à petit. Pour entendre ces parties blessées en moi qui crient et que je n'entends pas, parce que les messages intérieurs vacillent entre mes convictions et celles de ma lignée, je dois me détacher complètement de mes parents. Couper le cordon une bonne fois pour toutes. J'étais persuadée de l'avoir déjà fait, mais je vois bien qu'il reste des stigmates, et que je cherche encore à leur plaire. Il est temps de procéder à la sincère séparation émotionnelle avec ma mère. En tant que femme. Car je ne suis plus sa petite fille, et je ne suis pas sa mère non plus. Parce que nous dansons un peu sur les deux registres, elle et moi. À trop vouloir la prendre en charge, l'aider à trouver sa propre voie spirituelle, la soutenir, parfois on se demande qui est la mère de qui… Et notre relation a été trop fusionnelle parfois. Nous en avons longuement discuté, elle et moi. Cela a été difficile, parce qu'il fallait me couper d'un être semblable à moi, ce qui engendrait la peur de me sentir seule, séparée et différente. Il a fallu réussir à passer de la fusion inconsciente à la séparation concrète, sans me sentir affectée par sa culpabilité à ne pas avoir été la mère parfaite. J'ai toujours eu envie de l'aider à se réaliser, comme si elle n'avait pas reçu les outils nécessaires à sa propre évolution. Mais je ne savais pas toujours où était ma place. D'ailleurs, en voulant « aider » ma famille, je me suis montrée parfois intrusive… Je pensais que mon chemin pouvait les aider à se réaliser eux aussi. Pas évident de comprendre à ce moment-là que c'est par l'exemple qu'on aide l'autre, pas par les conseils. Je me prendrai quelques remarques qui me remettront à ma place. Retour de bâton. Et surtout, j'apprendrai à accepter que nous avons chacun notre temps, notre façon de vivre et que la mienne n'est pas mieux que la leur. Cela arrive souvent quand on démarre un chemin spirituel : on voudrait amener tout le monde sur celui-ci, persuadé que ce qui a réussi à l'un va réussir à tous et toutes.

Durant nos échanges, ma mère m'avoue avoir eu du mal à me voir devenir femme. Peut-être que, inconsciemment, je suis restée petite fille pour lui plaire ? Ce qui est sûr, c'est qu'à travers le couple, je reprends ma place de femme. Et vis-à-vis de ma mère, je me sens femme malgré ses propres difficultés à passer ce cap. Comme si cela la mettait en danger, dans le sens de ne plus trouver sa place. Ce moment de détachement où la mère n'a plus à s'occuper de ses petits, les laissant vivre leur vie, ce qui implique qu'elle a maintenant le temps de s'occuper d'elle. Mais est-ce confortable de se retrouver face à soi-même quand on a passé sa vie à éduquer ses enfants ?

Le sujet de la mère est compliqué, il existe un lien fort dû à la conception même. On peut voir la mère soit comme une mère formidable qui saurait nous materner et nous protéger, soit la mère terrible qui nous paralyse. Mais je comprends que la mère puisse devenir une cible commode pour une fille désorientée dans une société qui glorifie tout ce qui est masculin. Double peine. Je réalise que les mères sont tenues pour responsables de la personnalité de leurs enfants devenus adultes ! Elles sont donc soit de bonnes mères, soit de mauvaises mères. Comme si tout venait d'elles… Sans compter qu'il n'y a pas de respect pour son rôle au sein de la famille et de la société. Elles supportent toutes les charges, et ce, sans aucune reconnaissance financière. Du coup, elles sont présentées comme inférieures, passives, dépendantes, séductrices, manipulatrices et impuissantes…

C'est à ce moment-là que je commence à réellement m'intéresser aux femmes qui m'entourent et à la maternité. Je n'ai jamais pris le temps de me poser la question de si je souhaitais être mère. Avec Gaël, c'est possible. Mais en ai-je rêvé ? Quand j'écoute ces mères, elles ont beau me dire que c'est merveilleux, je ne les trouve épanouies comme mère que lorsqu'elles ont aussi réussi en tant que femme. À quelques exceptions près. Mais pour la majorité, si je me mets en état de réceptivité, je peux ressentir parfois une sorte de charge qui ne rend pas toutes les mères heureuses. Des spectacles ont fleuri depuis, autour de la figure de la mère, déculpabilisant celles-ci et leur permettant d'oser dire que parfois, être mère, c'est difficile et usant. Je n'ai jamais entendu une mère me dire qu'elle regrettait d'avoir donné la vie, mais j'en ai entendu plus d'une me confier combien elles s'étaient oubliées ou pas autorisées à vivre autre chose que la maternité… Et parfois l'enfant peut devenir une excuse inconsciente pour ne pas franchir le pas de la réalisation personnelle, invoquant le temps, la disponibilité. La charge de travail entre vie professionnelle et vie personnelle, pour une femme, me paraît une montagne de stress qui ne m'attire pas du tout. Tout comme rester à la maison pour uniquement élever ses enfants. Ni l'un ni l'autre. Je ne suis sûre de rien et j'espère le rester. Il n'y a rien de pire que d'être convaincue, parce que cela rend la vie rigide. Alors j'essaie de rester souple à chacune de mes expériences.

Comme à chaque interrogation, je prends le taureau par les cornes et me plonge dans une nouvelle odyssée intérieure. C'est quoi, être une femme ? Je suis cernée par des femmes « bonhommes », des guerrières. Va-t-il encore falloir me battre ? Je l'ai fait toute ma vie. Avec un burn-out au passage. Je veux bien agir pour aller vers un but plein de sens mais je ne veux plus forcer le destin en agissant comme une conquérante. Cela me fatigue trop ! Je me rends compte que j'ai un mal fou à trouver un modèle inspirant féminin autour de moi. Il va donc falloir inventer, sculpter ma vie comme une œuvre d'art. Voilà mon défi ! Ma nouvelle quête. Alors, comme à mon habitude, et merci à ma partie yang masculine toujours désireuse d'agir, je prends le temps d'observer quelques amies créatrices et entrepreneuses, de surfer sur le net pour réaliser que le monde regorge de femmes incroyables souvent réduites au silence ou peu exposées médiatiquement. La parole veut se libérer, les femmes veulent agir (ce qui viendra avec le mouvement #MeToo et #TimesUp, entre autres… et un tas d'associations de femmes que je découvrirai. Comme l'association Femmes 3000, dont le but est « d'œuvrer à la promotion de la place des femmes dans la vie publique, en mettant en avant leurs compétences, à l'égalité des chances dans tous les domaines en luttant contre les stéréotypes de genres, à encourager la mixité dans les métiers et dans tous les domaines de la vie publique. ») À ce moment de ma vie, les médias offrent une tribune à quelques femmes, dont je croquerai le portrait afin d'éclater mon propre plafond de verre inconscient. Élisabeth Badinter, Simone Veil, Marguerite Duras, Agnès Varda, Christiane Singer, voilà quelques figures féminines inspirantes, indépendantes, ambitieuses, soucieuses de la condition féminine. Il y a aussi toutes ces femmes du passé comme Coco Chanel, Marie Curie, Agatha Christie, Olympe de Gouges ou spirituelles comme Amma, Mère Térésa, Sainte-Thérèse d'Avila. Sans parler de celles qui osent créer de nouveaux modèles de vie et dont je lis les parcours dans les magazines, les rencontres avec des femmes entrepreneuses, les créatrices, les mouvements de paroles comme Tedx.

Je peux renier ma féminité un temps, sûrement parce que je n'ai pas vu ce modèle épanoui dans mon éducation, cette image d'une femme incarnant les aspects entiers de sa nature féminine, ludique, sensuelle, passionnée, nourricière, intuitive, créative… Mais je sens que la femme a tout cela en elle, et même plus encore. Personne ne nous a pas appris à aimer notre féminité. Ces femmes nous ouvrent la voie. Je me sens appelée comme jamais à m'engouffrer dans cette conquête de ma véritable nature, comme un pèlerin sur le chemin de Saint-Jacques de Compostelle, à la découverte de quelques miracles qui verraient le jour… même si la société ne nous aide pas. Idem pour les religions. Dans l'Ancien

Testament, on parle d'une Ève séductrice. La sexualité féminine y est dépeinte pleine de tabous depuis plus de cinq mille ans. C'est normal que nous, les femmes, soyons complètement perdues entre ce qui a été inculqué par la société et ce que la révolution sexuelle a permis de faire voler. Entre les deux, il nous faut un temps de découverte et d'adaptation à une nouvelle façon de voir la femme. Nous désintoxiquer de cette idée de la séparation de l'Esprit et du corps (la chair est diabolisée), que la seule manière d'obtenir l'Esprit, serait de nier le corps, de transcender la chair. Et de mourir. J'ai plutôt l'impression que l'Esprit s'expérimente à travers la chair, car sans corps, comment expérimenter l'Esprit ? Vaste sujet…

Il est temps que je trouve mes propres archétypes afin de pouvoir m'identifier, si nécessaire. Je me promets de m'intéresser davantage au monde des Déesses avec Isis, Ishtar, Lilith, Hécate, Brigit, Kali, Inanna, Belisama… Retour sur les rites sacrés autour de la féminité. La société a détruit le féminin. C'est à nous de nous reconstruire pour lui redonner sa place. Je mesure l'enjeu. C'est important pour l'avenir de notre planète. Nous ne pouvons pas continuer à vivre dans une société à trop forte domination masculine, car cela crée un déséquilibre. La vie est constituée des deux parties, féminines et masculines. Si l'une est reniée, c'est une société entière qui se néglige. Nous devrions tous être féministes, puisque c'est une partie de nous. Et rejeter une partie de nous, c'est être voués à la souffrance. Il y a urgence à accepter notre totalité d'être. Voici mon nouveau challenge, malgré cette sensation persistante d'être le sexe inférieur, ce qui m'a rendue perfectionniste et sujette au surmenage. Je veux récupérer les fragments éparpillés de mon être, aller à la découverte de mes sentiments complexes, des intuitions et de la créativité. Il faut soigner cette blessure profonde de sentiment d'infériorité, avoir le courage de vivre mes paradoxes. Et un jour, je pourrai alors répondre aux besoins des autres tout en valorisant mes propres besoins et en les comblant. C'est alors que je serai complète.

Et puis, arrive cette évidence : j'en ai marre d'être productive. Je veux être créatrice. Je me mets à écrire de plus en plus de poésie. La créativité m'appelle à travers l'écriture. Je procrastine souvent au début, avec cette peur de gagner moins d'argent si je m'arrête pour écrire. Je ne supporte pas l'idée d'être dépendante de qui que ce soit. Et puis, les femmes se sont battues pour ça. Alors je dois bosser et ramener ma part. Pourtant, une partie de moi souhaite prendre son temps… Poser toutes ces années d'interrogations, d'expériences, de prises de conscience. Cela n'intéressera peut-être personne mais j'ai besoin d'évacuer, de poser sur le papier. C'est vital pour moi, sinon le feu créatif intérieur non utilisé se retournera contre moi avec des symptômes de mal-être. Jusqu'à la maladie. Si j'avais davantage écouté ce feu créatif…

Encouragée par Gaël, qui me pousse à écrire suite à la lecture de mes nombreuses poésies et mes premiers romans sortis au début de notre rencontre, j'entreprends alors de me laisser glisser de plus en plus vers cette passion d'écriture. Pour lui, aucun doute, je suis faite pour cela. Un jour, j'aurais mon heure et il me jure de m'aider à réaliser ma mission d'âme. Quelle belle déclaration d'amour ! Quelle évolution ! Le masculin soutient la créativité féminine en lui donnant l'impulsion de se réaliser. Mais voilà, je me sens coupable. Comme si je commettais un « péché ». Quelque chose que peu de personnes réalisent. La plupart restent prisonniers de leur vie, entre un emploi à plein temps, des enfants à gérer, une famille à nourrir, à protéger… Comment penser à soi, dans cette situation ? N'est-ce pas égoïste de penser à soi pour mieux vivre avec les autres dans ce monde difficile ? Mon entourage me conforte dans cette voie.

J'aime regarder les êtres exemplaires, entre leur vision de la vie et leur attitude. Et en l'occurrence, les personnes qui me fascinent sont des exceptions. Comme des Gandhi version moderne pour l'antiviolence, ou des enfants du Dalaï-Lama qui passent leur vie à évoluer, à se dépasser sans accuser les autres de leurs problèmes. Ces gens-là me fascinent, me donnent envie de m'améliorer et d'apprendre à me connaître. Alors est-ce égoïste de vouloir s'améliorer ? Est-ce une vie possible dans ce monde tourmenté que de regarder sa conscience pour mieux l'appréhender ? Est-ce le chemin tant attendu que d'apprendre à s'aimer pour mieux aimer les autres ? Est-ce chrétien, juif, musulman, bouddhiste ou jaïniste de penser ainsi ? Doit-on forcément appartenir à un clan pour devenir meilleur ? La société n'encourage pas cette pratique de la connaissance de soi, car cela rend les gens libres. Et la liberté rend responsable. Autonome. Moins mouton. Ouvert à autre chose que ce qui nous est imposé. Voilà pourquoi je fais tout cela. Pour être libre. Libre de mes émotions et mes barrières, de cet esclavage émotionnel. Même si nous ne pouvons pas aller à l'encontre de la société, car elle a sa raison d'exister telle qu'elle est, il arrive un moment où l'on apprend à s'en détacher. Il semblerait que le moment soit venu de me dépasser.

Je partage chaque jour la vie d'un être me permettant ce partage de l'instant, de qui nous sommes. J'observe Gaël et son apparente docilité. D'humeur égale, il donne l'impression que tout est facile, semblant satisfait de ce que la vie lui propose. Et ne se pose pas toutes ces questions. Moins cérébral, il vit davantage le concret et s'en satisfait. Il n'a pas de réelle passion. Ce qui m'interroge. Comment ne pas vivre avec le sel de la passion ? Pas la passion amoureuse, la passion de la vie. Il a un côté froid et pragmatique qui contraste avec mon côté sanguin et créatif. Voilà la difficulté du couple. Trouver l'équilibre dans ces différences fondamentales. Chaud et froid, ça donne tiède. Peut-être la tiédeur de la vie pour ne pas aller dans l'excessivité ? Ou au contraire, le refroidissement empêche de vivre complètement la passion de la vie ? Deux points de vue. Deux façons d'être. Ma vision me porte à vouloir vivre avec la joie au cœur, ce que j'appelle la passion. La joie d'être vivant, la joie de rire, de partager. Le sel et le piment de la vie, la beauté, les instants de communion. Mais lui ne partage pas ce piment, ce sel, cette passion. Je le sens davantage dans le devoir que dans la passion. Il prend très à cœur sa responsabilité, et sa motivation reste notre couple. Nous sommes en accord avec cette vision. Il aime faire en sorte que je ne manque de rien. Voilà son moteur. Je ne peux que m'en réjouir. Même si ce chaud-froid me déstabilise parfois… Gaël aime prendre soin de moi, me protéger. Cela lui permet de se sentir homme, et il aime ça. Sa devise pourrait être : aimer, c'est servir. Rarement, j'ai eu l'occasion de vivre une telle relation. Une sorte de Pygmalion voulant aider sa muse à évoluer, à grandir, à devenir qui elle est. Et grâce à mon lâcher-prise, par l'acceptation de mon abandon progressif vers plus de complémentarité, je lui permets aussi de devenir qui il est. Nous apprenons à gérer nos différences en acceptant nos multiples facettes. Pas toujours évident. Mais on apprend plus vite à deux. Si on s'écoute et se respecte, on peut aller loin ensemble. Alors j'apprends à lui laisser cette place. Moi qui ai toujours tout fait toute seule ! J'apprends à être aidée, soutenue et valorisée. Je n'avais pas connu cela auparavant dans le rapport homme-femme. Je ne connaissais que le rapport dominant-dominé. Donc deux coqs ensemble, puisque j'étais à forte dominance masculine, cela ne risquait pas de marcher… Avec un peu plus d'équilibre, je laisse de la place à l'autre, l'homme désireux de me soutenir. Je ne lui impose rien, je ne lui demande rien. C'est son choix, son désir. Par exemple, moi qui ai passé ma vie à crier haut et fort que je serais toujours indépendante, je traverse un moment où je suis dépendante de mon conjoint financièrement. Et cela afin de pouvoir créer, prendre le temps de poser à plat en conscience toute la sève créative qui m'anime. Je le vis mal, au départ, culpabilisée et tiraillée dans mon fonctionnement habituel de devoir amener ma part financière dans le couple. C'est Gaël qui me pousse, me rassurant sur le fait qu'il veut que je prenne ce temps-là pour moi, que c'est essentiel, qu'il se sent important et utile quand il apporte son salaire et qu'il le partage, parce que nous sommes une équipe solidaire et qu'un jour, peut-être, cela sera son tour d'être soutenu.

Ce genre de situations qui m'apprend à lui laisser cette place de soutien, à accepter qu'être indépendante ne signifie pas toujours être libre, que je peux me sentir libre si je me détache de la peur de manquer et que j'accepte qu'un homme puisse prendre soin de moi sans y voir la notion d'être « entretenue ». Non, nous sommes solidaires. C'est différent. Je travaille à créer de la richesse artistique depuis chez moi. Et je vois comme je fais le lien entre domicile et non-reconnaissance, puisque la femme au foyer n'est pas reconnue dans la société. Or, j'ai encore besoin de reconnaissance. Je mélange tout. La confusion va s'atténuer et disparaître le jour où j'accepterai qu'il est très agréable que l'on prenne soin de moi. Je ne veux plus être une guerrière à plein temps. Je veux connaître un autre aspect de ma personnalité. Et j'aime maintenant être chez moi pour travailler à mon rythme, dans mon univers avec la passion créative qui me permet de créer de la richesse où que je sois, de préparer mes futurs soins spirituels à travers l'art…

Après presque dix années de vie commune, il y a des caps à franchir pas toujours évidents, surtout pour deux individus aux rythmes différents. D'ailleurs, il me semble que ce soit là une des plus grandes difficultés du couple. Évoluer ensemble dans un temps à peu près similaire, sans vivre dans un mode de concessions permanentes. Pas toujours évident. Et c'est là que le chemin spirituel fait la différence pour une femme comme moi. Pour maintenir la relation dans son processus d'évolution. Le couple m'apparaît comme une troisième entité à laquelle nous devons consacrer du temps, si nous choisissons que notre couple est une priorité. Ce qui est notre cas. Or, souvent, c'est la femme qui maintient le feu ardent du foyer, le feu du cœur, le feu de la passion justement, c'est-à-dire le feu de la vie. Faire en sorte qu'il ne s'éteigne pas. Or, être gardienne du feu à temps plein peut fatiguer. J'ai également envie que l'autre entretienne ce feu sans avoir à le lui demander. Et c'est là que nos différences homme-femme font surface. Il semblerait que l'homme soit plus enclin à se laisser aller avec les années, à considérer l'amour comme acquis, à ne plus séduire sa douce, à la voir comme quelque chose d'immuable. Or, tout change, même l'amour. Il se transforme, mute, bouge, évolue ou pas. Il faut le nourrir de nos vies individuelles, lui redonner du bois pour que les flammes se mettent à danser à nouveau au lieu de laisser consumer les braises sans réagir. La vie va où la conscience va. Il y a donc un choix à faire à certains moments. C'est-à-dire décider de ce que j'apporte à ce foyer. Qu'est-ce que je fais pour nourrir le feu sacré de l'amour ? Nous sommes deux, et à deux, nous devons nourrir notre troisième entité : le couple. Après la construction du couple, vient le moment de l'évolution vers la descendance, l'idée de construire ensemble un projet commun. Comme l'enfant, une maison, un projet artistique, etc. Nous en sommes là…

Parfois, nous vivons de l'incompréhension. J'ai longtemps cru que la souffrance était liée à ce qu'a dit ou fait quelqu'un d'autre. J'ai essayé de souder mes différents couples dans une sorte d'unité et de sécurité car mon inconscient tentait de recréer le cocon maternel sécurisant d'amour inconditionnel. Et, sans m'en rendre compte, je demandais à l'autre de jouer ce rôle. Le couple devient alors étouffant ou ne répond pas aux attentes de guérir cette souffrance inconsciente de la séparation maternelle. Une relation de dépendance peut se créer. Et on ne va pas loin avec ce genre de relation, car la dépendance amène le pouvoir et le contrôle. Renoncer à mon individualité, sous couvert de trouver la fusion et l'unité du couple revient à détruire le couple, ma personnalité et celle de mon conjoint sur la longueur. Le véritable amour semble consister à vivre en parfaite autonomie. Chaque personne possède sa propre énergie capable de fonctionner avec celle de l'autre. Il a été vital de prendre cette responsabilité pour affronter cette vieille blessure, pour passer des caps pendant ces années. Moi seule pouvais la guérir. Le couple me permet de traverser cette étape. Devenir autonome tout en étant à deux. Parce qu'il y a une tentation à se laisser porter par l'autre, une tentation à glisser dans les rôles prédéfinis par la société. Je suis toujours éprise de liberté, même dans mon couple.

Mais revenons en arrière… Dès la deuxième année, alors que nous filons un parfait amour, nous avons la certitude que nous sommes faits pour avoir un enfant ensemble. La famille nous pousse à vivre cette aventure parentale. Et particulièrement ma belle-famille où l'amour se partage facilement entre parents et enfants.

Je ne prends plus la pilule depuis des années, et nous avons décidé de laisser Mère Nature décider pour nous du moment où surviendra cet événement désiré, planifié et attendu : la maternité. La prochaine étape du couple. Bingo. Me voilà vite enceinte. Nageant dans un bonheur indicible, je vis trois mois et demi sur un nuage de délice, de douceur et d'amour. Je dors peu, comme connectée à l'énergie de ce fœtus dans mon utérus. Première fois que je sens la vie à l'intérieur de mon ventre. Première bénédiction pour cet utérus dont j'avais oublié l'existence. Tout se passe bien. Une échographie nous montre ce petit être en devenir. Émotion forte. Pour Gaël, moins que moi. Il m'explique qu'il a besoin de vivre les choses pour vraiment réaliser ce qui se passe. Moi, je nage dans le bonheur. Je me sens belle, légère, gracieuse et cette vie dans mon ventre me donne des ailes. Grâce à cette grossesse, j'écris encore plus. Je fais des piges depuis la maison. En tant qu'auteure, je peux écrire de n'importe où. J'aime cette liberté. Et je prie chaque jour pour que l'écriture me permette de vivre de ma plume. Pas encore suffisamment. Je trouve donc quelques contrats, commence à donner des ateliers aux particuliers pour mieux se connaître à travers les mots, tout en écrivant mes futures chansons, un nouveau roman et en peignant des tableaux. Je pose sur le papier de nombreuses poésies sur la gratitude d'être en vie, l'amitié et l'amour. Je me sens vivante et créatrice à plein temps.

Dans ce monde de dualité, quand la vie appelle la vie, elle appelle aussi la mort. Alors que j'attends un bébé, ma mère m'appelle pour me dire que ma grand-mère maternelle est tombée et qu'à la suite d'une hospitalisation, elle vient de nous quitter. Ma sœur travaille beaucoup et ne peut se rendre à l'enterrement. Ma mère a besoin du soutien de ses filles. Malgré la distance, malgré les recommandations de la gynécologue de ne pas bouger, je décide de parcourir les trois cent cinquante kilomètres qui nous séparent pour les funérailles de ma grand-mère, pour laquelle j'avais une réelle affection. Imparfaite, comme nous toutes, elle avait toujours su donner de l'attention. Un geste, une carte, un billet, une parole. Le trouble m'envahit quand je réalise que la dernière fois où je l'ai vue, nous avons parlé de son passé de mère. Jamais nous n'avions abordé ce sujet avant cela. Je ne savais pas qu'elle avait dû avorter clandestinement, souffrir en faisant elle-même ses avortements dans sa cuisine sans l'aide de personne. Mais elle avait donné vie à suffisamment d'enfants. Elle n'en voulait plus. Et la pilule n'existait pas.

Je regarde sa vie autrement. Non pas comme celle de ma mamie. Mais comme celle d'une femme avec ses blessures. Une vie ponctuée de nombreux drames. Des séquelles transmutées sur la lignée, que j'ai vues lors de mes voyages chamaniques. Je me souviens avoir fait une promesse à deux de ses filles décédées. Dans l'invisible, j'avais la sensation de leur parler. Je leur avais promis que si elles n'avaient pas été heureuses, je le serais en leur honneur. J'avais pris très à cœur cette rencontre d'un autre monde. Au Pérou, j'avais pu honorer leur mort, leur passage dans l'au-delà. Et guérir la peine du deuil, comprendre le sens de ces drames survenus trop tôt dans leur vie, dans nos vies, dans notre famille, notre lignée de femmes… Rien ne me laissait indifférente. Tout était matière à transformer le plomb en or.

Ce jour-là, je prends donc le train pour les funérailles de mamie. Problème à mi-chemin. Nous devons prendre un bus. Je me souviens parfaitement de ce trajet interminable sur des routes défoncées. On aurait dit que le bus n'avait pas d'amortisseurs. Je me tiens le ventre. Chaque vibration, chaque trou dans l'asphalte me fait l'impression d'une décharge. J'ai peur pour le fœtus. Peur qu'il se décolle. Que cette route le fasse trop bouger. Je voudrais descendre. Arrêter ce voyage. Faire une pause. Mais je vais jusqu'au bout, contrainte d'arriver à temps pour l'enterrement. J'ai l'impression qu'il y a moins de vie en moi. La peur peut rendre paranoïaque. Je décide d'oublier ce terrible voyage. Pourquoi me suis-je portée volontaire au lieu de rester à la maison tranquillement comme me l'avait suggéré ma gynécologue ? Ce qui est sûr, c'est que je retrouve ma mère en pleurs à l'enterrement, qui ne peut s'empêcher d'annoncer la bonne nouvelle de ma grossesse à quelques intimes. Sûrement pour soulager sa peine. Nous disons adieu à mamie. Je la regarde partir, son cercueil est incinéré. La mort bien présente côtoie la vie de mon ventre. Adieu à une génération.

Quelques jours plus tard, réveillée en pleine nuit, mon visage se déforme. Je dis à Gaël sentir la mort en moi. La vie s'est éteinte, je le sens. Je pleure. À peine ai-je prononcé ces mots qu'une violente contraction me jette hors du lit. L'expulsion de l'œuf se passe si vite que je n'ai pas le temps de réagir. Je viens de perdre mon bébé ! Et les contractions terribles me font hurler au milieu d'une hémorragie. Nous sommes si désemparés qu'il nous faudra deux heures de souffrance avant de partir aux urgences. La traversée dans Paris devient un calvaire, chaque vibration de la voiture, une horreur. Arrivés aux urgences, on me laisse dans un couloir sur un brancard à six heures du matin. Cela fait deux heures que je saigne, que je souffre. Puis commence la traversée du désert avec un tas de personnes auscultant à tour de bras mon entrejambe, entre les différents services qui se juxtaposent. Entre ceux qui ont fini et ceux qui commencent leur service, il faut recommencer à expliquer, à montrer mon sexe, à laisser tripoter mon intimité. Personne ne semble prendre en compte ma peine. Même les femmes du service. J'hallucine. Non, EstELLE, toutes les femmes ne sont pas empathiques, maternelles, douces, aimantes et câlines… Même dans la médecine. Les internes me parlent d'un ton neutre, froid et distant, comme une tâche à accomplir parmi leur emploi du temps de folie. On me dit qu'une femme sur trois fait des fausses couches. Surtout pour la première grossesse. Et vu le ton limite méprisant, je l'interprète un peu comme une injonction à ne pas me plaindre. Rien à faire de ma souffrance. Comme d'habitude, il me faut être forte. Sauf que j'ai fait un chemin spirituel depuis… Et j'écoute cette souffrance. Je ne veux pas la mettre sous un tapis comme une vulgaire chose qui arrive à tant de femmes. Chaque femme reste unique et mérite le respect qu'impose la vie. Merde alors !

Je suis en colère et sans force. Gaël fait son possible mais, désemparé, il ne trouve pas toujours les mots. Je le comprends. Pas facile pour lui non plus. Puis, après des heures interminables, épuisés, nous rentrons à la maison avec une sensation de vide intérieur. Je suis comme éteinte. Au revoir, mon bébé. Je pleure des jours et des nuits, faisant chambre à part, avec le besoin d'être seule, de me retrouver pour tenter d'oublier. Je pleure en silence, sans montrer tout mon chagrin à Gaël, trop désemparé. Il ne sait pas quoi faire, à part être là. Ce qui est déjà beaucoup. Il caresse longuement mes cheveux les soirs lorsque nous nous retrouvons après son travail. Dans le silence, nous savons que nous devons traverser cette épreuve ensemble. Ne pas nous désunir. Ne pas nous en vouloir. Mais facile à dire. Je m'en veux terriblement. J'ai l'impression de ne pas être capable de donner la vie, ressentant une pression continuelle de l'entourage sur la maternité. Vous savez, tous ces gens qui vous harcèlent sur la parentalité dès que vous êtes en couple. Il y avait notre souhait d'être parents et la pression des autres à l'être. Ce qui créait une sorte d'urgence qui ne correspondait pas à notre nature désireuse de prendre notre temps. Au bout d'une année ensemble, on entendait sans arrêt parler de bébé. Il faut dire que j'allais avoir bientôt quarante ans ! L'horloge biologique criait tout autour de moi, avec des gynécologues limite à m'engueuler de ne pas m'être réveillée plus tôt. (Excusez-moi, mesdames, d'avoir rencontré le bon père à trente-huit ans ! Et faire un bébé toute seule ne faisait pas partie de mes plans !)

Un an après, nous tentons une insémination artificielle sous les conseils du meilleur gynécologue de Paris pour la procréation médicalement assistée, paraît-il ! À deux cents euros la séance, il paraît que c'est un magicien. C'est dire si on était motivés ! On suit donc un protocole d'insémination, lequel me laissera un mauvais souvenir. Arrivée à sa clinique, au moment que je considère sacré, le médecin se tient là, au-dessus de mon entrejambe, à faire des *private jokes* avec son assistante. On dirait même qu'il la drague.

Quand il m'injecte vulgairement ce qui peut potentiellement devenir mon bébé, je me sens peu respectée, comme un vulgaire numéro de sécu à qui on a donné sa dose pour avoir un enfant. Une vache qu'on insémine, oui, voilà en quelque sorte comment je me sens face à ces deux individus qui n'ont aucun respect de mon intimité. Suis-je trop spirituelle ? Ai-je le droit de vivre ce moment avec toute la notion sacrée que je mets dans l'acte de procréation ? Je me sens seule. Gaël n'est pas présent, étant au travail. Je sors de la clinique comme si j'y étais allée pour une prise de sang. Or, à ce moment-là, peut-être que la vie se met en mouvement. Pourquoi suis-je si triste ?

Notre tentative d'avoir un enfant vient d'échouer. Alors à quoi je sers ? Je suis effondrée. Beaucoup de questions vont m'assaillir. Désemparée face à ce deuil nécessaire, une femme saura me soutenir pour retrouver ma dignité et mon amour. Marianne Roques fait son entrée dans ma vie. On m'a dit qu'elle fait des miracles, aide les femmes à enfanter, guérit de nombreux maux féminins. Parfait. Si elle peut m'aider à cicatriser ce féminin meurtri, cet irrespect ressenti aux urgences, cette non-écoute de ma blessure de femme et de mère, je prends. Sa technique passe par le son. Elle harmonise avec sa voix. Après la lecture d'âme, plus rien ne me surprend. Je reconnais cette technique ancestrale, puisque moi-même je l'aurais utilisée. Et il est vrai que je suis familière à ce soin sans l'avoir expérimenté. Je me laisse conduire par sa voix. Après un chant profond et guérisseur, elle partage ses visions. Il semblerait que je sois une fois dans mon masculin, une fois dans mon féminin, mais jamais ensemble. Comme si j'étais coupée en deux. Elle va m'aider à harmoniser les deux. Il n'y a pas de problème masculin féminin. Il y a un problème sur la manifestation de ce féminin grâce à mon masculin. Elle travaille à régénérer les chairs de l'utérus abîmées par la fausse couche. Les lunes ont repris avec intensité. Il n'y a pas eu de curetage apparemment. Donc l'œuf ne peut pas se poser. Selon elle, il va falloir arrêter de travailler autant sur moi. Je suis maintenant suffisamment outillée pour vivre une vie sans l'aide de thérapeutes. Elle veut bien m'aider, mais me promet que cela va être court. J'irai la voir pendant un an, le temps de cicatriser la douleur. Et puis, dans ses visions, elle sent le travail trop intensif sur moi des machines quantiques du professeur Amrani Joutey, expérimentées au Maroc. L'élimination des mémoires doit se faire dans la douceur. Tout est sorti d'un seul coup. Trop fort pour moi. Inutile de me faire subir autant de décapage énergétique ! Pour elle, je dois cesser ce travail avec les machines, je suis suffisamment vibrante et je dois au contraire me densifier. Vivre dans la matière. Ce n'est plus la peine de décaper, de me dépasser sans cesse. La méditation me suffit largement. Enfin une personne douce, qui me donne la sensation d'être complète. Il est temps d'accepter qui je suis, faire avec. Sans violence…

Nous nous voyons une fois par mois. J'y vais parce que j'aime partager avec cette femme qui ne me juge pas et m'accepte telle que je suis. Nous parlons de cette fausse couche, qui m'oblige à regarder la vie autrement. Après le deuil, arrive l'acceptation. Particulièrement lorsqu'elle partage avec moi sa vision d'un conflit avec l'enfant qui veut venir d'un autre plan (parce que l'âme choisit de s'incarner dans ses parents). Pour elle, le message est clair : je dois me réaliser en tant que femme avant d'être mère. D'ailleurs, rien n'est certain sur la maternité. Les enfants des autres sont bienvenus, mais nous ne sommes pas prêts pour qu'un enfant prenne toute la place. Il ne faut pas m'en faire. L'adoption semble plus adaptée à notre couple. L'enfant maternel ne semble plus dans notre karma. D'ailleurs, elle me voit plus comme une mère spirituelle apportant un message qu'une mère physique. Ah bon ? C'est quoi une mère spirituelle ? Une femme nourrissant sa communauté par des soins spirituels comme l'art par exemple, un soin qui parle à l'âme...

Nous avons parlé des heures de ces drames avec Gaël. Nous ne voulons plus forcer le destin. Les injections d'hormones, les attentes et déceptions, cela ne nous ressemble pas. Si la vie veut que nous soyons parents, alors cela arrivera naturellement. Je n'ai pas traversé les océans, bu la plante médecine, pratiqué un chemin spirituel pour forcer le destin. Et il me répète qu'avec ou sans enfant, ce qui compte pour lui, c'est de m'avoir rencontrée. Pour le reste, il n'est même plus si sûr de désirer un enfant. Il ne sait plus trop. Sa sœur a donné naissance à un petit garçon et une petite fille qui nous comblent de joie. Nous aimons les voir, partager des moments avec eux. Sur la route du deuil, nous sommes parfois indécis sur la parentalité. Je ne suis plus certaine que Gaël soit prêt à éduquer un enfant quand je l'observe avec nos neveux et nièce. Je me mets à douter. Et puis, avec le temps, il y a un moment où il faut accepter que tout ne se passe pas comme on le souhaite. Premier pas vers plus de paix. Nous acceptons. Ce qui sera, sera… Je me sens mieux. J'ai envie de vivre !

Le cri du corps : l'endométriose

« Je t'entends si fort dans la douleur
Tu me tords le corps et j'ai si peur
Tu envahis mes cellules à tort
Tu m'entraînes peu à peu vers la mort.
Endométriose… Je t'ai en overdose[16]*… »*

J'ai si mal au ventre ! Quel jour est-on ? Oh misère, voilà les lunes rouges qui débarquent plus tôt que prévu… Comme je déteste avoir mes règles ! Je ne supporte plus rien. Et surtout, je n'ai jamais rien compris à ce foutu cycle. Je dois encore me coucher, et ce, dès le premier jour. Il me faut un antidouleur. Mais rapidement, j'ai des vertiges. J'ai chaud, j'ai froid. J'ai mal au ventre. Comme des coups de couteaux à l'intérieur de moi. Je cours dans la rue, vite, vite ! Un grand bol d'air. Je me rue dans la première pharmacie. Mais les douleurs s'intensifient. Contractions ou colites ? Je m'écroule. La pharmacienne appelle les urgences. Je n'ai jamais eu aussi mal. J'ai l'impression de crever ! Les contractions sont si violentes. J'alterne entre le chaud et le glacial. Je transpire, alors que j'ai froid. J'ai peur de mourir ! On dirait une

16. Extrait du poème/slam « Endométriose en overdose », EstELLE Penain.

hémorragie entre mes cuisses ! Je sens le sang chaud dans ma culotte. Et les pompiers qui n'arrivent pas. Je me sens si mal. La douleur irradie tout mon corps, et sa violence est telle que j'ai peur de perdre conscience. Je respire vite et fort, haletant comme un petit chien… (Voilà le genre de crises que je vivrai plusieurs fois par la suite…) Je me traîne aux toilettes, accrochée au bras de la pharmacienne. Impossible de rester debout. Je m'écroule à nouveau, dans un tsunami de contractions. La pharmacienne me donne deux antidouleurs. Je dois attendre trente minutes pour qu'ils fassent effet.

Les pompiers viennent d'arriver. Tension basse. Ils me posent des questions, mais je n'arrive plus à parler tellement la souffrance paralyse tout mon corps. Ils me passent de l'eau sur le visage. Ils descendent leur brancard. Je ne veux pas aller à l'hôpital. Je leur demande d'attendre l'effet des médicaments avant de m'y emmener. Mais ils n'écoutent pas. La procédure est la suivante : un appel et direction l'hôpital pour une visite auprès d'un médecin. Je n'ai pas la force de lutter. Et me voilà sur la civière. Un pompier me parle. Il est très gentil. Je n'avais jamais vu de pompiers si près. Vraiment sympas, ces hommes qui sauvent les autres. J'en oublie la douleur, jusqu'à une nouvelle contraction. Punaise. Je vais accoucher d'un alien, ou quoi ? Serais-je enceinte ? Je pleure. Les vibrations du camion me font l'effet d'un marteau-piqueur tant je suis à fleur de peau. On me descend rapidement. Me voilà dans le couloir des urgences sur un brancard. Les pompiers me disent au revoir, alors que l'effet du médicament commence à agir. Une heure plus tard, me voilà sur un autre brancard. Les jambes écartées, j'ai droit à une consultation. Échographie et tout le tralala. Je suis bonne pour attendre encore. J'ai maintenant très envie de dormir. Mes paupières sont lourdes, la fatigue des règles. Je n'en peux plus. Je perçois une voix. J'ai mal partout. J'ouvre les yeux. L'hôpital. Cela fait combien de temps que je suis allongée ici ? Chaque fois que je prends ces antidouleurs puissants, j'ai l'impression d'être shootée, droguée. Je n'ai plus de force.

Gaël arrive après son travail. Il me dit ne pas se rendre compte des douleurs que je traverse. D'ailleurs, il n'a pas sauté dans un taxi quand je lui ai annoncé que j'étais à l'hôpital. J'ai remarqué que cet univers créait comme un rejet inconscient chez lui. Une sorte de répulsion, que je soupçonne être liée à sa propre naissance, difficile (utilisation des forceps, bruits du métal qui tombe par terre…). Il est clair que tout ce qui a trait à l'hôpital, à la maladie, à mes crises de douleurs le rend bizarre. Comme anesthésié. Mais il fait du mieux qu'il peut, j'en suis sûre… On m'annonce que je dois revenir faire des examens rapidement, mais il semblerait que cette hémorragie soulève des inquiétudes. Le médecin pense que j'ai fait une fausse couche en début de grossesse. Mais en réalité, j'ai juste eu des règles plus douloureuses que d'habitude…

Le lendemain, je suis terrassée par la fatigue. D'habitude, j'arrive quand même à travailler. Mais là, impossible de bouger. Mes douleurs à l'utérus ont duré longtemps. Je me sens faible. J'ai toujours eu mal pendant les lunes rouges, comme je le disais, aussi loin que je m'en souvienne. Mais je n'ai jamais voulu vraiment y penser. Je me suis toujours demandé si toutes les femmes souffraient comme moi. Entre femmes, nous n'en parlons que rarement… J'ai toujours été surprise par la nature de nos cycles qui se synchronisent. En effet, au bureau, au bout d'un moment, toutes les femmes se régulent en même temps. C'est incroyable. Nous pourrions en parler, tout de même ! Tous les mois, la même rengaine. Et tout ça, pour un ou deux enfants en moyenne. Pourquoi la nature ne nous a pas pourvues d'une période de reproduction, comme les animaux ? Tous les mois de décembre et janvier, en période d'hibernation, on serait fécondables. Le reste du temps, non. Pas de lunes rouges. Juste deux mois où l'on s'en donnerait à cœur joie pour les envies de parentalité, et pour les autres, petite abstention hivernale avant de reprendre nos ébats sexuels au printemps. Les règles m'empêchent de vivre ! Je n'y vois rien de bien, elles me font me plier en deux, m'empêchent d'être au top, me font me sentir sale et repoussante ; pendant les lunes rouges, je peux avoir envie de rien et de tout en même temps, détester ou adorer tout en même temps… Un bordel sans nom dont je me passerais bien. Et voilà qu'en plus cela devient hémorragique ! Je n'aurais donc jamais la paix ? La pilule ? Je n'arrive pas à m'y contraindre. Trop d'effets secondaires sur moi. Prise de poids, douleur aux seins, acné juvénile, chute de cheveux, nausées… La liste est longue.

J'ai vu plusieurs gynécologues sans arriver à trouver une personne chez qui je me sente bien, écoutée et non pas jugée. Je tiens à faire une parenthèse de mes années de suivi gynécologique sans entrer dans les détails mais sur le rapport patient/médecin. Est-ce normal d'entendre des remarques déplacées sur les douleurs que j'exagérerais selon certaines gynécologues ? Je suis perplexe aujourd'hui à propos de femmes gynécologues rencontrées sur ma route avec un vrai problème relationnel ! Celles que je rencontre sont dénuées de douceur et me font l'impression d'un rapport froid et austère qui n'aide pas à me sentir accueillie dans ce moment spécial de consultation intime. D'ailleurs, j'aimerais comprendre pourquoi les femmes sont contraintes à un suivi médical gynécologique toute la vie alors que les hommes ne le sont pas ? Le corps de la femme sexuellement active doit-il être contrôlé à ce point ? J'ai toujours trouvé étrange qu'on nous infantilise dans cette pratique de contrôle de notre système sexuel. Comme si la cavité utérine représentait un danger potentiel de maladie. Mais pourtant, les maladies sexuellement transmissibles touchent les hommes en grand nombre et personne ne les oblige à consulter un médecin tous les ans ! Quel drôle de concept a été mis en place pour nous obliger à être suivies en permanence, à consulter, à être palpées et retournées ! Parce qu'il m'est arrivé de me sentir bien vulnérable et mal à l'aise, entièrement nue, allongée sur une table froide, les jambes écartées, des mains palpant mes seins et entrant dans mon vagin. J'aimerais bien voir la réaction des hommes obligés de se faire palper l'anus régulièrement ? Pose-t-on sans arrêt la question aux hommes en leur mettant la pression sur la paternité, leur vie sexuelle, le nombre de partenaires ? J'ai vraiment la sensation qu'il y a de quoi s'interroger… Le suivi permet le dépistage mais alors, que le dépistage soit pour tous après tout ! Il y a des sites qui ont fleuri où les femmes peuvent enfin partager et se donner les bonnes adresses… Grâce à ces recommandations, j'ai enfin trouvé une gynécologue qui prend au sérieux mes douleurs. Échographie pelvienne. Et là, le verdict tombe : endométriose avec adénomyose au stade… Sans importance, je ne veux pas savoir. J'entends juste qu'à mon âge, je n'aurai plus d'enfant. À moins d'un miracle. Que je dois me faire opérer en urgence pour ne pas laisser l'endométriose proliférer dans mon corps. Parce que cette maladie se développe en dehors de l'utérus. Saloperie ! Je suis effondrée. Avoir des règles douloureuses pour rien… J'essaie de prendre la nouvelle à la légère, comme je fais souvent par réflexe quand la douleur est trop forte. Encore une fois, je pousse tout au fond d'un sac. Je me répète que ce n'est pas si grave… Je sors de la consultation avec mon dossier sous le bras. J'ai au moins la satisfaction d'apprendre que je n'étais pas la douillette que croyait mon entourage ou certaines gynécologues culpabilisantes, mais que j'étais bel et bien atteinte d'un mal profond. Maigre consolation…

Je m'effondre en larmes. Même avec le réconfort de Gaël, qui me rassure sur le fait qu'il m'aimera sans enfant, je reste persuadée qu'il me quittera pour une autre quand il en voudra un. Perdue, je n'arrête pas de pleurer. Je n'avais pas pensé tant que cela à être mère jusque-là. Alors pourquoi pleurer autant ? Je ne m'en rendais pas compte ? Oui, c'est peut-être ça ! Je ne réalisais pas que je voulais être mère. À force d'avoir vu des mères insatisfaites de leur vie, j'ai peut-être occulté mon envie de maternité ? Je me pose mille questions. Je n'ai pas envie de me faire opérer. En même temps, la gynécologue m'a convaincue de la nécessité de cette opération. Car cela peut s'aggraver. Atteindre d'autres parties du corps. Devenir invalidant. Toucher les reins, la vessie, coller les organes entre eux et même se nicher dans le cerveau. J'imagine le pire scénario. Je suis paniquée, entre ce diagnostic et ma peur des hôpitaux…

Pendant plusieurs semaines, je lis des tas de magazines santé avec l'impression de pouvoir attraper toutes les maladies, de voir des diagnostics dramatiques derrière chaque symptôme étrange. Du coup, j'arrête. Me voilà cataloguée MALADE. Quoi ? Je suis fatiguée, mais pas malade ! Je refuse cette étiquette. C'est trop facile. Voilà toute ma vie bouleversée parce qu'on m'a dit que j'avais une maladie incurable, que je ne serai jamais maman et que je vais souffrir jusqu'à la ménopause voire plus, à moins de prendre une pilule chimique ou me faire opérer. Je ne sais pas pourquoi, mais je ne sens ni l'une ni l'autre. Mon intuition me crie de trouver une autre solution. Mais laquelle ?

Gaël réalise que la paternité est compromise. Nous parlons d'adoption éventuelle. Si vraiment nous souhaitons devenir parents, nous pouvons envisager cette possibilité. Cette décision nous redonne du courage. Ni une ni deux, nous nous renseignons sérieusement sur l'adoption. Pour adopter, nous devons être pacsés ou mariés. Va pour le pacs. Rapide et efficace. Nous passons devant un être insensible à l'amour, un fonctionnaire qui récite son discours écrit comme preuve de notre union. Cela me fait l'effet d'un glaçon glissé sous mon pull. On ne fêtera rien. Juste une formalité pour adopter. Une bague et une bière en terrasse plus tard, nous reprenons le chemin de l'adoption. Il nous faudra quelque temps pour comprendre qu'au vu de nos âges, nous n'aurons pas la possibilité d'adopter un nourrisson. On nous parle d'enfant de sept ans avec un passé lourd. Pour le service d'adoption, nous sommes des parents parfaits pour des enfants à problèmes. CQFD ! Je veux bien avoir un profil sauveuse, mais franchement, à cet instant, ni Gaël ni moi ne sommes convaincus de notre capacité à éduquer un enfant avec une histoire de sept ans. Trop compliqué, trop difficile. Après des semaines de réflexion, cherchant à comprendre jusqu'où nous étions prêts à aller pour la parentalité, nous abandonnons l'idée d'adopter. Et commençons le chemin du deuil… Tristesse, colère, acceptation…

Dans le même temps, je dois lutter contre l'endométriose. Ne pas lui permettre de s'étaler davantage dans mon corps. Je viens de prendre conscience que je ne serai pas tout à fait une femme comme une autre. Celle qui se voyait se marier, avoir des enfants et un jour devenir grand-mère. Je fais partie de cette minorité importante silencieuse (une à deux femmes sur dix atteintes d'endométriose). Je ne veux pas être cataloguée. Je refuse de m'inscrire à la Sécurité sociale comme malade longue durée ou un truc dans le genre. Pour ne pas cautionner cet état. Je veux bien l'accepter, mais pas lui donner à manger. Et j'ai bien l'intention de guérir. Le corps parle. Et si mon corps malade me donne une information, je dois la saisir pour mieux la transformer. Cette maladie doit être arrivée dans ma vie pour me dire quelque chose… Je suis persuadée que le chemin spirituel que j'ai accompli auparavant a permis à la maladie de ne pas trop se développer. Parce que j'ai l'impression qu'elle n'existe pas depuis huit ans, comme le suggèrent les médecins, mais depuis mon adolescence. En effet, j'ai toujours eu très mal au ventre pendant les lunes. La prise de la pilule très jeune m'a permis de calfeutrer ce mal en empêchant le cycle naturel de se produire. Un couvercle sur la cocotte minute qui s'est désintégré au fur et à mesure que j'ai travaillé sur mon corps, en somme. En harmonisant le corps et l'esprit, en permettant aux mémoires inconscientes de voir le jour à travers l'expérience amazonienne au Pérou, la maladie s'est manifestée pour être entendue. Voilà ma conception des choses. Parce que le déni peut cacher longtemps un problème, mais il y a toujours un événement pour faire jaillir ce qui doit être vu. Et la fausse couche a joué ce rôle. Elle m'a mise devant les questions de vie et de mort. Et moi, j'ai envie de vivre !

Sur Internet, je découvre des témoignages parlant de guérison, alors que la médecine parle de maladie incurable. Je creuse. Je fouine, à la recherche de toutes les informations possibles sur cette maladie. Je découvre que 10 à 20 % des femmes sont touchées par ce mal, qui développe des cellules en dehors de l'utérus. C'est cela qui crée des douleurs atroces, invalidantes pendant les lunes – et même en dehors, pour les cas plus graves. Les douleurs sont telles qu'elles peuvent conduire à tomber dans les pommes, comme je l'ai moi-même expérimenté plusieurs fois. 30 à 50 % des femmes touchées ont des problèmes de fertilité à cause de cette maladie. Ce sont donc des millions de femmes à travers le monde qui sont concernées. Des millions ! Et comme les victimes de cette maladie connaissent une errance médicale, cela nous conduit souvent à devenir nos propres laboratoires.

Pendant une année, je décide d'essayer de prendre soin de moi, et si rien ne marche, alors je me ferai opérer. Je dois tenter autre chose, avant ça. Je le sens. Je me mets en recherche d'informations pour changer mon alimentation, ma façon de vivre trop sédentaire et ma vision de la féminité. J'apprends que le gluten, les aliments acides, l'alcool, les produits laitiers et la viande sont facteur d'inflammation. Sur une période de trois semaines, je fais un test, en arrêtant de manger du gluten et, en effet, je dégonfle, mes lunes rouges semblent moins difficiles, et mes problèmes intestinaux ont diminué. Mais il faut du temps pour changer complètement ses habitudes alimentaires... Je travaille beaucoup derrière mon ordinateur, à écrire. Et durant ces huit heures, happée par le flux créatif, je peux oublier de manger et de bouger. Pas bon du tout. Je me mets du coup une alarme, pour me sortir le nez de l'écriture et de l'écran. Puis, grâce à l'arrivée de mes chiennes dans notre foyer, j'alterne sorties et balades au bois avec les temps d'écriture. Un nouvel équilibre commence à se dessiner…

Je cherche également à mettre en pratique tout ce que j'ai appris pendant mes années d'initiations. Sons vibratoires, auto-harmonisations, méditations, visualisations, prières. S'il n'existe pas de remède à la maladie actuellement, je dois entendre ma partie divine. Demander de l'aide par la prière et me mettre dans l'accueil en respirant consciemment. Cela peut paraître étrange pour un cartésien, mais à ce moment-là, je ne trouve pas d'autres solutions à ma portée, excepté l'alimentation anti-inflammatoire dont j'ai parlé, la danse, la marche et les outils thérapeutiques. Je me connecte tous les jours à la respiration pranique. Après quarante-deux jours de pratique, prête à reprendre une troisième série de vingt et un jours de Pranayama, une grippe intense me terrasse au lit : fièvre, gastro, bronchite, fatigue intense, toux… Cela faisait longtemps. Parce que j'ai oublié de le dire, mais depuis mon travail énergétique et mon initiation au Pérou, je n'étais presque plus malade au niveau ORL. Comme à chaque fois que je reçois un choc émotionnel, le corps réagit. Apprendre que je suis malade m'a sûrement bien plus perturbée que ce dont je me suis convaincue… Encore une fois, je suis plutôt forte à ce jeu. Sauf que là, atteinte de cette très forte grippe, je ne peux plus méditer ni respirer. Cette coupure forcée me contrarie. On dirait que j'ai perdu tous mes anciens repères. Je mange très peu depuis quinze jours, voire pas du tout, je ne me nourris que de tisanes. Je me sens vide, ruminant la maladie et la conséquence sur mon infertilité potentielle. Alors à quoi je sers ? Une femme sans enfant. Je suis entourée de pondeuse. Sauf moi. Pourquoi ? Je n'ai jamais pensé vraiment à la maternité et pourtant j'ai toujours aimé les enfants. Est-ce en lien avec l'endométriose ? En lien avec ce désir de garçon gravé dans mon inconscient ? Aurais-je peur d'accoucher ? Oui, j'ai peur de mourir en accouchant ! Je n'y avais jamais pensé, mais cela me terrorise. Plus qu'être enceinte. (Plus tard, lors d'une retraite spirituelle, j'aurai la vision d'être morte en couche dans une vie antérieure…)

Cette maladie m'oblige à observer ce côté guerrier qui m'a conduite à vivre comme un homme dans cette société patriarcale. Je ne crée pas, je n'ai pas donné vie à un enfant, j'ai des problèmes liés au féminin avec l'endométriose et des lunes douloureuses anormales. J'aimerais tellement me sentir toujours en pleine forme. Comme un homme. Linéaire.

Mais quand vas-tu accepter que tu es cyclique, ma fille ? Tu ne peux pas être d'humeur égale, puisque la nature t'a donné un cycle pour enfanter. Tu passes par des taux hormonaux différents. Et tu regorges de multiples émotions. Il va falloir les accepter un jour ou l'autre.

Et voilà, je pleure. Si je ne peux pas donner la vie, il faut que je nourrisse quelque chose. Si ce n'est pas une famille, est-ce une communauté ? Dois-je écrire pour les autres ? J'aimerais me couper du monde. Mes hormones me dérangent. Ce yoyo émotionnel épuiserait un régiment. Comment être disponible aux autres, avec si peu d'énergie ? Généralement, je vais chercher le peu qu'il me reste pour faire bonne figure… Mais, depuis quelque temps, je commence à en avoir marre de me mentir, de faire semblant d'aller bien alors que j'ai mal dans ce ventre, dans cet utérus en vrac et ces intestins en résistance. Il me faut écrire pour exorciser.

Pas de flagellation, juste de l'observation. Pas de contestation, juste de l'appréciation. Pas de jugement, juste de la critique constructive. Pas de haine, juste de l'amour. Pas de drame, juste des faits. Pas de solitude, juste du recueillement. Pas de rejet, juste du retrait. Pas de cri, juste de la colère saine. Pas d'entêtement, juste de la persévérance. Pas de laisser-aller, juste du repos mérité. Pas d'exagération, juste de la précision. Pas d'orgueil, juste de la prestance. Pas d'ego, juste des gouttes de l'âme. Pas de bruit, juste de la musique.

Je sens une colère contenue depuis tant d'années (et peut-être même celles des autres femmes), une immense tristesse, noyée dans la fatigue. Je ne sais que faire de ce remue-ménage intérieur. Mon esprit semble naviguer entre deux eaux troubles de lumière et de noirceur. Tout se confond. Je perds pied. Je hais cet état. Car finalement, je ne sais pas ce que c'est, que d'être une femme. Et il me faut donc une grippe pour me mettre au lit et cette maladie incurable pour m'imposer un changement de vie et me rendre compte des choses ? Observer la femme que je suis devenue ? Je suis une femme. C'est une évidence de par mes attributs sexuels. Mais, finalement, je ne me connais pas. Juste ce qu'il faut pour vivre dans ce monde d'hommes. Insensible, forte, guerrière, pour me faire accepter ou me battre pour ma place. Mais cela ne me remplit pas de joie. Je n'ai plus envie de lutter ou de fuir. Je veux juste vivre. J'en suis arrivée à détester les règles, à désirer être un homme. Je déteste être femme. C'est sûr que cela n'aide pas à se sentir bien dans sa peau… D'autres femmes vivent leur cycle agréablement. Enfin, tellement peu… Je dois en parler avec d'autres femmes.

Je respire souvent en suivant la technique du Pranayama pour aider mon corps au niveau cellulaire. Je sais maintenant que cette respiration peut guérir mon utérus malade. Les cellules entendent les messages du cerveau. Je considère ainsi mon cerveau comme un ordinateur à qui je donne des consignes. Les cellules obéissent au programme. Il suffit de contrôler les pensées, d'amener la conscience dans l'utérus et de visualiser la lumière. Le miracle peut se produire. Je sens un relâchement et un nettoyage profond que je ne peux expliquer rationnellement. Je n'irai pas voir de médecin pour lui certifier que cette voie peut sauver des vies, mais j'y crois. Et la croyance fait des miracles, il suffit de regarder la religion. Alors pourquoi mettre mes croyances dans un Dieu inaccessible, alors que mon cerveau, ce formidable récepteur, peut accomplir des miracles ? Je m'en remets à lui. Au moins, il existe. Je le vois. Je le sens. Je peux le maîtriser en apprenant. Le contrôle de l'esprit existe. Au moins un contrôle utile. J'en ai la preuve, avec cette respiration pranique. Quelle découverte exaltante. Juste en respirant, je vais changer ma vie. On m'aurait dit cela il y a quelques années, j'aurais rigolé. Mais aujourd'hui, j'expérimente. Mon corps semble une machine incroyablement perfectionnée sous couvert de s'intéresser à elle comme on le ferait pour un logiciel. Regardez l'informatique : n'est-ce pas un ensemble de données, d'informations créant un univers de codes, un langage en soi ? Si. Et le corps ? N'est-ce pas un ensemble de données, d'informations, de cellules, un langage en soi ? Aussi. L'aventure ne fait que commencer.

Apprendre à respirer doit me permettre de vivre l'instant présent en évitant de me laisser entraîner par mes pensées. Pourtant, je continue d'élaborer des idées dans mon cortex bouillonnant.

La différence par rapport à ma vie d'avant les initiations, c'est que maintenant, je le sais. Je l'ai vécu. Si les pensées surgissent, il faut revenir au Prana. Sans attention ni intention, je perds mon temps ! La pensée est tout ! Le Prana (la conscience inspirée) va là où je lui dis d'aller. Or, si je pense à autre chose, le Prana se disperse. Je perds donc mon temps par rapport à l'intention que j'avais de libérer mes résistances, ces mémoires inscrites au cœur de mes cellules, en les chassant de mon corps par l'action de la lumière. Par la respiration, je retrouve peu à peu l'instant présent, la joie, l'attention, l'intention, l'harmonie, l'équilibre et l'amour. Je prie, je demande chaque jour ces cadeaux de l'Esprit. Et il est vrai que la colère semble s'atténuer. Elle explose parfois de manière incontrôlée. Parce qu'elle a été si longtemps enfouie, elle trouve une échappatoire pas toujours agréable ou bienvenue pour les autres. Je passe un cap où je ne supporte plus aucune contrariété. Laissez-moi vivre telle que je suis ! Ne m'ordonnez plus rien, ne me dites plus comment je dois m'habiller, me maquiller, parler, ce que j'ai le droit ou pas ! Stop ! Je n'entends plus aucun interdit ! Je veux me laisser porter par la vie. Jusque-là, sans m'en rendre compte, je vivais dans une lutte chronique ou alors je prenais la fuite. En résistance ou en échappatoire. Dans la respiration, le temps semble suspendu. Il ne reste plus que l'être. L'instant. La seconde. Cette virgule temporelle. J'arrête de faire, je veux être.

Oui mais, tu crois quoi ? Tu crois que tu peux passer ta vie à être ? Sans rien faire ?

Si. Faire quelque chose qui me nourrisse. Qui me fasse du bien.

Parce que tu crois que tu es là pour te faire plaisir ? Pour qui te prends-tu ? Tu dois te sacrifier pour les autres. Pas pour toi. Tu dois travailler. Être productive.

Chaque jour, cette litanie revient dans ma tête comme un avertissement à trop de bonheur. Un peu de plénitude ? Hop, le censeur me rappelle que, dans ce monde, mes états d'âme n'intéressent pas. Tu ne rapportes pas de capital en pensant. Je n'en peux plus de t'entendre, sale mental ! Tu me fatigues. Oui, j'ai envie de retrouver les fragments de mon être. Ceux que j'ai oubliés au fond de mon âme. Aller creuser à l'intérieur, là où personne ne peut aller à ma place. Je l'ai trahie. Je l'ai oubliée. Il n'y a pas que les hommes qui sabotent ce féminin. J'ai eu moi-même peur d'aller creuser au fond de moi. Car ce qui ne se voit pas fait peur. Quand on est enfant, rien ne semble impossible. Le rêve fait partie de nous. Mais avec la vie d'adulte, nous oublions cet état d'être naturel, obscurcis que nous sommes par nos peurs et croyances. Je cherche aujourd'hui les fragments de mon féminin. Cette énergie profonde ne me fait plus peur. Dans les ténèbres, je peux renaître. Car c'est au plus profond de mon cœur et de mon ventre que se niche l'autre partie de mon être. Mon féminin.

La lumière s'infiltre dans chaque fêlure, dans chaque recoin de ma tête, de mon ventre, de mon utérus, de mes pieds. Partout, je la sens. Une vibration. Une sorte de gomme énergétique. Un remède à trop d'années de déni et d'ignorance. Mon corps répond aux rigidités du cerveau pouvant éteindre une partie de lui comme on éteindrait une pièce d'une maison, la laissant sans vie, l'oubliant. Or, là où il n'y a pas de vie, pas de lumière, pas de mouvement, il existe de l'espace pour l'autre versant : la mort. Alors, pour se faire entendre, pour que cet espace vidé de vie renaisse, le corps envoie un signal : la maladie, la douleur ou des alertes comme des malaises. Arrive le moment où la capacité à ressentir entre en jeu. Et quand on se protège trop, le déni empêche presque toute possibilité de ressenti… Mais la protection a des failles qui, un jour s'ouvrent pour libérer ce non-dit trop longtemps caché… Je comprends l'endométriose, maintenant. Ce « mal a dit » combien la féminité et la maternité ont été occultées de mon cerveau. Est-ce l'envie de rester la petite fille à sa mère, cherchant encore à se faire protéger ? Est-ce cette impression d'avoir passé un contrat avec mon âme pour arrêter la filiation face à ce féminin toujours blessé dans ma lignée, de génération en génération ? Est-ce que je crois qu'il faut être mère uniquement pour être aimée et respectée par sa famille ?

Quand la peur et les anciens mécanismes refont surface, quelques exercices de yoga peuvent changer l'humeur et surtout apaiser le mental. Je me concentre sur les postures qui me viennent naturellement. Ne plus me forcer. Laisser le flux de l'inspiration me guider tout comme l'écriture. Ne plus vivre le yoga comme un sport ou une discipline, mais comme un acte créatif avec le corps. Cela change complètement la pratique. Avant, je rechignais parfois à m'y mettre. Aujourd'hui, je crée des postures selon le désir du moment. Un matin, j'ai envie de douceur. Donc : étirement, respiration, posture douce, musique planante, méditation. Joie. Bien-être. Puis envie de danser. Je mets une musique électro tribale puis afro-house et me voilà en train de sauter partout dans l'appartement. Prendre soin de moi… Enfin ! Après cette danse tribale, je finis en lotus sur mon coussin pour sentir les bienfaits de cette pratique. La concentration sur la respiration porte ses fruits. La respiration, ce médicament universel à portée de tous reste un outil incroyable pour dépasser des blocages, revivre une naissance ou pour ressentir la paix intérieure en méditant. Depuis que je médite, je perçois des vibrations différentes. Comme si mon corps devenait une antenne, réceptionnant les énergies qui l'entourent. Parfois, il me prévient par des maux de tête. Le signal d'une pollution magnétique, comme un ensemble d'énergies basses, sombres, mentales, douloureuses parfois. Il suffit que je quitte le lieu pour que la migraine disparaisse.

Pour finir, une douche en conscience. L'eau coule. Sensation sur chaque partie de mon corps. Gratitude de cette eau en abondance qui arrive jusqu'à moi. Quand d'autres doivent marcher des kilomètres pour quelques litres d'eau. Ne pas l'oublier. Ni culpabiliser d'être née dans un pays riche. Remercier. Apprécier et ne pas gaspiller. La gratitude remet les choses à leur place. Le yoga de l'esprit combiné avec celui du corps devrait faire des merveilles. Pour la première fois de ma vie, à plus de quarante ans, je m'offre un massage à domicile. Ayurvédique. Les mains de cette femme caressent mon corps entre douceur et fermeté. Juste ce qu'il faut. Remontée des méridiens. Travail profond sur le ventre pour aider l'énergie à circuler dans le bas-ventre. On a déjà vu des améliorations de l'endométriose, avec ce type de massage. Je savoure. Je me délecte de ce temps rien que pour moi. La masseuse est partie. Je reste seule, dans un bain de bien-être. Je joue à la maman. Pour la première fois, je réalise que la personne la plus importante de ma vie, c'est moi. Et non, rien à voir avec l'égoïsme. Que pourrais-je offrir à l'autre que je ne puisse donner à moi-même ? Je ne peux donner que ce que j'ai à offrir.

Tu as le droit de t'aimer, EstELLE.

La maladie m'a ramené les pieds sur terre, m'obligeant à m'occuper de mon corps pour guérir. J'apprends à devenir ma propre mère, celle qui soigne son enfant intérieur, son ventre, sa matrice pour donner vie. Je trouve alors des potions magiques grâce à un long travail de recherche. Personne ne me guide, je fais mon enquête à travers des livres, des blogs, des forums où, entre femmes touchées par la maladie, nous nous refilons nos tuyaux après une errance médicale nous ayant souvent déçues, nous sentant non accompagnées. Je reste à l'écoute des médecins, consciente qu'ils essaient de soigner avec les connaissances en cours. Et hélas, les solutions semblent réduites à la pilule, ménopause artificielle ou chirurgie. Heureusement, je découvre une ouverture à d'autres techniques, aux traitements des douleurs à l'hôpital Saint-Joseph où je participe à un groupe de parole. Je ne reste pas longtemps, ne me sentant pas dans mon élément entre des murs blancs maculés de quelques dessins d'enfants. Chacune raconte ses douleurs (des contractions à l'évanouissement), ses longues errances médicales sans trouver de solution (des gynécologues pas encore habitués à cette maladie, la plupart du temps), l'isolement social dû à la grande fatigue de cette maladie (combien de fois j'ai dû annuler un rendez-vous parce que j'avais des douleurs dues aux règles, ou à une fatigue insurmontable, mais cela devient difficile d'annuler toujours au dernier moment, et génère surtout une incompréhension pour les autres, un désert amical est donc de plus en plus flagrant…), les complications pour certaines vivant avec une poche à la place de la vessie, la portée de l'inflammation, les cellules migrées dans les poumons ou le cerveau, la non-reconnaissance de cette maladie par la société et la difficulté d'en parler (la maladie n'est pas encore médiatique, à ce moment-là), le tabou, la sensation d'être bipolaire puisque le mal ne se voit pas, les changements d'humeur incontrôlables, la détresse face à la sexualité ralentie, voire inexistante pour certaines, l'incompréhension des familles et des proches. Et la solitude, cette sensation de déranger si l'on parle de la maladie, parce que personne n'y comprend rien. Je ne me sens pas très soutenue. La seule différence entre avant et après avoir partagé cette maladie, c'est que je n'ai plus la pression d'enfanter. On me fiche une paix royale, dorénavant, on me regarde désormais plus avec pitié qu'avec compassion. « La pauvre, elle n'aura pas d'enfant. »

Je ne m'apitoie pas sur mon sort et je dois avouer que je partage mon ressenti uniquement si on me le demande. Or, c'est plutôt rare. Cela arrive de temps en temps, avec mes plus proches ou les copines qui ont connu aussi l'endométriose. Mais même elles ne s'attardent pas sur le sujet. Si certains prétendent qu'être malade vous ouvre les voies d'un plus grand soutien, moi, je n'ai pas vu de différence au niveau relationnel. Je trouve même que cela m'a plutôt isolée socialement. Je traverse la déception aussi. Mon petit cœur a bien du mal à comprendre le manque d'empathie de certains autour de moi. Que ce soit le burn-out, la fausse couche ou la maladie, il n'y aura pas grand monde pour faire le déplacement jusque chez moi. Mon téléphone ne sonne pas plus qu'avant. Et je ne suis pas la seule, apparemment. Du coup, je continue à utiliser ma légende personnelle : je suis forte, je réussirai aussi à dépasser la maladie par mes propres moyens ! La guerrière est de retour ! Heureusement, il y a les groupes de parole, les groupes Facebook où l'on peut vider son sac à l'occasion… Merci à toutes ces femmes. Parler de la souffrance est nécessaire. Grâce à elles, je prends conscience de l'impact de cette maladie dans la société, de l'errance des victimes, de leur douleur. Je réalise que je ne suis pas la plus à plaindre. Certaines ont les ventres balafrés et les opérations à la chaîne avec récurrence de la maladie. J'écoute leurs peines, j'entends la mienne mais finalement, je me trouve plutôt bien dans mes pompes malgré tout. Et puis, je n'ai pas envie de macérer dans les plaintes. Je préfère agir avec mon intuition et mes recherches. Tout cela doit servir à quelque chose…

Comment aimer être une femme ? La quête maternelle et la guérison du féminin meurtri

« Ta vie est un rendez-vous avec ton enfant intérieur
Tu as un mental pour traquer ton ego mineur
Mais surtout un cœur pour te relier à tout
Et un corps pour faire l'expérience du tout.
Sois fière d'être une femme.
Sois fière d'être un être humain avec une âme[17]*… »*

J'ai passé beaucoup de temps sur la quête paternelle et la guérison de ce masculin trop guerrier. Il est temps d'écouter la totalité de mon être. L'endométriose m'a parlé. Cette partie de mon être demande sa place. Ne pas être qu'une moitié. Mais une entité. Une unité. J'ai passé ma vie à vouloir tout comprendre. Je peux lire tous les livres de la Terre, rien ne remplacera la véritable expérience de la chair. Le corps, ce véhicule que j'ai négligé au profit du mental, de l'esprit. J'aimerais partager cela avec mes

17. Extrait du poème « Naître Fille ou n'être qu'une fille », EstELLE Penain.

amies femmes. Parfois, je ressens plus de rivalité que de solidarité entre nous. Ce qui s'explique par l'Histoire. Quand une femme ne pouvait exister que par le regard de l'homme, cela ne pouvait créer que des tensions et rivalités entre elles. Tout a changé, mais c'est si frais dans l'Histoire que je sens cette mémoire encore intacte dans notre ADN. J'avoue ne pas sentir beaucoup de solidarité entre les femmes. Comme si nous devions réapprendre à vivre ensemble au-delà des codes du patriarcat. En plus, je n'avais pas remarqué cela, mais en écrivant, je prends conscience que les plus grandes trahisons de ma vie viennent de femmes. Avec ce chemin spirituel, j'ai envie de partager autrement que derrière un verre de vin en apéro ou en thérapie.

Le temps des retrouvailles avec mes sœurs femmes a été le fruit de plusieurs étapes et a commencé pour moi après la lecture du livre *Femmes qui courent avec les loups*, de Clarissa Pinkola Estés, un livre de chevet ouvert chaque soir pour m'imprégner de cette nouvelle façon de voir la vie. La femme sauvage m'appelle, celle qui crie dans mes entrailles, celle qui danse avec la nature, celle qui est libre. La louve endormie semble se réveiller d'un long sommeil. Dans un partage ni médical, ni spirituel, je plonge dans la longue tradition des femmes, celle de l'entraide, en fréquentant des cercles, l'équivalent des tentes rouges actuelles. Entre nous, nous pouvons déposer nos fardeaux, trouver une oreille compatissante, partager nos soucis exclusivement féminins, nous retrouver comme autrefois, savoir qu'il existe un endroit bienveillant où personne ne nous jugera, oublier la dictature de la société sur nos corps, notre manière d'être et de vivre, bref, trouver un refuge dans cette jungle… Dans ces cercles, je ressens une sororité palpable dans l'air, à la différence des soirées « Girl Power » que je faisais avec quelques copines encore trop en colère à mon goût et qui ne le savent pas forcément ou ne veulent pas l'entendre. Boire de l'alcool en crachant sur les hommes, très peu pour moi, cela ne m'intéresse pas. Je comprends le désarroi de certaines, mais je n'ai pas l'énergie ni le temps pour cela. Je veux aimer et non pas juger. Fini le rock'n'roll, place à la douceur…

Ici, chacune de nous est invitée à se présenter. Apparemment, je suis au bon endroit pour trouver cette autre énergie, plus douce que les énergies guerrières de mes autres initiations. J'ai l'impression de retrouver des chamanes qui s'ignorent, ces êtres qui font le lien entre la nature, les animaux et les humains. Finalement, si je veux me sentir en paix, ne faut-il pas justement que je nage dans toutes les eaux qui me composent? Le féminin et le masculin? Alors j'élargis mon cercle de connaissances féminines. J'apprends à recevoir d'elles le fruit de leur chemin. J'entends certaines se dévoiler sans pudeur. La présence des femmes, leur chaleur, leur savoir-être me rappellent combien nous pouvons nous entraider. J'avais oublié. J'ai si souvent vu de la rivalité entre femmes que j'en avais oublié l'autre versant : la solidarité, la fameuse sororité. J'ai l'impression d'avoir enfin trouvé un groupe qui me convient. J'observe chaque femme. Sa beauté. Sa souffrance. Sa vie. Comme Laurène, qui dit combien il était mal vu de ne pas donner la vie pour une femme, à son époque. Combien cela vous écartait de la normalité. Elle raconte les avortements clandestins de sa mère et de ses grands-mères. Des souffrances occasionnées par ces fausses couches incomprises par les autres. Des morts engendrées par ces avortements sauvages, ces blessures inconsolables d'être obligée de tuer la vie quand on a trop d'enfants et peu de moyens. À l'époque, on ne parlait pas de ces choses-là. Laurène se met à pleurer à la fin de cette phrase : « *Finalement, nous, les femmes, dans cette famille, nous n'avons jamais été heureuses.* » Pour la première fois, elle partage sa fragilité avec sa fille, présente dans le cercle. Je découvre la vulnérabilité. Et l'espace qui existe pour l'accueillir. Tout me montre que nous sommes là pour apprendre à aimer. Nous sommes égales devant l'expérience de l'incertitude et de l'inconnu, mais différentes dans notre manière d'appréhender la vie. Et j'ai la chance d'avoir des outils qui n'existaient pas à l'époque de nos mères et grands-mères.

Ici, avec le bâton de parole pour que chacune de nous puisse s'exprimer et se présenter sans être interrompue, je palpe le respect et l'écoute, la bienveillance du groupe, la liberté d'expression, le partage des connaissances. Voilà les codes du cercle. Il n'y a pas un maître qui sait et des élèves qui écoutent. Il y a un cercle de connaissance partagée. L'énergie féminine semble apporter un halo de douceur palpable. Toute initiation devrait se faire au masculin féminin. Les femmes expriment leur ressenti actuel. Cela se passe de jugement. Je me sens en confiance. Et j'écoute avec attention. Je réalise combien notre civilisation nous a éloignées de rites ancestraux, pourtant très porteurs pour notre liberté d'être. Je me rappelle qu'à une époque, les femmes, ici même, en France, se réunissaient souvent pour honorer des rites païens en lien avec le cycle de la nature. Ce que nous appelons les naturopathes, ostéopathes et guérisseuses ne sont que les descendantes des soi-disant sorcières. J'ai été contaminée par les dessins animés qui en ont fait un archétype méchant. Une vieille femme porteuse de maléfices. À l'époque où l'on a tué des femmes par milliers sous prétexte d'hérésie et de chasse aux sorcières, on a voulu détruire les rituels qui rendaient les femmes porteuses d'un savoir ancestral pour guérir et aider l'humanité. On les a réduites au silence. Ces femmes vivaient souvent recluses dans la forêt, non pas parce qu'elles étaient méchantes ou affreuses, mais parce qu'elles étaient connectées à la nature et savaient vivre de ses fruits. Elles concoctaient des soins à base de plantes qui servaient à guérir les gens, elles savaient préparer des onctions de protection, des huiles pour le corps, des soins de guérison. Il me semble que nous sommes appelées à retrouver ces femmes pour réhabiliter ces rites ancestraux afin d'aider la terre à se regorger des énergies qui lui manquent par trop d'indifférence et mépris, tout comme le fait la société envers les femmes et le féminin. En honorant les femmes, on honore le cycle de la terre. Finalement, tout est lié. On a saboté la terre comme on a saboté notre féminin. Et aujourd'hui, il est urgent de recontacter cette polarité pour rééquilibrer ce monde trop yang, trop masculin, donc déséquilibré. Il ne peut y avoir de paix, si on occulte une partie entière de l'univers. L'univers est autant yin que yang. Donc oublier le yin, le féminin en nous, montre à quel point on oublie aussi de s'occuper de la terre, notre mère nourricière. Le respect doit commencer par soi et alors il devient évident de respecter l'autre, cet autre que l'on croit différent et extérieur à soi alors qu'il n'est qu'un élément d'un tout dans lequel nous vivons tous, une partie de ce que je suis.

Aujourd'hui, des cercles de femmes fleurissent partout dans le monde, il y a comme un appel dans le cœur des femmes pour changer ce monde trop violent. Quand il n'y aura plus rien à manger, plus rien à boire, que ferons-nous de toute cette rentabilité? Il n'y aura plus de rentabilité! Il est temps d'ouvrir les yeux : ce qui constitue notre richesse, c'est le sol sur lequel nous vivons. Et je crois qu'une prise de conscience commence toujours par soi. Donc regarder comment l'on se traite, comment l'on écoute son intériorité, comment l'on se cajole, comment l'on vit avec soi-même et ensuite avec les autres, avec la terre, avec le monde. Il ne peut y avoir d'évolution si on ne se respecte pas. Nous sommes des êtres de paradoxes, prêts à défendre bec et ongles certains animaux pendant qu'on mange d'autres espèces. Qui a décidé de la hiérarchie de la vie sur cette planète? C'est intolérable. Nous serions passés du stade animal au stade humain, et maintenant nous passons vers le stade divin. C'est-à-dire avec une conscience de plus en plus subtile qui englobe toute vie, toute énergie et qui sait utiliser son cerveau de mille manières.

Nous avons dépassé le stade instinctif, même si ce mode existe en nous dans le cerveau reptilien, nous ne sommes pas qu'animal. Nous sommes plus que cela. Et en ce sens, pouvons-nous assumer la responsabilité du respect de la vie, car nous avons le cerveau pourvu de cette capacité d'empathie ? Empathie envers toutes formes de vie. Empathie envers notre prochain. Empathie envers soi-même pour aimer ce qui est à chaque instant.

Le temps des retrouvailles a commencé, comme lorsque dans les temps anciens, nous lavions notre linge ensemble. Ces moments de partage ont disparu dans une vie aseptisée par la modernité. J'aime mon lave-linge, mais je regrette de ne pas voir plus souvent des femmes se réunir. Heureusement, ici et ailleurs, fleurissent des groupes de femmes. La fameuse sororité, la « consorie », la fraternité au féminin… Je vois de plus en plus de femmes s'émanciper. Se libérer de l'esprit de compétition et de la jalousie dans une envie d'entraide, malgré les nombreuses peurs qui nous assaillent encore. Car nous ne sommes pas habitués à la solidarité féminine pour la plupart, malgré la révolution sexuelle. Nous apprenons ou réapprenons ce que nous avons perdu en route... Mais nous sommes toutes d'accord sur le fait qu'il est temps de sortir de l'indifférence et du mépris envers les femmes et le féminin. Il faut en finir avec ce contrôle de l'homme sur la nature et sa prise de pouvoir sur les femmes. La femme risque de faire encore peur à ces hommes consuméristes, parce qu'elle touche à ce qui est exploité : la nature reproductrice des femmes (le patriarcat), les animaux (l'élevage) et la terre (l'agriculture intensive). Les femmes peuvent aider les hommes à prendre conscience qu'il faut arrêter de presser la planète comme un citron. Nous, les femmes, en général, n'avons pas besoin de contrôler la nature. Nous l'aimons. Elle fait partie de nous. Les artistes peuvent faire évoluer la société vers plus d'humanité, car il ne s'agit pas de convaincre mais de parler au cœur. Et le métier d'artiste n'est rien d'autre que cela.

D'ailleurs, j'entends parler de créativité dans ce cercle. De la difficulté à accepter cette part créative en nous au profit de la partie productive. Créer n'est pas un métier, pour beaucoup de nos contemporains. Ma voisine Céline raconte qu'il lui a fallu longtemps pour ne pas se sentir coupable de choisir une voie différente. Quand elle est avec des gens, elle a toujours un peu de mal à dire qu'elle est artiste, comme si le fait de créer était de la chance. Elle a choisi d'être, et non de faire ce qu'on voulait d'elle. Le problème, c'est qu'elle n'assume pas complètement. Elle se répète souvent cette phrase qu'on lui interdisait quand elle était enfant : « *Je peux me faire plaisir! J'ai le droit de vivre de mon art, de gagner de l'argent, en vivant une vie de plaisir, de bonheur et non une vie où il faut souffrir pour avoir l'impression de mériter ce qu'on gagne. Ceci est une croyance héritée du milieu ouvrier catholique dans lequel j'ai grandi. M'interroger sur ce monde pour m'améliorer, réfléchir à des solutions, apporter du rêve, proposer une autre vision, cela demande à s'extraire du connu pour s'autoriser à vivre autrement, différemment et parfois avec le sentiment d'être jugée et non reconnue. Mais j'ai pris l'habitude. Je me suis toujours sentie différente, partout où j'étais. Pas que les autres soient mieux ou moins bien. Non, juste que c'est souvent avec les autres artistes et les personnes spirituelles que je me sens le mieux. Or, ce n'est pas la majorité des personnes qui m'entourent. C'est pour cela que je suis avec vous ce soir. Pour me sentir plus proche. Plus en sécurité. Reconnue dans ma différence. Dans la femme créatrice que je suis devenue.* » Bingo, ses mots me vont droit au cœur. Applaudissements. Décidément, ces femmes partagent une parole chaleureuse et bienveillante. Les écouter berce mon cœur. Et me donne espoir d'un changement. J'en ai les larmes aux yeux.

Il y a aussi Isabelle qui parle de l'ego qui veut du résultat trop vite, du succès en permanence. Travaillant dans les ressources humaines, elle vient de faire un burn-out. Elle a alors quitté l'entreprise pour se lancer en indépendante, après plusieurs formations, dans le conseil sur le leadership éthique. Sa vie a changé. Elle me fait penser à notre cycle féminin : conception, gestation, accouchement. Renaissance. Elle raconte ensuite sa culpabilité par rapport au fait d'avoir du plaisir dans son activité. Du plaisir à conseiller sans attente. Et encore mieux, du plaisir à gagner de l'argent avec ses conseils. L'argent ! Gros dossier. Pourtant qu'est-ce que l'argent, si ce n'est une énergie d'échange ? Elle donne des conseils, les gens paient pour les recevoir, et ainsi le donner-recevoir fonctionne à merveille. Son histoire trouve une résonance particulière dans la mienne. Je n'ai jamais assimilé l'argent au plaisir, mais au labeur. Et pourtant, je sens qu'il y a cette autre voie. Gagner de l'argent en se faisant plaisir : plaisir de créer, de donner, de recevoir, de partager, d'aimer, de faire plaisir, le plaisir de collaborer, d'échanger, de vivre. Aujourd'hui, cette jeune femme apprend aux autres femmes à vivre dans le plaisir sans culpabilité, à s'accomplir sans douleur. Bravo ! Cela me parle complètement… Pourtant, j'observe combien il est difficile de gagner sa vie en tant qu'artiste. La musique, les films, la culture en général deviennent de plus en plus gratuits. Comme un dû. Pourtant, l'artiste (le/la créateur·trice) travaille dur pour partager sa création. Pour quelques minutes ou heures passées avec le public, combien de jours à créer ? Pour beaucoup, la motivation se trouve dans ce temps où le public aura eu cette étincelle divine dans l'iris, quand cœurs et âmes auront été touchés par l'œuvre. N'est-ce pas une raison suffisante pour rétribuer l'artiste ? Pourquoi certains râlent à l'idée de payer quelques euros pour vivre des émotions devant un spectacle ou découvrir une exposition, quand ils sont prêts à dépenser des centaines d'euros pour de la technologie ? L'un n'empêchant pas l'autre, bien entendu ! Mais n'est-ce pas aussi important de découvrir l'art comme un témoin de notre époque plutôt que de combler un vide en consommant à outrance? Tout cela me conforte dans mon envie de créer…

Peu à peu, je me découvre possédant plus de douceur. Plus d'empathie. Plus de qualités féminines. Je reste encore confuse sur mon envie de maternité. Partagée entre l'idée d'une population de plus en plus nombreuse, une démographie galopante à une époque où les ressources deviennent limitées, conséquence d'une consommation délirante, et l'impression que mon rôle de femme me demande d'enfanter, sans quoi je ne remplirais pas ma fonction. Et en même temps, je me dis qu'il y a différentes façons d'être femme. C'est assez trouble. Après la guerre, nous devions repeupler nos pays, mais aujourd'hui ne devrions-nous pas être raisonnables sur la natalité? Vouloir faire plus de deux enfants, est-ce raisonnable dans le monde d'aujourd'hui? Au-delà des croyances religieuses, sociales et culturelles, nous devons nous poser la question des ressources pour nos enfants. Soit nous changeons notre façon de vivre et de consommer et nous pouvons imaginer un avenir avec nos enfants, soit notre planète ne pourra continuer à supporter autant de consommation et nous risquons l'extinction de notre espèce à force de détruire l'écosystème, la branche sur laquelle nous sommes assis. Voilà où j'en suis dans mes réflexions. Et comme je le partageais au début du récit, je n'arrive pas à penser uniquement pour ma paroisse. Je ne peux m'empêcher de penser global. En chamanisme, mon animal totem est un aigle. Je vois loin et haut apparemment…

Je suis en chemin et je me nourris grâce aux cercles de parole, la nourriture féminine m'abreuvant de réflexions sur ma condition d'être humaine dans ce genre que certains ont nommé le deuxième sexe. Tout point de vue m'intéresse et vient me nourrir. Même des réflexions différentes que je n'aurais pas imaginées.

Un soir, une femme de caractère, Brigitte, qui se définit elle-même comme une fouineuse, une rebelle, pas du genre à gober tout ce qu'on lui sert comme information, nous raconte avoir fait sa propre enquête pour se faire sa propre opinion sur un point important, et clivant malgré les apparences. Le féminisme. En effet, selon elle, aujourd'hui, parce qu'on est femme, il faudrait revendiquer son féminisme à outrance sous peine de passer pour une « goujate » aux yeux des autres femmes. Sa pensée est la suivante : si le féminisme représente un mouvement politique, ce serait intéressant de savoir pourquoi une société machiste a laissé croître un mouvement politique de cette nature. Elle est persuadée qu'on nous a fait croire que le féminisme était un mouvement de la libération de la femme. Pure manipulation, selon ses recherches. C'est en fait un mouvement créé pour la lutte des sexes et des classes. Toujours avec cette volonté de créer de la division. Diviser pour mieux régner, un concept qui existe depuis des siècles. Et ça fonctionne! Il est vrai que ce mouvement a été salué et embrassé par de nombreuses femmes, parce qu'en effet il n'était plus supportable d'être traitées comme des êtres de seconde zone. Mais ce mot a contaminé la société en créant de la division. Elle dit que le mouvement féministe n'a pas été créé par des femmes. L'idéologie a été lancée en petit comité politique d'hommes pour doubler le nombre de payeurs d'impôts. Comment? En jouant sur l'émotionnel et sur l'envie légitime des femmes de s'émanciper. Et quoi de mieux que de mettre les femmes au travail, dissolvant ainsi la cellule familiale, créant une société fragilisée avec de futurs enfants déconnectés de leurs parents, donc livrés à eux-mêmes trop tôt…

Plusieurs femmes dans le cercle réagissent par des soupirs, certaines sont prêtes à bondir, partagées devant cet angle de vue proposant une vision inédite. Un malaise s'est installé dans la salle. Brigitte reprend son discours, très sûre d'elle. Elle raconte être passée par différentes étapes dans sa vie pour retrouver sa profonde féminité. Et ce qu'elle a vu, c'est un malaise constant des femmes actives, avec une insatisfaction chronique parce que coupées de leurs fonctions naturelles. Et le pire, c'est l'illusion de liberté alors que le système nous maintient dans la consommation et la compétition avec l'homme. La femme est devenue un bouc émissaire.

Une femme présente réagit violemment : « *Non, tu ne peux pas dire ça, nous nous sommes battues pour avoir plus de liberté !* »

Et Brigitte, toujours aussi sûre d'elle, de répondre quelque chose du genre : « *Oui, tu as raison, pour nous battre, nous nous battons! Mais qu'avons-nous gagné? La pilule? Un médicament chimique porteur de cancers? Des salaires inférieurs à travail égal? La course entre vie familiale, vie amicale et professionnelle avec des burn-out à la clé puisque la femme fait souvent des doubles journées? Et le summum… Un pénis psychologique pour la plupart d'entre nous! Nous ne savons plus être des femmes, et les hommes des hommes! Nous sommes devenus des mutants. Regardez nos enfants! Ils portent tous des habits unisexes. Le féminisme a été créé pour stériliser les deux sexes. Conséquence? Les femmes ont de plus en plus de mal à accepter le mariage et la maternité, et les hommes sont devenus incapables de se sacrifier pour leur famille. Eh bien moi, je vous le dis, je ne crois pas que la majorité des femmes soient heureuses à vouloir vivre comme les hommes. Et je ne crois pas que les hommes soient heureux de trouver des femmes avec un pénis psychologique. L'identité sexuelle a du sens. En détruisant cela, les hommes perdent leur puissance, et les femmes se sentent mal aimées. J'étais convaincue que mon indépendance était synonyme de liberté. Un temps, oui. Puis, j'ai grandi. Dans une profonde dépression, j'ai compris que je m'étais laissé manipuler par la société. Je ne voulais rien d'autre que l'abandon, me sentir protégée par mon homme, lui laisser sa place, son pouvoir masculin. Et avoir la liberté d'élever mes enfants comme bon me semble. J'ai vu que travailler huit à douze heures par jour ne m'apportait pas le bonheur. J'avais perdu le sens de ma vie. Être nourricière, aimante, porteuse de vie, voilà ce qui me ravissait.* »

Quelle merveille d'écouter ce parlement au féminin ! Chacune peut partager son ressenti, réfléchir à sa condition. L'une d'entre elles se met en colère. Indépendante et féministe jusqu'au bout des ongles, elle ne supporte pas le discours de Brigitte, qui lui répond : « *Regarde ta colère ! La division entre nous a commencé ! Le système est tellement bien fait que nous allons bientôt créer des guerres entre femmes. Le bouc émissaire à nouveau ! Je vous le dis ! Écouter votre véritable nature, qui est d'être nourricière d'une famille, d'un enfant ou d'une communauté. Sinon vous serez arides et sèches. Nous devons retrouver notre identité sexuelle parce qu'une société homogène est une société qui court à sa perte ! Et arrêtons de nous mettre dans des cases ! Féminisme ? C'est quoi, le pendant masculin ? Masculinisme ? Encore un moyen de mettre deux mouvements en opposition ! Ras-le-bol ! Je ne veux plus alimenter toute cette merde ! Je suis humaniste et citoyenne du monde. Et chacun avec nos différences ! Et nos différences valent de l'or. Voilà j'ai tout dit pour aujourd'hui !* ».

Je reste sans voix, déstabilisée par autant d'aplomb et de charisme. Ses arguments dérangent mes convictions. Elle m'oblige à reconsidérer ce que je croyais être issu de mes pensées. Suis-je manipulée par une pensée dominante ? Je veux me sentir libre d'être qui je veux. Chacun·e de nous sur cette planète devrait avoir le droit de jouir de sa liberté d'être. Que nous soyons hétérosexuelles, homosexuelles ou transgenres, nous devrions pouvoir jouir de la liberté d'expérimenter notre vie comme nous l'entendons. Pour nous, les femmes, il me paraît intéressant d'observer que nous avons fait la révolution sexuelle pour en arriver à copier le modèle masculin sur certains aspects et sur notre manière d'être ! Quelle drôle d'idée ! Je crois que nous sommes en colère parce que justement, on ne nous entend pas assez. Et il faut souvent taper du poing sur la table, pour exister dans ce monde, il faut s'imposer. Fini le temps de la femme serviable qui attend sagement qu'on l'autorise à exister. La phase qui vient après la colère me semble être le pardon puis l'action. Agir, mais sans avoir à se travestir dans des comportements masculins, souvent pas les meilleurs. Nous pouvons créer le changement que nous souhaitons en tant que femmes, en nous entraidant sans avoir à se la jouer bonhomme, avec des « couilles ». On peut avoir du courage, de la fierté et de la puissance, sans devoir dominer l'autre, l'écraser. Or, j'ai la sensation que beaucoup de femmes se sont perdues en route en voulant imiter les hommes. Il n'y a pas à imiter. Il y a à prendre notre place avec nos spécificités. Vu que le monde demeure très masculin, que les postes à responsabilité sont pris par les hommes en général, il faut se battre… Sauf si on crée nos propres structures, réseaux, sociétés tout en travaillant avec des hommes ouverts à ce changement, à cette possibilité de laisser gouverner des femmes. Pourquoi aller se battre contre ? Petit à petit, nous pourrons distiller notre particularité. Nous sommes nourricières. Certaines aiment rester à la maison, à créer, à éduquer leurs enfants, d'autres à conquérir les sommets, à entreprendre, à faire de la politique… Qu'importe. Ce qui compte, c'est d'avoir le choix d'être qui nous sommes sans devenir esclaves ou jalouses. Nous accepter comme nous sommes dans la vie que nous choisissons pour notre équilibre. Et les hommes devraient aussi faire de même… Celles qui veulent agir en douceur ne doivent pas se sentir coupables, et vice versa. Chacune a son utilité et sa place à prendre. Et si on vit en couple, c'est en coopérant qu'on trouvera ce qui nous convient. Nous devrions être deux personnes indépendantes, heureuses de partager nos vies. Sortir des rapports dominants/dominés. Et pour ça, il faut travailler sur soi pour ne pas faire supporter à l'autre le poids de nos névroses. Je suis convaincue qu'une fois la colère digérée, on peut s'atteler à changer les choses en douceur, en effet.

Faut dire que la pilule a du mal à passer. Tous ces milliers d'années de domination, d'humiliation, de laissées-pour-compte. Ce n'est pas facile à accepter. Mais je suis convaincue que ce qui fera de nous des êtres différents, c'est justement de ne pas sombrer dans l'aspect guerrier du combat. Mais de changer les choses en prenant soin de ce qui compte pour nous. Pas en l'attaquant. Il suffit de voir les tensions qu'ont créées les vitrines médiatiques du mouvement #MeToo pour comprendre que nous touchons là à un sujet brûlant. La colère vient de si loin. J'ai observé le profil des femmes qui se sont blindé le cœur. Souvent en réaction à un père négligent. Elles se sont identifiées à l'ego. Comme leur père ne leur a pas donné ce dont elles avaient besoin, elles ont appris à se débrouiller seules. Alors OK, leur armure les protège pour se faire entendre dans le monde professionnel, et encore… Mais elle les protège aussi de leurs sentiments féminins et leur côté tendre.

Je comprends ces femmes en colère qui pensent qu'il faut avoir des « couilles » pour s'en sortir, mais aussi celles qui agissent sans agressivité. Tout dépend du chemin parcouru et de l'éducation reçue. Une jeune fille dans un milieu social difficile, soumise au sexisme et racisme au quotidien dans une cité HLM où l'avenir semble réduit, va lui dire de ne pas se rebeller ! C'est dur. Mais peut-être qu'ensemble, avec d'autres femmes, elle peut trouver une voie salutaire, où elle sera entendue sans avoir à passer par la violence. Il est possible de trouver un exutoire pour libérer trop d'émotions. Le sport, la danse, la boxe, le yoga, le théâtre que sais-je encore ? Vivre dans la violence ne doit pas forcément devenir un modèle sous prétexte qu'on reproduit là où l'on vient.

Loin de moi l'idée de stigmatiser la cité HLM en l'associant à la violence mais je voulais juste souligner que selon son milieu social, il y a effectivement des paramètres qui ne rendent pas simple la vie des femmes. Tendre la main à une femme désemparée, qui n'a pas eu les mêmes chances au départ peut être salutaire. On peut changer si quelqu'un nous tend la main. Et cela ne dépend pas d'un milieu social ou culturel. Mais d'une qualité de cœur à cœur… Nous pourrions créer un pont entre les femmes et les jeunes filles pour leur donner le soutien dont elles ont besoin. Et un pont entre les femmes mûres et les jeunes filles pour partager leurs expériences et s'aider. Une femme doit trouver le métier et la place qu'elle veut prendre dans la société pour découvrir son identité. Une femme doit savoir qu'elle peut vivre sans dépendre de qui que ce soit, si c'est son choix. On doit l'aider à devenir autonome dès l'enfance. Et si elle décide d'être une femme au foyer à élever ses enfants, c'est également une vie honorable, si c'est son choix de vie. Ce qui compte, c'est de vivre en accord avec soi. C'est plutôt sain d'être bien dans sa peau pour gérer son foyer et sa vie. Finalement, prendre soin de soi, ce n'est pas égoïste. Au contraire, c'est donner aux autres son bien-être.

Tout me ramène à cette énergie féminine occultée. Personne ne m'a appris à prendre soin de moi, mais des autres, oui. On est nombreux à avoir occulté cette énergie féminine, qui est pourtant une force de la création, une partie du Tout. Elle donne naissance à la vie. D'ailleurs mes amies mamans me montrent le chemin. La façon de s'occuper de leurs enfants me renvoie à la façon dont je devrais m'occuper de mon enfant intérieur. C'est une image pour dire que j'avais tout en moi, et j'ai grandi en oubliant cet enfant. Mais dès que je souffre, je l'entends. Tout comme cette femme a envie de protéger et aimer sa fille, elle doit également le faire avec elle comme si elle avait un enfant à l'intérieur. Se choyer autant qu'elle le fait pour les autres. Sinon, elle peut devenir une de ces femmes aigries à force de trop donner aux autres et s'oublier. Il ne faut jamais s'oublier.

Dans le cercle, je suis marquée par le partage d'une maman en particulier. Cécile nous raconte combien sa fille l'a aidée à dépasser son côté mère rigide. Pourtant, elle pensait bien faire en étant dans le contrôle. Elle aurait traversé le feu pour sa fille. Mais elle a compris que l'amour signifiait lâcher prise de ses attentes et de ses peurs au sujet de sa fille. À seulement huit ans, celle-ci l'a fait halluciner par sa maturité. (J'ai toujours pensé que les enfants étaient des maîtres, qu'ils arrivaient dans nos vies pour nous montrer ce que nous refusions de voir, car leur sincérité traverse les cuirasses de l'ego.) Cécile explique qu'elle doit être là pour sa fille et accepter ses choix, même si elle est très jeune. Elle lui donne un cadre et de l'amour. Pour le reste, à sa fille de savoir ce qui est juste pour elle. Et à la mère de veiller au grain pour la protéger du mieux qu'elle peut, sans l'étouffer. L'écouter, savoir la guider vers ce qui est juste pour elle. Ceci est la plus grande leçon d'une maman. Elle nous confie la première fois où elle a décidé de venir à ces cercles de femmes, seule, sans sa fille. Elle se trouvait égoïste de la laisser. Mais elle devenait étouffante, vu qu'elle ne se réalisait pas en tant que femme. Cette maman a donc décidé de vivre l'expérience de s'occuper de la femme qu'elle était pour donner le meilleur de la mère à sa fille. Ce n'est pas rien. En tant que mère, tout le monde devait passer avant. Elle avait été éduquée ainsi, au sacrifice. « *Comme si tu pouvais donner le meilleur de toi en t'oubliant !* » dit-elle avec exaspération. Bref…

Elle a pleuré pendant le séminaire, s'inquiétant sans cesse, culpabilisant comme une dingue. Est-ce que sa fille ne va pas lui en vouloir de l'avoir laissée chez son père plus de temps que prévu ? Est-ce qu'il va savoir gérer les urgences ? Est-ce qu'elle sera en sécurité ? Prendre du bon temps pour elle lui paraissait tellement étrange! Tellement conditionnée à l'idée qu'il fallait être une bonne mère, se sacrifier pour sa famille, se rendre disponible pour les autres, blablabla… Mais il y avait une partie d'elle qui était malheureuse. Tout ce cirque la rendait dingue. Elle a écouté peu à peu ce qui se passait en elle grâce aux cercles et aux autres femmes. Et elle a vu combien elle projetait sur sa fille ses propres peurs. Mais sa fille allait très bien. Quel soulagement! Après un petit moment de flottement, elle a réalisé que sa fille n'avait pas besoin d'elle tant que cela. Au fil du temps, elle est devenue une mère plus spirituelle.

Évidemment, la question n'a pas tardé à fuser : c'est quoi une mère spirituelle?

C'est une mère qui soutient mais ne contrôle pas. Le plus beau cadeau qu'un parent puisse faire à ces enfants, c'est de devenir une personne accomplie, heureuse, dans le partage et l'amour. Cette maman a cessé d'être la mère qui veut tout résoudre, qui veut changer sa fille, sous prétexte de savoir ce qui est bon pour elle. Elle a appris à respecter l'autre. Maintenant, elle regarde son enfant comme un être miraculeux, si petit et pourtant entier et complet. Une âme venue faire son propre chemin. Et du jour où elle a lâché prise sur sa fille, elle a aussi lâché prise sur elle. Elle s'est rendu compte qu'elle ne serait jamais parfaite et qu'elle devait juste accepter cela, se faire du bien et réaliser qu'elle devait être une mère également envers elle-même. Douce, compréhensive, mais aussi accepter la femme parfois irritée, grossière, explosive ou pourquoi pas passive… Bref, accepter ce diamant avec mille facettes dont nous parlaient tous ces livres sur la féminité.

Et là, je prends une petite claque intérieure. Depuis toujours, je cherche à travailler sur moi, comme si je devais atteindre une forme de perfection. Toujours être sur le qui-vive. Pour devenir meilleure. Mais en fait, est-ce que je ne devrais pas accepter ce que je suis tout simplement ? Apprendre à être plus douce avec moi-même ? J'ai toujours été très exigeante et dure envers moi. Trop guerrière. C'est mon surplus de yang. Il est temps que ça change.

J'en profite ici pour dire aussi un mot de ces mères et pères ayant choisi de consacrer leur vie à éduquer leurs enfants, à prendre ce temps précieux pour donner toutes les chances à un être de se développer dans de bonnes conditions. Il devrait exister un prix Nobel du parent, donné par des enfants. Parce que ce n'est pas chose aisée d'éduquer. Cela mérite d'être considéré par la société qui méprise de plus en plus la famille. À toutes les femmes ayant porté leurs enfants en leur sein, en leur ventre, à tous les parents n'ayant pas dormi des nuits entières au chevet de leurs enfants, ces moments où ils ont traversé des épreuves, vous, pères et mères donnant tout votre amour et votre sagesse, je vous admire. Parce qu'il n'est pas toujours aisé d'aider l'autre quand soi-même on apprend à vivre.

Quand les cercles se terminent, je sens une quiétude envahir mon esprit. Je regarde chaque fois ces femmes, et un amour immense vit, lové dans le creux de mon cœur. Je le sens rien qu'en les regardant. Un filet d'argent irradie mon corps. Le ressenti profond ne me laisse aucun doute. Loup Blanc m'avait parlé du tantra et de la notion d'énergie féminine divine, appelée Shakti. Il doit y avoir une vénération du Divin Féminin, comme il y a une vénération du Divin Masculin Shiva. Autour du cercle, je me sens l'observatrice de ce rêve éveillé où se manifestent les multiples facettes du féminin. Mireille, la thérapeute, incarne une prêtresse avec cette belle écoute. Elle n'a de cesse de conseiller, rassurer. Solange me fait penser à une sorcière, avec tous ses rituels et la magie qu'elle aime faire pour soulager les autres. Clara, c'est la chamane qui canalise les messages entre les mondes visibles et invisibles mais aussi la guérisseuse avec la connaissance des plantes, des pierres et tout ce qui existe dans la nature pour guérir l'humanité. Ingrid avec son ONG représente l'amazone impliquée dans des causes en faveur de la terre mère et ses enfants. Isabelle vit comme la femme enchanteresse par la voie sacrée de la sexualité, initiant l'homme au tantra. Et moi, qui suis-je dans le grand canevas à réparer, à soigner? Sûrement l'âme d'une tisseuse captant des messages de l'invisible pour les asseoir dans la matière. Et si chacune de nous était la quintessence de toutes les femmes?

Plus je me rends aux cercles, plus je réalise que j'ai honte de prendre soin de moi. Le travail, le devoir, gagner sa vie, voir tous les malheurs du monde et culpabiliser d'être une Occidentale presque heureuse, alors si en plus je dois prendre du plaisir, c'est « péché ». Ces croyances s'agrippent à moi comme des mouches sur un étron. Il faut faire sauter tout cela. Cette voix n'est pas la mienne. Elle doit retourner dans le passé et y rester. Ces soirées entre femmes, ces instants aux hammams ou devant un petit gâteau en terrasse, me montrent toutes ces années à oublier le plaisir. J'aime me prélasser, me faire du bien. Je découvre les plaisirs des sens depuis que j'ai rencontré Gaël. Peu à peu, j'ai décodé ce corps, entendu ses sens et joué avec. Mais le poids du passé reste vivace car en voyant les informations placardées sur les kiosques à journaux, la misère du monde s'inscrit devant mes yeux, la sentant dans mes chairs avec toute la culpabilité judéo-chrétienne. Je ne peux pas m'empêcher de me dire qu'il faut que je défende le pauvre et l'orphelin. Cela donne du sens à ma vie. Le détachement appartient aux sages. Le chemin reste à faire…

Décidément, le quotidien se décline en épisodes inattendus. Loin de mes certitudes. De mes habitudes. Loin de tout ce qui a été moi.

Mutation. Ou plutôt mue. Oui, comme un serpent, je me défais de mes vieilles peaux pour devenir autre. Ou comme la chenille, je quitte peu à peu la chrysalide. Le papillon va devoir encore attendre un peu mais je sens pointer les ailes. Bientôt. Bientôt. Patience. Maintenant, je peux renaître à ma véritable nature. Je suis prête. Petit à petit, je réalise que je suis sur un chemin où la connaissance n'appartient pas à quelques-uns. Elle est disponible partout, pour tous. Il suffit de s'y pencher et de cueillir l'invisible. Par la méditation, je peux recevoir cette connaissance innée. Par l'écoute, accueillir l'autre dans sa différence.

Le temps passe. Entre la maladie que j'accepte mieux depuis que je la regarde avec amour, douceur et écoute, les cercles de femmes, l'écriture et les sens assouvis dans mon couple, je me sens rajeunir. J'ai mis du temps à accepter de travailler à la maison. Parce qu'il a fallu dépasser la croyance. Maison = pas de travail = pas d'argent = déprime = dépendance. Or, donner vie devient mon travail à plein temps. Gaël me pousse à créer, surtout lorsque mon mental refait surface, avec ses peurs. Parce qu'il lit et voit tout mon travail artistique, parce qu'il est le témoin direct de cette renaissance, parce qu'il voit le public conquis lors de mes représentations alors que moi, souvent, je ne vois que le verre à moitié vide, parce qu'il est persuadé que c'est ma route et que j'aurai mon heure. Il est vrai que depuis quelque temps, la créativité bat son plein. Romans, nouvelles, chansons, poésies, peintures coulent de mes mains. J'accouche de moi-même…

Après mon expérience au sein des cercles de femmes, ces sortes de « tentes rouges » où la parole se libère, ma rencontre avec les travaux de Jamie Sams et son ouvrage *Les Treize Mères originelles* me conforte encore plus dans cette voie de l'entraide au féminin, avec le souhait d'y ajouter la dimension spirituelle que je n'ai pas toujours perçue, uniquement dans le dialogue. Avec les darshans d'Amma, cette prêtresse spirituelle indienne, considérée comme un avatar du Divin incarné dans cette femme, j'ai senti l'appel de la Mère, la Déesse Mère longtemps ignorée. Quand Amma vient à Paris, je vais parfois me blottir au creux de son darshan. Et je la regarde en lien direct avec la Source. Comment est-ce possible de tenir tant de gens dans ses bras, à travers le monde entier? Parce qu'elle EST en lien direct avec la Source de TOUT. Elle incarne ce qui me fascine. Comme Jésus-Christ et tant d'autres, elle et le Père (divin) ne font qu'UN. Voilà donc mon but maintenant : atteindre l'éveil pour être UNE avec le divin et la matière, la spiritualité et la matière, l'intérieur et l'extérieur, le féminin et le masculin, la Mère et le Père. Il n'y a rien à opposer ou combattre. Tout est juste et à sa place.

Mon expérience la plus récente sur la route de la guérison de la profonde féminité avec des femmes, s'est achevée en mars 2018 à Paris auprès d'Isabelle Turpin, naturopathe femme médecin porteuse d'un enseignement amérindien appelé « les 13 Gardiennes ». Chaque mois, pendant une année, nous nous retrouvons entre femmes. Un nouveau lieu de bienveillance où la parole de chaque gardienne nous a fait réaliser notre chemin vers ce féminin profond de toute beauté. J'aime la figure du cercle, du rond qui enlève toute hiérarchie. Tout le monde a sa place dans le processus de donner et recevoir. Je ressens une profondeur teintée de chamanisme à travers l'animation d'Isabelle. La créativité est proposée dans ce cercle. Nous découvrons le bouclier et le bol médecine, la ceinture des lunes… Autant d'outils de cette tradition portée par des femmes amérindiennes sur le féminin sacré depuis des millénaires. Je n'apprends rien que je ne sache déjà, mais la magie opère parce que grâce à chacune de ces femmes et à l'énergie portée par Isabelle, je me reconnecte à ma sagesse profonde, à ma connaissance intuitive, à ma véritable nature de femme et, surtout, cette connaissance est honorée, entendue.

Je prends conscience de ma puissance sans entrer dans le jeu de l'ego. Le sentier de la beauté s'ouvre à moi. Les mots sont posés à chaque gardienne pour mieux les intégrer. Du mental avec la lecture des gardiennes, au cœur de mon âme avec la sororité du groupe, je réintègre les fragments de mon âme dispersés depuis ma naissance. Je vois chaque pièce du puzzle se manifester. Comme si toutes mes expériences précédentes venaient s'incarner une à une. Chaque passage de gardienne incarne un passage de ma vie, de ma naissance à aujourd'hui. Chaque enseignement reçu panse un coin de mon âme pour laquelle j'avais travaillé en initiations précédentes. De la première gardienne à la treizième, je vois ma joie grandir. C'est très fort. Le puzzle s'inscrit en moi. Les pièces sont remises à leur juste place. Chacune de mes sœurs délivre une partie de moi à travers leur partage d'expérience. Nous ne sommes qu'une, traversant ce que nous devons traverser. Et l'individualité de l'une nourrit celle de l'autre. Je sais que nous avons connu cela dans d'autres vies. Que nous étions ces femmes solidaires, prêtes à nous soutenir. Que ceci nous montre la voie à suivre. L'isolement nous a coupées de notre sororité. Par ce merveilleux partage, je retrouve ma profonde féminité. Et j'ai bien l'intention d'en prendre soin et de continuer à la partager.

Ces 13 Gardiennes sont essentielles dans ce chemin de guérison du masculin guerrier et du féminin meurtri. J'ai remis les pièces du puzzle de ma vie en place, bouclé un cycle de quête pour commencer un cycle de transmission. Je peux maintenant donner ce que j'ai reçu. Je suis prête à donner sans attendre un retour. Et accueillir. Recevoir. Un don du féminin. Laisser infuser en soi pour mieux le rendre ensuite. J'ai appris à recevoir. Tout comme j'ai appris à accepter cette part du féminin longtemps ignorée en moi et autour de moi… Chaque expérience m'a amenée à être qui je suis, me montrant la nature cyclique de la vie avec des caps tous les neuf à dix ans me concernant comme une sorte de tournant vers une nouvelle vie. Chaque passage a apporté son lot de compréhension et d'évolution. Chaque rencontre aussi. Sans oublier celles que j'ai impulsées, dans cette envie de semer l'idée d'évolution de conscience avec le plus grand nombre. Il y a des années, en plein cheminement spirituel, j'avais déjà cette envie. J'ai créé une émission de radio où je pouvais donner la parole à des personnalités œuvrant à cette formidable opportunité de révolutionner nos consciences, à l'heure où l'information circule à grande échelle. Je faisais un pont, une sorte de reliance entre le néophyte et l'expert. Je me disais que tout le monde n'avait pas le temps ni l'envie de creuser certains sujets. Ni une ni deux, je créais mon concept et une radio locale me confiait l'antenne pendant une heure et demie. Quelle chance, dans ce monde où tout va si vite ! J'avais besoin de temps pour poser à plat le parcours d'une vie, pour comprendre ce qui faisait qu'à un moment, on trouve le sens de sa vie.

Avec mes invités, j'ai moi-même fait des pas de plus vers qui je suis. J'ai accouché ces êtres derrière mon micro. Un exercice dans lequel je me sentais comme un poisson dans l'eau. J'aime la radio, ce média qui garde une part de mystère (avant que la vidéo ne s'en mêle), où seule la voix vous entraîne dans une expérience sensorielle. Nous sommes en 2012, bien avant les cercles et les gardiennes. Mon émission s'appelait « L(a R)évolution silencieuse », rapport à cette évolution de l'âme que personne ne peut entendre, et l'art d'évoluer en conscience. J'ai été touchée par le combat de Marie-Lise Labonté, sortie d'une maladie grâce à un travail impressionnant et une ouverture spirituelle. Avec elle, je me suis vraiment dit que l'on peut guérir même quand on nous dit que c'est impossible. Pierre Etevenon, ancien directeur de recherche de l'Inserm a partagé avec moi les différents états de conscience et ses recherches sur les rêves. Notre rencontre reste un délicieux souvenir avec un être plein de sagesse, dont l'échange m'a appris la pureté de la poésie comme état de conscience particulier. Son nom reviendra lors d'une interview d'une chamane occidentale, Corine Sombrun, avec qui je trouverai des points communs dans ma recherche mystique et spirituelle. Je me souviens aussi de Marc Vella, le pianiste itinérant découvert au parc Floral un soir d'été, avec lequel j'ai partagé son éloge de la fausse note. Oui, nous pouvons être imparfaits. À l'antenne, je le présente tout en poésie, à travers un slam. Et c'est à partir de ce moment-là que je commencerai à slamer à la radio et sur des scènes slam pour tester ma poésie, qui deviendra rapidement une raison de vivre. Cette écriture ne me quittera plus. Je rencontrerai également une femme exceptionnelle, Marion Sarraut, metteuse en scène et productrice, dont le chemin me donnera envie de me dépasser, de prendre ma place sans avoir peur d'oser, elle qui a été l'une des premières réalisatrices de télévision dans un monde exclusivement masculin. Il y aura aussi Pierre Rabhi et sa sobriété heureuse avec qui je partagerai mon souhait d'une société différente, plus consciente de son patrimoine, de sa planète. Il deviendra de plus en plus médiatique par la suite, avec son mouvement Colibri. Voilà quelques exemples d'invités qui, chacun à leur manière, m'ont apporté leur vision, leur parcours, dans lesquels j'ai puisé de quoi nourrir ma conscience toujours désireuse d'apprendre.

Le cycle féminin : vivre au rythme des saisons

« Endométriose… Je t'ai en overdose
Jusqu'à l'apothéose… Où enfin j'ose
Sortir cette chose… Que la vie explose
Que mon féminin s'expose
Plus rien ne s'interpose
Finie la névrose… Endométriose
Ma conscience ose… Se superpose
En virtuose… Le corps se repose
Adieu endométriose[18]*… »*

Dans ma recherche de compréhension sur ma place de femme et sur la maternité, je trouve un livre bouleversant, *Le Guide de la naissance naturelle* par Ina May Gaskin, prix Nobel alternatif. La sage-femme la plus célèbre au monde révèle les capacités incroyables du corps de la femme. Son approche de la naissance bouleverse toute mon approche de la maternité. Si je devais être mère, je rêverais d'accoucher dans ces lieux dont elle parle, respectueux de la femme, de son temps nécessaire pour faire venir le bébé, tout en étant entourée de douceur et bienveillance et non

18. Extrait du poème/slam « Endométriose en overdose », EstELLE Penain.

pas de médicalisation à outrance. Elle m'apprend que l'accouchement est un acte de la vie sexuelle et que certaines femmes peuvent avoir des orgasmes ou des états d'extase au moment où l'enfant naît. Impossible à entendre ici, dans nos hôpitaux. Je n'ai que des images de souffrances, de chairs abîmées, de cris, de péridurales, d'anesthésies, de contrôles, de forceps… Tout sauf un orgasme ! Cette bible de l'accouchement devrait être transmise à toutes les jeunes filles pour leur rappeler leur sagesse oubliée, leur capacité à accoucher elle-même, sans tout cet attirail froid et austère. Pour une mère occidentale, souffrance et accouchement, douleur et enfantement ne font qu'un. Et pourtant, selon Ina May Gaskin, selon l'ouverture de son cœur, de l'écoute de son âme, l'enfantement peut être une grande expérience spirituelle détachée de la souffrance et de la douleur. Pour cela, il est nécessaire d'accoucher dans un endroit où la femme reçoit des soins particuliers, bienveillants, dans le respect de son intimité, entourée de femmes douces, à l'écoute, dans un cadre préservé et bien en amont de l'accouchement. Quelle tristesse quand je regarde nos modes d'accouchement. Je sens encore une sorte de pouvoir dans la posture de l'accouchement. Rien qui ne me donne envie de vivre cette expérience ici, en France. Ce livre peut changer le monde. Parce que la naissance conditionne toute une vie. J'en fais l'expérience. Claude Imbert a révolutionné ma vision de la psychologie du fœtus. Ina May Gaskin, celle de la profession de sage-femme. Celle qui accompagne la femme vers son plein potentiel de donneuse de vie.

Est-ce la religion qui a entaché le féminin jusque dans nos chairs ? Ces religions monothéistes parlent toujours de Dieu au masculin, signifiant ainsi que la femme et la féminité appartiennent à un rang inférieur. Et si la Source de tout était une Mère dont chaque femme porterait en elle la polarité féminine tout comme les hommes porteraient la polarité masculine ? En me libérant de tout dogme, n'ai-je pas finalement trouvé le chemin de la liberté pour que ma féminité reprenne sa vraie place dans la spiritualité ? Est-ce notre capacité à enfanter qui a rendu certains hommes méprisables parce qu'ils ne pouvaient pas contrôler ces naissances, parce qu'ils n'avaient pas ce pouvoir ? Parce que nous sommes tous sortis du ventre d'une femme ? Avec le gène de la mort en nous, avons-nous tous et toutes un problème à régler en profondeur avec la mère, celle qui donne la vie ?

Suite à un stage avec Edel Goëtt, Stéphanie Boulay et Rina Marsot (sur l'efficience globale et le leadership éthique), je fais l'expérience de ma naissance à travers le rebirth. Une grande émotion. Avec la bienveillance de ces femmes, je revis mon passage de l'eau à l'air, comme pour me libérer d'une mémoire ancienne. Au lieu de sortir par les pieds comme à ma véritable naissance, je sors la tête en premier d'une mise en situation. Comme un jeu de rôle où les matelas font office de vagin. À l'intérieur, je dois pousser pour pouvoir sortir, me frayer un chemin. Tout comme le fait le bébé. La tête en premier, me voilà heureuse d'arriver en ce monde. Je revis ce moment où j'avais le cordon ombilical enroulé autour du cou. Je me serais retournée pour pouvoir sortir, ce qui expliquerait ma sortie par les pieds. Une autre façon de voir mon arrivée. Je suis délivrée de quelque chose d'impalpable. Je le sens…

Grâce à ce travail sur la naissance, je commence à incarner pleinement mon cycle, mieux compris grâce à Miranda Gray et son livre *Lune rouge*, dans lequel je puise des informations nécessaires à la compréhension de ma nature cyclique de femme. Je me mets à observer celle-ci avec soin pendant plusieurs mois pour voir ce qui se passe selon les semaines, chacune d'elles apportant son lot d'émotions et d'humeurs différentes. Il faudra l'accepter. Sinon je ne fais que créer de la résistance et du mal-être.

Je tapisse mes murs des quatre temps forts de mon cycle. Je crée un cadran lunaire afin d'observer mes humeurs. Et sur plusieurs cycles, je vois combien mes hormones entraînent des hauts et bas. Maintenant je sais pourquoi, quand et comment faire pour vivre avec elles. Les accepter. Et surtout vivre en phase avec le cycle et non selon un mode linéaire, incompatible avec ma nature de femme. Pour aider à la compréhension et entretenir notre amour, je dois expliquer tout cela à mon homme, mon partenaire de vie, mon alter ego. Je lui confie le cycle des vingt-huit jours. Je lui propose de parler en termes de saisons pour comprendre mes humeurs cycliques. Il aime cette idée. Je lui explique les quatre saisons qui constituent une année – et pour les femmes, vingt-huit jours – et que chacune d'elles apporte son lot d'humeurs. Après les lunes rouges (règles/menstruations) commencent les saisons « yang » : printemps et été. Au printemps, mon humeur du renouveau me rend active, joyeuse, prête à vivre avec les autres, à interagir. Comme une jeune fille. Une semaine après, l'été représente la maternité. Je pourrais prendre le monde dans mes bras. Au quatorzième jour, l'ovulation. Un petit nid s'est créé. Je commence à entrer dans les saisons « yin » : automne et hiver. En automne, envie de repli sur moi. Peu à peu, je me retire du monde. Période favorable à la créativité. Et enfin l'hiver, la période où tout meurt : les lunes rouges, les règles, les menstruations, la ménorragie, les époques, les affaires, les indispositions. Et le cycle recommence. À partir de maintenant, je décide de vivre selon mon cycle quand c'est possible. Je coche la semaine hiver pour éviter tout rendez-vous à cette période et pour me plonger dans l'écriture afin de libérer le trop-plein d'émotions qui envahit mon corps. Changement hormonal régulé par la créativité. Je crée ma vie en fonction de mon cycle, en accord avec notre vision du couple, du respect de nos individualités. Je change de vie, je m'adapte à cette révolution de conscience, cette manière d'être… Parce que oui, c'est bien une révolution que de vivre en accord avec ma nature dans cette société… Je sculpte ma vie comme une œuvre d'art… Et ça marche !

Gaël comprend mieux mes états passagers et mes humeurs changeantes, difficilement compréhensibles pour lui jusqu'alors. Jamais personne ne lui avait expliqué la femme de cette manière. À partir d'aujourd'hui, il se promet de me soutenir dès que l'automne et l'hiver pointeront le bout de leur nez. Pour l'aider, de mon côté, je décide de le prévenir à chaque période « hiver », puisque c'est celle où mon humeur vacille entre ombre et lumière, où je ne comprends pas ce qui m'arrive, où je peux aimer tout autant que haïr, où je suis bousculée, où je descends au cœur de mon ombre… Pour une femme sous pilule, bien entendu, il n'y a plus ces différences flagrantes, puisque le cycle est devenu artificiel.

Que signifient le YIN et le YANG ? Quand je suis en période printemps et été, je suis YANG, pleine de vie. Les mots qui résument cela s'inscrivent en gros dans la case YANG : ciel, soleil, lumière, feu, énergie, extérieur, intensité, discipline, etc. Le YIN arrive en complémentarité pour chaque terme écrit. Pour Ciel, ce sera Terre, pour soleil, lune, pour feu, ce sera eau, pour extérieur, intérieur, pour intensité, ce sera douceur, pour discipline, accueil etc. Et je vois le lien entre ma vie et ces mots. Entre ces polarités et mon comportement. Dans cette idée orientale que dans le yang, il y a toujours un peu de yin, et vice versa. Cette capacité d'inclure (et non pas d'opposer) m'attire. Je sens que c'est plus juste, plus en accord avec la nature.

Quelque chose a changé. Je ne vois plus mes lunes rouges comme sales et taboues. Pour la première fois, j'observe ce sang différent du reste du corps. J'apprends qu'il possède de nombreuses vertus : des cellules-souches de la plus haute qualité, des anticorps, des cellules glandulaires, des vitamines, du liquide lymphatique, des sels minéraux, des protéines, etc. En médecine chinoise et dans la médecine indienne de l'Ayurvéda, on parle d'une « eau rouge ». Dans certains endroits du globe, on considère ce sang comme un nectar. Par exemple, des hommes d'une tribu brésilienne se peignent le visage avec le sang menstruel de leur épouse pour s'assurer d'une bonne chasse. On estime ailleurs que ce sang peut guérir et il entre même dans la composition de remèdes médicaux. Tout est donc question de regard. Ici, en Occident, la religion n'aurait-elle pas sali ce sang tabou ? Pourquoi ne pas parler de quelque chose que la moitié de la population mondiale vit chaque mois ? Insensé, quand même… Je me surprends moi-même de ne pas avoir pris le temps de comprendre ma nature physiologique plus tôt, pour m'éviter bien des souffrances. La culture porte le poids de son passé jusque dans nos chairs, apparemment…

Voilà sûrement pourquoi le monde ne tourne pas rond ! Les hommes vivent en mode linéaire et ont créé un monde à leur image. Mais à partir d'un moment, il faut bien accepter la différence de l'autre. Nous, les femmes, nous passons notre temps à nous adapter à une société qui ne reflète qu'une partie de la population. Nous, les femmes, devons nous retrouver afin de nous sentir accueillies et écoutées dans ce que nous sommes. Un homme ne saura jamais exactement ce qui est bon pour une femme, même si la société a passé son temps à décider de ce qui est juste ou pas pour nous. Or, c'est impossible pour eux d'entrer dans notre peau de femme cyclique, où parfois nous nous sentons comme des jeunes filles espiègles sauvages solaires, et à d'autres, comme des femmes mères douces aimantes soutenant leur communauté. Puis les énergies redescendent petit à petit pour faire de nous des femmes sensuelles, amoureuses, et finir par des femmes complexes, torturées dans leur monde pendant les lunes rouges. Si les hommes pouvaient accepter cette différence fondamentale de rythme entre nous et que les femmes instauraient une manière de vivre selon leur cycle et non selon le calendrier linéaire créé par les hommes, la société serait plus en accord avec la nature. Comment vivre heureux dans un monde qui base tout son rythme sur des chiffres et des données et se coupe de sa véritable essence, la nature ? Finalement, les hommes ont créé une société basée sur l'économie, ce qui est quelque chose d'illusoire. Les femmes ont un lien inouï avec la nature dans leur cycle et dans leur façon d'appréhender la vie. Si elles s'écoutaient davantage, elles pourraient créer une vie en accord avec le cycle des saisons. Par exemple en hiver, le monde devrait tourner au ralenti, nous devrions respecter la nature et ne pas la solliciter pour qu'elle se repose, afin de revenir au printemps rechargé d'un repos bien mérité. Et nous devrions faire pareil, nous pourrions imaginer qu'en hiver, le temps du repos, on ne travaille pas, on reste dans nos foyers, on profite de ce temps pour nous relier à nos ancêtres, à nos familles, à nos amis, on organise des repas autour du feu, de la cheminée et des marches dans la nature, on prend le temps de se retrouver. Mais rien n'existe dans ce monde occidental pour honorer la nature, tout comme rien n'existe vraiment pour honorer le féminin dans cet aspect du respect de l'intime. Les hommes ont souvent peur de l'intime, voire le méprisent. Et toute la société demande de la rentabilité, là où le féminin appelle à l'écoute des cycles, donc des moments pour produire, des moments pour laisser respirer, des moments pour agir, des moments pour se reposer. Comme la nature. En regardant comment le monde se comporte avec la nature, je vois aussi comment le monde se comporte de manière générale avec les femmes, les enfants et les animaux. Je réalise l'état d'esprit irrespectueux des valeurs de la vie qui règne sur cette planète. Or, rejeter une partie de la population, c'est rejeter une partie de soi, donc le monde ne sera jamais en paix tant qu'une partie en sera rejetée. Il serait temps d'honorer les femmes dans toute leur capacité créatrice. Honorer l'autre ne fait pas de soi un être invisible. Au contraire. En dépassant l'égo dominateur, l'humain trouvera son salut.

CYCLE FÉMININ :
VIVRE SELON MON RYTHME BIOLOGIQUE[19]

Voici un petit guide à faire lire aux hommes et enfants pour une meilleure compréhension de la nature féminine. Post-it sur le frigo !

PÉRIODE HIVER (1er au 8e jour) – YIN
En lien avec la Terre, le temps des lunes
Observation: accepter et intégrer ce qui est, créations visionnaires, moment de calme et gestation, quotidien agaçant, terre à terre impossible, corps gonflé, ressentir, parler à ma petite fille intérieure, besoin de calme, très sensible, pas d'énergie physique, être soutenue dans le quotidien éprouvant à cette période du cycle, pas disponible pour les autres, respecter ce passage, offrir mon sang des lunes à la Terre.

PÉRIODE PRINTEMPS (8e au 14e jour) – YANG
En lien avec l'Air, nouvelles énergies
Observation : renaissance, sensation de jeunesse et vitalité, puissance, cycle actif, sociabilité, tout est possible, nouveaux projets, cycle masculin de la féminité, croquer la vie, extérieur. Vivante et pleine d'énergie

19. Propos inspirés de *Lune Rouge*, de Miranda Gray (Macro éditions, 2013).

PÉRIODE ÉTÉ (14e au 21e jour) - YANG
En lien avec l'Eau, ovulation et douceur, mère
Observation: connexion forte avec la nature et la Terre, transmission aux enfants, partage familial, corps honoré et aimé, pulsion sexuelle forte, douceur, gourmande, envie d'aider les autres, les aimer, les chérir, les soutenir.

PÉRIODE AUTOMNE (21e au 28e jour) - YIN
En lien avec le Feu, descente dans les énergies créatrices
Observation : créativité intense, libération de l'expression nécessaire sinon sautes d'humeur spectaculaires et incontrôlables, frustration envers le monde terre à terre, canalisation des énergies nécessaires sinon destruction, descente dans l'ombre et l'intime.

Et à nouveau le temps des lunes... Bonjour l'hiver !

Le corps, mon meilleur ami

« Bonjour à toi, Ô mon Corps
Ignoré longtemps, découvert d'abord
Un moment dans ma tête, tu étais mort
Mais ma conscience s'est extraite de ce mauvais sort
Pour sortir de cet état retors
Pour ensemble, transformer le plomb en or
Se nourrir de lumière encore
Parce qu'il n'y a pas d'âme qui dort
Quand la lumière œuvre dans le corps[20]. »

Hôpital Saint-Joseph. Contrôle de routine, un an après cette exploration du féminin profond et de mes remèdes divers et variés. Échographie pelvienne. J'ai la chance de rencontrer un homme formidable, le docteur Eric Petit. Allongée sur sa table de consultation, je n'aime toujours pas ce genre d'examen où mon sexe s'offre à ce godemichet médical pénétrant mon intimité pour y sonder ses cavités. Il dit être surpris par les résultats : la maladie est en quelque sort en rémission puisque l'endométriose a stagné, voire diminué. Il m'encourage à continuer ce que j'ai

20. Sans titre, EstELLE Penain.

entrepris. Je lui parle du lien possible entre les produits chimiques des protections hygiéniques et les perturbateurs endocriniens et tout ce qui enflammait trop mon corps. Ainsi que mon travail intérieur avec la femme que je suis.

Le docteur confirme que l'endométriose est bien une maladie qui se crée sur un terrain inflammatoire (comme le cancer). Il y a des raisons de croire qu'un régime antiacide peut avoir un impact sur l'inflammation chronique dans laquelle notre corps vit souvent. Je lui suggère de mener une enquête, une recherche sur le rapport à la mère, la féminité et le rapport au corps, pour toutes ces femmes atteintes de cette maladie qui touche le cœur de notre intimité... et sur le rapport entre alimentation, environnement et la part psychologique…

Sortie de l'hôpital, légère comme une plume, je me sens libérée. Je veux croire à la guérison. Avoir travaillé sur moi depuis toutes ces années a contribué à changer ma physiologie et, certainement, a empêché la prolifération des cellules dans mon corps. J'ai appris le lien conscience-corps. Je ne savais pas pourquoi j'étais tant passionnée par ce sujet. Voilà maintenant une raison. Le travail intérieur a permis à la maladie de se manifester à temps. Avant qu'il ne soit trop tard, avant qu'elle ne gangrène trop parce qu'étouffée par des années de déni. Elle a pu s'exprimer parce que j'ai enlevé les couches superficielles pour arriver au cœur du problème. Et de là, j'ai entamé un chemin que je n'avais pas fait auparavant. L'endométriose m'a obligée à considérer ma place de femme, m'a réveillée, m'a fait subir un électrochoc pour me rappeler à ma véritable nature, m'a fait réfléchir et enfin oser prendre ma place, elle m'a obligée à entendre les incohérences de ma vie, les résistances à être qui je suis au-delà des injonctions qui ne m'appartiennent pas, à dépasser mes blocages, à devenir Femme, à aimer mon corps, la femme que je suis, pas celle qu'on me propose dans les médias, celle qui fait que l'on ne peut que se détester à voir les mannequins « photoshopés », les femmes plus belles que jamais qui ne correspondent qu'à une minorité sur cette planète. J'apprends à aimer mon utérus et mon ventre en entendant les cris de mes chairs ignorées de cette merveilleuse machine intelligente. J'ai arrêté de boire de l'alcool, pas de cigarette ni drogue. Tout cela appartient au passé. Je préfère me cajoler plutôt que de fuir dans des paradis artificiels.

À ce jour, à ma connaissance, on ne sait pas guérir l'endométriose. On sait juste soulager les symptômes. La pilule, qui met le cycle en repos, diminue les douleurs, puisque les lunes rouges sont très faibles. La chirurgie enlève les foyers infestés, les lésions. Chaque cas étant unique, chaque femme voit ce qui lui convient. À un certain stade, la chirurgie fait des miracles. Mais il se peut aussi que la maladie revienne, dans certains cas, malgré les foyers supprimés. Le traitement médical conventionnel dépend de l'avancement de la maladie. Je m'abstiendrai donc ici de faire des généralités. Il y a cependant quelques pistes proposées, comme la prise de médicament pour stopper le cycle hormonal, contrôler le flux sanguin et diminuer la douleur, permettant aux implants de diminuer et parfois de guérir. Il y a la pilule, les hormones de substitution, la possibilité d'une hystérectomie s'il s'agit d'une endométriose invalidante et si le désir d'enfant n'est pas là, la progestérone bio-identique (je n'ai pas testé) qui, paraît-il, peut avoir du succès sur certaines patientes, des nutriments comme la vitamine E, K, B, C, huile d'onagre, fer, zinc, calcium, magnésium, multivitamines et minéraux, des plantes médicinales comme l'ortie riche en fer, la luzerne, l'orge, l'ail, jeûner pendant les lunes rouges permet de diminuer les syndromes prémenstruels, des bouillottes chauffantes pour le ventre et d'autres choses dont je ne soupçonne peut-être même pas l'existence pendant que j'écris ces lignes…

Ce qui compte, me semble-t-il, est de respecter le chemin de chacune. Il n'y a pas de remède type parce qu'il n'y a pas de chemin identique. Chacune peut trouver ce qui lui convient à travers sa propre route. Je crois qu'il y a une nécessité à utiliser toutes les médecines possibles, et j'ai moi-même apprécié le soutien et les soins proposés par l'hôpital Saint-Joseph à Paris, où la médecine allopathique n'est pas incompatible avec la médecine dite « alternative », que je préfère appeler « médecine naturelle ».

À peine rentrée, j'annonce la nouvelle à Gaël. Nous sommes heureux. Une nouvelle page de notre vie peut commencer. Rien n'est gagné, puisqu'il paraît que c'est une maladie incurable. Mais je me suis prouvé que l'on peut aider à la guérison par un travail en profondeur. On peut bien guérir du cancer. Alors pourquoi ne pourrait-on pas guérir de ce mal profond ? Je crois au lien entre les souffrances des femmes, la société, les perturbateurs endocriniens, la pollution, la manière de vivre et l'endométriose. Ce sujet ne devrait pas être pris à la légère, ni considéré comme un problème de femmes uniquement. Car cette maladie interroge nos cultures, notre relation hommes-femmes, notre lien avec notre planète. Grâce à mon chemin, j'ai pris conscience que les douleurs sont l'expression du corps pour transmettre des informations nécessaires. Prenons-nous le temps d'écouter ce corps ? Ou laissons-nous notre mental guider nos journées ? Avons-nous conscience de l'importance de ce véhicule ? Avons-nous déjà remercié notre véhicule physique comme on remercie un ami cher pour toute l'aide qu'il nous apporte ? Voyons-nous le lien qu'il y a entre notre manière de considérer notre corps et notre respect de la nature, de la Terre ? Tout est lié. Si nous aimons notre corps et en prenons soin, nous aurons sûrement envie de prendre soin de la Terre et de ses habitants comme de notre propre corps. Nous sommes locataires en tant qu'âme dans notre enveloppe physique et en tant qu'humains sur notre espace terrestre. Il est essentiel de prendre soin des deux pour la survie de notre espèce. Aujourd'hui, pour éviter une destruction massive de la terre mère, le réveil des consciences est obligatoire.

Ainsi, je fais souvent le parallèle entre les ventres des femmes et l'état de la planète. Nos utérus sont abîmés au même titre que l'eau de nos rivières, nos océans, nos terres. Notre matrice est en danger, et la vie avec. Il est temps de voir l'écologie comme une nécessité vitale à notre survie. Car la terre continuera sans nous, mais avons-nous envie de disparaître ? Ou devons-nous trouver de nouvelles façons de vivre dans le respect du vivant ? La question est essentielle. Et en tant que femme, je me sens gardienne de la vie. Je crois aussi dans l'action citoyenne, qui agit peu à peu sur tous les plans. Il serait temps d'arrêter de marginaliser les pionniers, ceux qui voient plus loin que le bout de leur portefeuille ou leur nez. Il y a un enjeu planétaire qui se joue. Et comme nous ne pouvons pas tout changer, nous pouvons individuellement participer à notre niveau en faisant notre part du Colibri comme dit Pierre Rabhi. Chacun de nous fait partie du grand puzzle de la vie. À chacun de voir quel rôle il a à jouer. Toute cette souffrance doit servir à quelque chose.

Nous ne pouvons plus oublier le caractère sacré de la terre. Tout a-t-il commencé quand les humains ont arrêté d'aimer leurs dieux dans la nature pour les adorer dans des lieux de culte ? À ce moment, une coupure avec l'essentiel est née. Nous avons oublié que nous étions les enfants de la nature. Nous avons perdu le sens sacré qui se trouve dans toutes les espèces, la faune et la flore…

Je fais la synthèse de mes années d'initiations, en utilisant cette connaissance au service de mon corps, devenu un véritable laboratoire. Je ne prétends détenir aucune vérité. Mais je sais que, pour moi, ce chemin peut m'apporter la guérison. Alors quand des femmes me demandent mon témoignage, je le partage avec joie, mais leur suggère de s'écouter, pour voir ce qui est juste pour elles. Si la vie m'a apporté cette vision d'une médecine quantique et d'une guérison spirituelle au service de la guérison physique, il est bien normal que je la mette à exécution en la testant sur moi. Sinon à quoi bon tout ce savoir ? Et mon corps devient un laboratoire. Je veux lui rendre grâce de m'écouter, d'avoir supporté tout ce qu'il a supporté. Ce mépris du féminin correspond au rejet du caractère sacré du corps. Avant tout cela, la femme était considérée comme la coupe qui recevait la vie. Elle était honorée. Mais des siècles de traditions ont banni tout cela et l'Histoire nous a montré la destruction acharnée des symboles de la fécondité féminine. D'ailleurs, beaucoup de femmes n'aiment pas leur corps et particulièrement leur organe sexuel parce que le rejet et le mépris des femmes ont contribué à ce désamour d'elles-mêmes et favorisé le développement de maladies « féminines ». (Peut-être une explication sur la prolifération de l'endométriose, qui touche des millions de femmes, de n'importe quel pays !) Beaucoup de femmes ne sont jamais satisfaites de leur corps, dénigrent leurs menstruations parce que personne ne leur a appris que les lunes rouges permettent une grande purification, offrent un temps de rêve et d'intuitions fortes. Pourtant, ce pouvoir était honoré dans des temps anciens. Je ressens une peine immense remonter du plus profond de mes mémoires. Celles des souffrances des femmes longtemps reniées, enfouies au fond de nous-mêmes. J'entends les pleurs des femmes brûlées sur des bûchers simplement parce qu'elles guérissaient autrement. J'entends les femmes battues, les victimes qui meurent sous les coups de leur conjoint. J'entends les cinquante mille victimes de mutilations sexuelles, ce crime ancestral de l'excision sous prétexte de rites de passage, d'initiation, de question de pureté, et tout cela par peur de la sexualité féminine. (Je découvrirai un documentaire sur le formidable travail du chirurgien Pierre Folds et le centre médico-social avec Frédérique Martz, qui aide à la reconstruction des parties génitales mutilées.) J'entends la souffrance des femmes du monde entier. Et je ne peux plus contenir mes larmes. Je nous aime. Je ne comprends pas comment nous pouvons être encore à ce point martyrisées. Je ne vois qu'une solution : nous entraider pour trouver la force de nous battre, ou plutôt trouver notre douceur d'être au monde telles que nous sommes sans vouloir ressembler aux hommes et leur laisser leur place. Il n'y a pas à entrer dans une guerre des sexes. Tout le monde a sa place. Tout le monde a sa fonction. Il n'y a pas un genre qui doit dominer l'autre. Parce que nous sommes importantes pour nourrir cette planète. Parce que nous méritons de vivre pleinement. Parce que le siècle sera féminin ou ne sera pas…

Dans ces moments de grande douleur, de grande empathie pour mes sœurs, je laisse parler mon cœur sous ma plume. Comme la poésie, les mots s'enchaînent en douceur, glissant sur le papier avec une facilité déconcertante. C'est vrai que comme on ne m'a pas appris à être une femme, on ne m'a pas appris à communiquer avec mon corps. Alors pour soulager ma peine, j'écris une lettre à ce corps pour le remercier d'être vivant. Mon meilleur ami.

> *« Mon très cher corps,*
> *Que de longues années écoulées avant de prendre conscience de ton existence. Que de longues années à te détester inconsciemment, te cachant sous des vêtements trop amples dans ma jeunesse, t'anesthésiant à coup de chimie, de drogue et d'alcool quand la détresse mentale faisait sa loi. Tellement occupée à aller mal dans la tête. Le corps était méprisé. Pourtant je me souviens de mes années sportives où, grâce à toi, j'ai gagné quelques médailles. C'est d'ailleurs grâce à toi et à ce sport que j'ai dû accumuler de la vitalité et ainsi*

me permettre de traverser douze années de souffrance au cœur de mon ombre. Aujourd'hui, grâce à la conscience réveillée, l'enseignement et les rencontres qui m'ont ouvert l'esprit, je peux faire davantage attention à toi. Que ce soit avec la nourriture physique ou intellectuelle voire spirituelle, tout ce que je te donne à manger fait partie de l'entretien global de ce véhicule que tu es pour mon âme. Merci. Ma responsabilité est d'entretenir cette location corporelle temporelle du mieux que je peux pour pouvoir vivre le plus longtemps possible en pleine forme : vérifier l'état du fonctionnement mental, réparer les freins par le lâcher-prise, nettoyer le circuit d'alimentation par une nourriture adaptée, rire, chanter, danser, vivre dans l'intention du cœur et l'attention de mes actes en étant honnête avec moi et les autres. Aujourd'hui, je nous remercie pour cette route. Je te remercie d'avoir été à mes côtés sans jamais faiblir, avec une merveilleuse solidarité cellulaire que la lumière harmonise. Je te remercie de m'avoir envoyé des signaux d'alerte par la douleur avant qu'il ne soit trop tard. Il n'est plus question de souiller ce corps par des pensées négatives et des actes contraires à mon cœur, siège christique, siège divin, ma maison.

Tu sais, toi, mon ami le corps, que je n'ai pas eu conscience de mes actes. Tu sais tout de moi. Aucun mensonge ne passera par toi ! Mes pensées créent mon corps. Je prends donc l'engagement de prendre soin de toi durant toute ma vie. Pardonne-moi si j'ai encore quelques faiblesses, mais la perfection n'étant de ce monde, j'apprends tous les jours un peu plus et je m'autorise à quelques « digressions » une fois par semaine. Pour le moment. Mais je vais y arriver. Car je sais que tu

es le temple de mes prières, de mes demandes, mon église, mon royaume. Tu es partout
avec moi. Tu me permets l'expérience, ce pourquoi je suis venue m'incarner et toi seul permets à mon âme de connaître l'expérience de qui je suis, de permettre à la Source de vivre aussi son expérience à travers chaque étincelle qu'Elle a envoyée. La Terre, ma mère, est aussi précieuse que chaque corps. Un corps dans l'immensité de l'univers. Cher corps, tu es mon meilleur ami. Je ne serai plus jamais seule parce que je vais maintenant te parler plus souvent. »

Je me sens apaisée. Il suffit de projeter la conscience avec attention et intention pour qu'une transformation opère le miracle. Il n'y a pas d'effort à faire avec la volonté. Juste poser le regard et laisser faire. Quoi de plus simple ? Finalement, la vie m'apparaît comme un grand patchwork que nous venons découdre peu à peu pour ne laisser que l'essentiel. De l'expérience pure. Et de l'observation qui permet aux mémoires de s'alchimiser. Nous sommes liés à un destin commun : celui de notre survie et celle de notre planète. Tout comme je dois prendre soin de mon corps, mon âme et mon esprit, je dois également prendre soin de ma planète. Question de vie !

« Chère Terre Mère, Dame Nature,

Quand je t'observe et vis en ton sein, je sais ô combien tu es précieuse. Je te vois, telle une âme, une conscience vivant elle aussi son expérience. À notre image, tu expérimentes les extrêmes pour, peut-être toi aussi, trouver ton centre. Je te vois à ta naissance. Tu étais dans ta noirceur, refusant toute vie. Puis, tu t'es lassée de cette expérience. Tu voulais découvrir l'autre face de la mort : la vie. Alors est apparue l'eau. Les bactéries sont nées, puis peu à peu les espèces animales et végétales ont vu le jour. Tu es entrée dans ta phase d'abondance, de don. Tu as fait vivre la nature comme jamais, offrant à toutes espèces vivantes l'abondance. Un paradis sur terre où tout était en osmose. L'être humain est arrivé à ce moment. Et avec lui, une conscience qui s'est enfoncée au fil des siècles dans l'oubli de sa mère nourricière. Aujourd'hui, tu te réveilles. Les volcans sont de la partie, crachant leur colère. Les mers se déchaînent pour crier stop au désastre écologique. La terre s'ouvre pour engouffrer ceux qui, avec toute leur arrogance, ont oublié le maître des lieux ou plutôt la maîtresse des lieux. Et puis j'ose croire qu'après ton ras-le-bol, après ta colère d'être devenue la poubelle des humains, tu trouveras toi aussi l'éveil, ton centre. Un équilibre en toute chose, la nature et les espèces vivant en harmonie. Voilà mon souhait le plus cher. Que la Terre ma mère, la nature, mon nid, les animaux, mes amis, puissent vivre en paix parmi une humanité éclairée et respectueuse de ce Saint Graal, la Nature. Qui serions-nous sans elle ? Rien. Dame Nature, je te vénère, ta perfection me fait penser à un royaume, à l'Eden ou chaque couleur, chaque odeur, chaque son, chaque espèce est à sa place. Les arbres m'inspirent la grâce. Alors pardonne-moi ma terre Mère, Dame Nature pour mes actes inconscients. Je choisis aujourd'hui de penser ma vie par rapport à toi et non plus dans un aveuglement matériel parce que je t'aime. Parce que lorsque je te regarde, je comprends mieux le sens du mot sacré, du mot divin, le sens de la vie ici-bas. Tu es mon temple, mon sanctuaire, ma mère qui me porte en son sein. Merci. »

J'ai compris que nous étions équipés pour l'autodestruction inconsciente. Il suffit de regarder le monde, ce démon en mouvement permanent vers sa propre mort. Mais il y a une solution. Nous ouvrir à quelque chose de plus grand. Ce lien invisible entre les êtres, le monde qui nous entoure. Tout cet amour, ce fil d'or, voilà la solution à notre destruction inconsciente. Et pourquoi passer ma vie à chercher quelque chose qui existe déjà là tout autour de moi et en moi ?

« *Il n'y a pas à chercher quelque chose qui t'inonde* », disait Loup Blanc. Il n'y a donc rien à chercher ?

Pour aider mon corps, j'ai passé des heures et des heures à trouver des remèdes me sentir mieux face à la maladie. Voici la synthèse de mes expérimentations qui ont porté leurs fruits avec le temps. Attention, ce qui suit n'est pas un traitement ni un mode d'emploi, puisque, comme je le disais, chaque cas est unique. Le suivi médical est absolument nécessaire. Mais étant donné les limites actuelles constatées par bon nombre de femmes atteintes d'endométriose, je crois qu'il est intéressant de partager nos recherches personnelles dans le but de faire avancer le protocole de guérison.

Je vous livre donc mon expérience pour, éventuellement, éclairer une sœur en quête de solution holistique :

• **Aide à la guérison physique :**

– Prise d'une plante, l'achillée millefeuille, en gélule ou tisane. Cela semble avoir un effet sur les kystes qui se formaient pendant mes cycles. Cette plante redonne de la structure aux tissus veineux et aux muqueuses enflammées. Avec ses qualités décongestionnantes, elle joue un rôle important dans la régulation du cycle.

– La gemmothérapie spéciale femme : soin par les bourgeons, en gouttes, pour réguler le cycle hormonal.

– Huile d'onagre pour aider à l'harmonisation du cycle menstruel.

– Cyclo Norme : mélange de plantes pour harmoniser le cycle, complément alimentaire aux plantes et vitamines.

– Nouvelle alimentation tenant compte de l'équilibre acido-basique. Je mets sur mon frigo la liste des aliments acides et basiques pour essayer de maintenir le Ph de mon corps avec le moins d'acidité possible, puisque l'acidité favorise l'inflammation, et l'inflammation favorise les maladies. Avec le végétarisme, l'inflammation régresse, puisque sont supprimés les produits laitiers, viandes, épices, et gluten, car le blé transformé d'aujourd'hui contient trop d'enzymes non digestes pour le corps humain.

– Découverte, selon la médecine ayurvédique, que notre système répond à différents aliments ou pas selon nos doshas (la combinaison des 5 éléments terrestres [l'eau, la terre, le feu, l'air et l'éther] forme des paires distinctes et dynamiques qu'on appelle les doshas. Un dosha est un profil qui vous définit et qui vous permet de savoir quel type d'alimentation vous fait du bien. Il existe trois doshas : VATA : l'air + éther, PITTA : feu + eau et KAPHA : eau + terre). J'entoure les aliments qui correspondent le mieux à ma constitution. Ce n'est pas un régime restrictif, juste une alimentation consciente pour aider le corps à fonctionner à son plein potentiel. La nourriture devient un centre d'intérêt nouveau. Selon ce que je mange, mon état, mon humeur, les sensations dans mon corps peuvent changer. Il devient évident que la nourriture est essentielle dans la guérison ou simplement le maintien d'un corps en bonne santé.

– Prise quotidienne de curcuma, épice apparemment très intéressante pour la femme atteinte d'endométriose ou autre maladie inflammatoire car parmi ses propriétés multiples, elle a celle de diminuer voire de faire disparaître l'inflammation. Le mieux est de l'associer avec du gingembre, pour une meilleure absorption intestinale.

– Les bains dérivatifs, qui ont pour principe de faire baisser la température trop élevée du corps. Car apparemment la température de 37 °C est inflammatoire pour le corps. À ma surprise, cette méthode diminue mes problèmes circulatoires et de digestion. Le principe est de s'asseoir sur un support très froid au niveau du périnée, par exemple quand on travaille devant un ordinateur. Il faut changer de support dès que le froid a disparu. Quelques heures par jour peuvent changer la circulation sanguine. (D'ailleurs certains mammifères, comme les chiens par exemple, savent d'instinct refroidir leur corps en s'asseyant sur leur arrière-train. J'ai utilisé les bains dérivatifs et la méthode France Guillain.)

– Une à deux fois par an, je fais une irrigation du côlon (une méthode douce de nettoyage du gros intestin, suivant une technique contrôlée et approfondie de nettoyage au moyen d'apports d'eau successifs. Ce soin d'hygiène ancestral a de multiples effets bénéfiques sur l'organisme. Par un apport en eau, les replis de la paroi intestinale sont désincrustés des déchets et toxines accumulés dans le côlon. L'irrigation du côlon permet une réabsorption plus intense des nutriments et le rééquilibrage naturel de la flore intestinale. Pour nous, les femmes atteintes d'endométriose, et donc sujettes à des problèmes intestinaux, j'ai trouvé qu'il était intéressant de tester cette méthode. Pas très agréable, mais avec une sensation de bien-être indéniable et la disparition des problèmes de peau et de circulation.

– Une à deux fois par an, je fais un bilan énergétique et fonctionnel, entre les mains d'un ostéopathe Henri Pierre Pace, l'homme aux mains d'or.

– Des auto harmonisations et lorsque je n'ai pas l'envie de tout faire par moi-même, je vais consulter Franck Muller, énergéticien praticien en Spirales de Vie.

– Pendant mes lunes rouges, massage au niveau du bas-ventre avec huile de ricin et huile essentielle de sauge ou romarin en complément d'une prise d'anti-inflammatoires pour supporter les douleurs pelviennes, diète légère, repos et respect de ce temps des lunes en étant dans le calme le plus possible.

– Recevoir des massages ayurvédiques pour prendre soin de mon corps, me faire chouchouter (ce que je ne faisais pas du tout avant la maladie), aider à la bonne circulation sanguine grâce aux massages sur les méridiens, contribuer à une meilleure estime et confiance dans le potentiel de mon corps à s'autoguérir.

– Des rituels de femme pour me faire du bien : bain chaud, gommage au savon noir, automassage à l'huile d'argan ou de jojoba, automassage des pieds et mains pour activer les points de réflexologie, œuf yoni (le mot *Yoni* en sanskrit signifie l'organe génital de la femme. Il est également le symbole de l'énergie féminine dénommée Shakti. L'œuf de Yoni est un œuf en pierre, il en existe de différentes tailles et de différentes pierres favorisant une augmentation de la vitalité, de l'énergie sexuelle et l'amélioration de la santé physique et spirituelle, ce qui me paraît essentiel puisque cette zone de notre corps est abîmée).

– Maquillage et soins de la peau le plus simple possible : utilisation de l'aloe vera et l'huile d'argan pour le visage en soin du jour et de la nuit, huile d'amande pour le corps, shampooing et gel douche sans savon exclusivement biologique et sans perturbateurs endocriniens (bien lire les ingrédients est devenu une habitude) et respectueux de la nature, car en plus de guérir ma terre intérieure, je tiens à protéger notre terre extérieure.

– Une sexualité respectueuse avec mon partenaire soucieux de m'aider à soutenir le corps par l'amour et le partage. Pour certaines femmes, le désir peut être coupé ou les rapports douloureux. Le partenaire doit être très respectueux du corps de la femme pour l'aider à vivre ce partage dans les meilleures conditions.

Et en fouinant sur Internet, j'ai découvert le flux instinctif, cette manière complètement naturelle de vivre les lunes rouges. Moi qui avais utilisé les tampons à outrance dans ma jeunesse, je me suis dit que le contact du chlore (un perturbateur endocrinien) sur les muqueuses ne pouvait qu'endommager nos tissus. Et avec le temps, créer un nid favorable à une maladie. Je me demandais comment faisaient les femmes vivant dans la jungle par exemple, sans protections. Il y avait bien un moyen de vivre cela autrement qu'avec des couches comme les bébés ! Et effectivement, le flux instinctif est arrivé sur ma route.

Il s'agit de se réapproprier le corps en imaginant qu'il a le pouvoir de faire savoir au cerveau quand il est temps d'aller aux toilettes. Comme pour uriner. Sauf que nous avons été conditionnées à utiliser des protections pour faciliter notre vie quotidienne. Et c'est bien normal. Cependant, si nous vivions en phase avec notre cycle, nous ne devrions pas travailler pendant nos lunes, mais rester au calme, proches de la nature et donner notre sang des lunes à la terre. Ce serait l'idéal. Bien entendu, quand on vit à New York ou Paris, cela paraît insensé. Quand on travaille et qu'on est mère, cela paraît encore plus fou. Même pour une femme qui vit en couple, cela semble impossible… Sauf si celui-ci apprend à vivre avec le cycle de sa femme… De mon côté, j'ai pris le temps d'expliquer clairement à mon compagnon comment je fonctionnais. Pas toujours évident pour lui, mais nous avons mis en place un système où je le préviens si mes humeurs sont au top ou pas, selon mes hormones. Pour nous éviter l'incompréhension. Car il y a des jours où je ne suis pas en état d'entendre l'autre. Et le sachant, il essaie de respecter cette nature cyclique. Il faudra du temps (encore aujourd'hui, je dois répéter, répéter et répéter encore parce que rien ne permet à l'homme de se familiariser avec ce cycle, excepté la femme). Et peu à peu, nous évoluons vers une meilleure communication parce qu'ensemble nous respectons le fait qu'il y a un cycle pour la femme comme pour la nature, et que tout cycle engendre des moments différents. Non, la vie n'est pas linéaire, quoiqu'en dise la société.

Je teste la technique du flux instinctif en vacances, quand je suis dans les conditions idéales pour le faire. Et je réussis. Facilement. Il suffit de donner l'ordre au cerveau de sentir le moment venu pour rendre le sang à la terre. C'est un peu comme déconditionner l'enfant du pot pour lui apprendre à aller à la selle le moment venu. Il a fallu lui apprendre. Eh bien, pour nous, les femmes, c'est pareil. Nous pouvons apprendre à aller aux toilettes pendant nos lunes sans avoir besoin de protection. Bien sûr, cela fait peur, surtout pour celles qui travaillent et ne peuvent changer de mode de vie. Mais c'est une habitude, un conditionnement et aussi parce que nous voulons vivre chaque jour sans être empêchées par nos menstruations. Il y a un conditionnement insidieux jusque dans ces publicités qui font l'apologie de la protection hygiénique avec une femme faisant du sport. Une vision linéaire du cycle. Se comporter comme un homme. Être toujours au top, quoi qu'il se passe. Et si les protections nous infantilisaient ? Elles sont utiles, bien entendu. Surtout parce que nous avons adopté un rythme masculin, linéaire qui fait de nous, des femmes coupées de leur rythme. Pendant les lunes, pas de sport. Du repos. C'est fatigant, de perdre du sang ! C'est un moment particulier pour chaque femme, surtout celles sans prise de contraception hormonale. La pilule aurait dû être donnée aux hommes. Cela aurait facilité notre vie cyclique. Il existe aussi la *moon cup*, qui permet déjà une autre façon d'être avec soi et le temps des lunes, sans utiliser de produits chlorés, et plus écologiques (comme les protections lavables).

Le flux instinctif m'a montré la puissance de la connexion entre cerveau et corps, entre conscience et activité des cellules. J'ai vu qu'il suffisait que je sois consciente et dans le souhait de laisser mon corps agir tout en étant respectueuse de ce temps de lune, en étant le moins active possible, pour expérimenter ce flux instinctif naturellement. Cela m'a donné une grande force, une joie, et surtout des lunes moins abondantes, comme si le corps comprenait par lui-même. Incroyable expérience. Il faut ensuite adapter selon la vie qui se propose. Je trouve d'ailleurs que les femmes devraient pouvoir ne pas travailler pendant leurs lunes.

Ce serait un énorme pas en avant pour le respect de la profonde féminité. Le chemin va être long, mais cela arrivera un jour, je le sens… Les premières à faire bouger les lignes ne peuvent être que des femmes…

Mon constat est clair : la maladie m'apprend à PRENDRE SOIN DE MON CORPS. La maladie me montre combien notre nature cyclique n'est pas respectée dans la plupart des sociétés.

- **Aide à la guérison émotionnelle :**

Il s'agit là d'aider à libérer le mental de croyances négatives, qui ont un impact sur les cellules et donc sur la santé du corps. La médecine chinoise en a largement apporté des preuves depuis des milliers d'années. Dans cette optique, j'ai mis en œuvre :

– Un travail intérieur sur mes jugements et limites du type « je ne suis pas capable », « je ne peux pas », « j'ai peur », etc. en les transformant en phrases positives inverses. Il a été démontré que la répétition de phrases peut transformer notre perception en créant des canaux neuronaux, sortes d'autoroutes de l'information dans notre cerveau. À force de répéter une phrase positive ou négative, il se crée comme une route neuronale. À force de ne plus la répéter, elle disparaît. De mon côté, j'avais entendu beaucoup de négativité, et mon cerveau était conditionné pour cela. J'ai donc dû créer de nouveaux canaux neuronaux avec des intentions positives qui, peu à peu, me sont devenues familières et se sont ensuite intégrées à mon circuit neuronal. Et une fois la route créée, le cerveau ne fait plus la différence entre fiction et réalité, et ces intentions sont devenues réalité. Par exemple, je me répète chaque soir avant de dormir : « Je désire et mérite la santé parfaite. »

– Une observation de mon rapport au monde, à la société, à mes relations, à ma famille, afin de me détacher de ce qui ne m'appartient pas et de trouver ma propre voie.

– Des câlins à des enfants, des animaux, permettant à ma part maternelle de s'exprimer.

– La tenue d'un journal de santé pour suivre les avancées de mon évolution, pour cracher mes incompréhensions, doutes, angoisses et détresse, parfois, lors de crises de douleur. Écrire fait partie de la guérison parce que cela permet d'évacuer, de libérer de l'espace en soi, de déposer le fardeau et de pouvoir avancer plus sereinement.

– Chanter, peindre, danser les cinq rythmes ou la danse médecine, une danse libre très libératrice qui me permet de reprendre contact avec mon corps, de créer du mouvement et de l'espace dans mes cellules par le plaisir de bouger tout en oubliant la notion d'effort. Juste être soi, sans compétition, sans chorégraphie, sans intention. Laisser le corps s'exprimer à sa guise est très libérateur.

• **Aide à la guérison spirituelle :**

– Pratique de méditations, Pranayama et visualisations pour mettre ma conscience dans cette partie abîmée de mon corps, en essayant d'appliquer la théorie quantique apprise ces dernières années sur la notion d'auto-guérison.

– Des retraites dans la nature, une reconnexion à ma véritable place, des marches silencieuses et en conscience, du grand air pour oxygéner l'ensemble, le besoin de respirer l'air iodé de la mer (ma mère).

– La lecture d'un guide appelé *Quantum K* de Andreux J. Kemp, ainsi que le visionnage de sa vidéo permettant d'atteindre une guérison dite quantique. J'ai testé cette méthode et je crois qu'elle a une influence bénéfique sur ma capacité d'auto-guérison. Le livre est une aide offerte sur Internet. La vidéo permet de participer au processus de guérison à travers des symboles, la géométrie fractale et des harmoniques. Encore faut-il croire à notre potentiel de guérison ! Moi qui l'expérimente depuis plusieurs années, en lisant ce manuel très documenté sur les recherches de nombreuses personnes, dont des médecins, je suis convaincue de tenir là un condensé de matières très précieux pour les personnes malades.

– Avec la foi, je fais des prières et des demandes à la Source pour me guérir. Si je suis une étincelle divine, je peux donc recevoir l'information de cette Source et pouvoir ainsi apporter cette lumière réparatrice dans mon corps. Je me demande d'ailleurs si les guérisons miraculeuses n'arrivent pas de cette manière. Aucune certitude, mais une impression que le processus de guérison doit prendre en compte la totalité de notre être physique, émotionnel, spirituel et divin. Je continue de m'auto harmoniser avec mes mains et parfois avec l'aide d'un énergéticien.

Endométriose en overdose

Je t'entends en moi dans le silence
Je t'entends en moi dans mes souffrances
Tu m'as parlé à mon adolescence
Tu m'as parlé dans mes errances.

Endométriose… Je t'ai en overdose…

Tu m'as envahie dans mon intimité
Tu m'as touchée dans mon immunité
Je t'entends en moi dans mes lunes rouges
Je t'entends en moi dès que je bouge.

Endométriose… Je t'ai en overdose…

Tu m'as parlé dans la grossesse
Tu as décidé que cela cesse
Je t'ai maudite à cette naissance
Je t'ai haïe dans cette désespérance.

Endométriose… Je t'ai en overdose…

Je t'entends si fort dans la douleur
Tu me tords le corps et j'ai si peur
Tu envahis mes cellules à tort
Tu m'entraînes peu à peu vers la mort.

Endométriose… Je t'ai en overdose…

Je t'entends dans ma matrice
Tu me dis de devenir actrice
De prendre ma place de femme
Tu me punis de ne pas écouter mon âme…

Endométriose… Je t'ai en overdose…

Je me suis lassée de ta douleur
J'ai cessé de regarder la peur
J'ai désiré si fort la guérison
Que mon corps est en rémission…

Endométriose… Je t'ai en overdose…

Ma conscience et mon corps en désaccord
La maladie comme support pour décor
Compréhension de la maladie comme un trésor
Pour ressentir que la vie vaut de l'or…

Endométriose… Je t'ai en overdose
Jusqu'à l'apothéose… Où enfin j'ose
Sortir cette chose… Que la vie explose
Que mon féminin s'expose
Plus rien ne s'interpose
Finie la névrose… Endométriose
Ma conscience ose… Se superpose
En virtuose… Le corps se repose
Adieu endométriose…

Le non-effort

Essence de la complétude
Union du Profane et du Sacré,
De l'Humain et du Divin,
De la Matière et de l'Esprit,
De la Terre et du Ciel,
Du Féminin Masculin intérieurs[21]*…*

Aujourd'hui, pouvoir rêver librement me procure cette joie enfantine que j'ai si souvent mise au placard. Quarante ans plus tard, je ressens des émotions enfouies de l'enfance. Du bonheur à l'état pur. De la simplicité. À cet instant, rien ne me fait plus de bien que la solitude. Le repos. Et un bain chaud. Flotter. Me sentir légère. Pour aider le corps à purifier la fin de ce cycle. La rivière rouge doit s'écouler librement. J'ai pris deux anti-inflammatoires pour éviter la douleur récurrente. J'espère qu'un jour je n'aurais plus recours à ces pansements chimiques ! Souffrir doit cesser. Il doit bien y avoir un moyen de ne plus avoir mal. Flotter. M'immerger dans l'eau, le seul élément qui me soulage. Plongée dans la douceur. Encore elle. La volupté plutôt que la lutte.

21. Sans titre, EstELLE Penain.

En fermant les yeux, en méditant, je me mets à l'écoute de l'univers. Dans le silence, les informations arrivent à mon cortex comme récepteur de la magie de la vie qui nous entoure. Puis il me suffit de poser mes doigts sur le clavier pour incarner les cadeaux que je reçois. Voilà comment se passe mon initiation actuelle. Comme l'impression de recevoir en direct ce qui est juste pour moi. Je sais que je suis prête à honorer enfin le Féminin sacré. J'entends les pulsations de mon cœur vibrer dans tout mon corps. Chaque cellule semble être connectée à l'autre dans une danse, se comportant comme un univers. Chaque cellule a sa fonction nécessaire et sans l'une d'elles, le corps ne serait pas le même. Eh bien moi aussi, je suis une cellule de l'univers, et sans moi, rien ne serait pareil. J'ai mon utilité, ma place et je la prends. Notre lumière et notre ombre sont comme les facettes d'une même pièce. Une monnaie d'échange à notre complétude. Accepter l'infini… Les couleurs des sept chakras dansent devant mes yeux. Chacune d'elles me montre un chemin. Rouge. La voie chamanique pour me réconcilier avec la Terre. Orange. La voie tantrique pour l'engagement sacré. Jaune. Le mariage intérieur et le couple. Vert. La voix du cœur pour un amour nourricier. Bleu clair. La voie de la prière et de la méditation pour entendre la guidance et la Présence. Bleu indigo. La voie de la connaissance pour ouvrir ma conscience. Violet. La voie de l'extase pour le passage entre les mondes visibles et invisibles. Blanc. La voie mystique, celle des artistes et des amoureux pour l'expression de l'âme et de son essence. Les reconnaître et vivre chacune de ces voies semble être mon chemin, celui qui m'appelle.

J'ai toujours pensé que je devais devenir spirituelle pour atteindre l'éveil. Mais si j'avais déjà tout en moi ? Et si j'étais sur cette planète pour faire l'expérience de la vie matérielle ? Et si je ne faisais que me souvenir de qui je suis à travers les expériences ? Et si mes visions de vies antérieures n'étaient là que pour me rappeler au doux souvenir de l'âme qui m'habite et qui connaît tant de choses ? Et si mon mental ego avait juste envie de me protéger ? Et si j'acceptais simplement la totalité de ce qui est ? Et si je me laissais guider sans résistance ? Et si je m'abandonnais dans les bras de la vie, de l'inconnu et de mon homme ? Et si la voie spirituelle servait à rencontrer la flamme créatrice qui m'habite ? Je n'ai plus envie de marcher dans les chaussures d'un autre, aussi magnifique que peut être un maître. Comme un bâton de pèlerin, ces guides m'ont montré la voie par leur propre lumière. À moi de suivre maintenant mon chemin sans bâton de pèlerin ni béquille. Je n'ai plus besoin de « papas » pour être légitime, avoir une valeur et une place… Et puis, à trop me consacrer à la rêverie, à la quête mystique, j'en oublie ma propre créativité. Et c'est dans cette créativité que je rencontre ma véritable nature, celle de la femme sauvage longtemps méprisée. Je ne veux plus être coupée de ma source. La stérilisation de mes instincts, de ma source créative a assez duré. J'ai maintenant assez d'amour en moi pour honorer ce féminin abusé, rejeté, nié, ignoré jusque-là... Ras-le-bol de me centrer sur mes faiblesses et de me sentir coupable. Je ne veux plus me sentir lessivée, effrayée, pétrifiée de honte, sacrifiant ma vie créative aux autres. Ras-le-bol de tout intellectualiser pour me rassurer ! Il y a tant de beauté en nous, tant de forces psychiques quand elles sont entendues ! Aujourd'hui, je n'ai plus besoin de monter l'Everest, de faire des exploits, d'être bardée de diplômes, d'être une *wonder woman.* Je suis une louve, pleine de force, de puissance, prête à défendre mon territoire, à rester en lien avec la nature, avec ses cycles et les miens en harmonie, avec la Lune et le Soleil. J'ai retrouvé la femme sauvage qui habite en moi depuis toujours, la part féminine, l'instinct. Je peux l'entendre hurler au fond de mes entrailles quand l'intellect prend trop de place. Toute cette force masculine qui m'habite permet à cette puissance féminine d'exister en la poussant à prendre sa place dans l'action à travers la créativité. Jusque-là, cette force féminine était étouffée. Comme moi… Je ne veux plus m'identifier selon deux pôles opposés, je veux les unir, je veux qu'ils dansent ensemble, qu'ils s'apprivoisent, qu'ils s'aiment car l'un ne peut exister sans l'autre. Je me souviens du message du Christ affirmant que tout être humain était fait à l'image de Dieu. Quel message révolutionnaire pour l'époque ! Cette union de la divinité avec l'humanité a causé sa mort. Aujourd'hui, je ne sais pas si je fais le chemin christique. Toujours est-il que je ressens l'appel de vivre dans cette forme d'acceptation d'un divin à la double nature, masculine et féminine. Comme nous. Et que seule l'acceptation totale de cette union rendrait possible le passage de la dualité vers la complémentarité. De l'oppression vers la communion. De la peur vers l'amour.

Homme/Femme/Enfant, Masculin/Féminin/Complémentarité, Ciel/Terre/Christ, Matière/Spirituel/Divin…

Toutes sortes de combinaisons s'offrent à mon imagination chercheuse de sens. Ombre et lumière aussi. Tout cela, ce sont des mots. Serions-nous ici pour honorer la lumière et l'ombre ? Dans l'ombre, il y a du positif et du négatif, tout comme dans la notion de lumière. Dans le négatif peut émerger le positif. Et sans négatif, il n'y aurait pas de positif. Et à un certain degré d'évolution, il n'y a plus que le néant, le positif et le négatif ne font plus qu'un. Peut-être le jour où nous aurons expérimenté le tout ? Donc autant l'un que l'autre. Et sans négatif, aurais-je envie de me battre pour le positif ? De la rhétorique… Tout cela est une expérience. La vie humaine est une expérience. Tout a sa raison d'être mais avec une vision limitée d'humains, tout ne paraît pas juste. L'injustice est intolérable pour un esprit sain. Mais pourtant est-ce que sans cette injustice, l'humain aurait conscience de la justice ? Tout a son contraire. Il suffirait d'accepter que tout soit comme une pièce de monnaie avec un côté face et un côté pile. Et c'est ainsi. Il n'y a rien à rejeter. Mais à accepter. Tout comme la vie, il y a un côté pile et un côté face, ou une face positive, une face négative, etc. Ce n'est que de la rhétorique. Il n'y a qu'une pièce. Juger le côté pile, bien, et le côté face, mal, c'est émettre un jugement sur ce qui est. Et ce qui est, a sa raison d'être malgré l'injustice, la peine, l'effroi de certaines situations. Parce qu'il y a de l'autre côté au même moment, de la justice, de la joie et de l'émerveillement à d'autres situations. Donc qui suis-je pour savoir ce qui est bien ou mal puisque j'ai une vision limitée de la Vie dans sa globalité ? Si j'étais une Déesse avec une vision globale de l'univers, je pourrais témoigner mais à mon niveau d'être humain, je ne suis qu'une expérience dans une réalité vibratoire appelée la Terre. Une expérience de la vie. Une expérience des sens. Une conscience incarnée dans un corps physique pour vivre la réalité terrestre et humaine. Et si je suis pure conscience comme disent certaines traditions, je ne suis pas ce corps, je suis une conscience qui utilise un véhicule physique pour prendre forme dans cette réalité dont la densité de matière basse nécessite une forme physique lourde. Ceci est l'expérience. Ceci est la vie terrestre. Chaque situation panse un coin de l'âme.

La méditation reste mon phare dans la nuit. Mon refuge. Mon robinet énergétique. Mon cordon ombilical à la Vie. Je ne serais plus jamais esclave, mais actrice de ma vie. Je sais maintenant comment faire. Tout est là, disponible dans la nature et en soi. Elle me guide à nouveau vers mes notes. Je retrouve mon cher professeur Amrani Joutey. Comme quoi les informations arrivent quand on est prêt à les accueillir, car elles étaient écrites depuis plusieurs années mais je ne les avais pas intégrées ni ne m'en souvenais. Et que disent-elles ?

« Si tu veux sortir de la maladie, tu dois cesser de faire des efforts pour vouloir guérir. Tu dois changer ta façon de voir les choses. La discipline augmente le voile. Tu dois percer ce voile pour retrouver ta véritable nature spatialisée. La guérison, c'est de l'espace. La maladie, du temporel. Pour sortir de la maladie, tu dois devenir observatrice et laisser la lumière agir en toi au lieu de t'acharner à faire des efforts pour guérir. La méditation est ton médicament. Pour comprendre le dévoilement, sortir de cette illusion de croire que ta réalité est la seule vérité, ton seul effort sera de fermer les yeux, d'utiliser des mantras sacrés pour dévoiler les informations utiles à ta guérison. Inutile de chercher du sens. Et surtout pas l'illumination que prônent les religions ou le résultat qu'attendent les scientifiques. Parce que sinon, tu agites l'esprit et tu empêches la lumière de passer en toi. La base de la lumière, c'est l'amour. Si tu penses trop, tu actives le monde phénoménal. Si tu médites, tu inverses le processus et tu actives le monde non phénoménal. En méditant, tu apprends à spatialiser ta conscience. En pensant beaucoup, tu crées de la souffrance. L'âme, c'est de l'agitation incarnée dans un corps. La sérénité, c'est l'Esprit. Les âmes sont des réceptacles universels de l'Esprit. En faisant appel à ton mental pour comprendre, tu aggraves les choses. Pour intégrer l'unicité, tu dois accepter la dualité et un jour, tu vivras en paix. Trop de joie ou trop de peine revient au même. Tu dois trouver la voie du juste milieu dans le non-effort. Tu es l'onde et l'effondrement de l'onde appelé le corps. Tu es le champ de tous les possibles. Ton mental veut te mettre dans ta nature animale. Ta conscience, elle, souhaite t'amener dans ta nature divine. Ta guérison est une merveilleuse chance pour vivre l'expérience de réaliser que tu es ton propre maître. Tu avais juste perdu la clé pour revenir à la "Source". »

C'était donc cela ! Le système entier est basé sur l'effort alors que tout est là, sans effort. Il y a à accueillir. La fameuse résistance à l'être. Toute ma vie, j'ai résisté sans le savoir. Résister à ce qui est, par peur. Le fameux lâcher-prise. Il serait si agréable de ne plus penser, rien contrôler, faire totalement confiance à la vie. Accepter que je remplisse un vide. Pourquoi vouloir tout comprendre ? Je passe mon temps à agiter mes neurones. Mais il n'y a peut-être rien à comprendre ? Si nous ne sommes pas réellement maîtres de notre destinée, comme semblent le dire de nombreux prophètes, alors il n'y a rien d'autre à faire que d'accepter ce qui se présente et de faire le mieux que l'on puisse. Il n'y a qu'à être attentive à mon fonctionnement. Devant une situation, est-ce que j'ai envie de fuir, de lutter ou sans réaction ? Il n'y a rien à rejeter. Même ce qui paraît monstrueux. Notre raison limitée ne peut appréhender la marche du tout. Chaque chose a sa place. Sa raison d'être pour la personne qui le vit. Les erreurs ne sont que des expériences pour apprendre à lâcher prise, libérer les mémoires, les tensions. Dès qu'il y a de la résistance, c'est que je cherche à me justifier. Arrêter ce réflexe ancestral de l'analyse à tout prix. Je me souviens de cette phrase du Professeur qui m'avait dit un jour : « *Le déséquilibre, c'est la vie. L'équilibre, c'est la mort. La vie, c'est apprendre à gérer ce déséquilibre. Il n'y a pas de perfection dans ce monde. Il y a à accepter en laissant œuvrer la lumière et l'amour en soi. C'est cela Dieu.* » La seule évocation de cette pensée me donne une énergie folle. Que j'aime cet homme de cœur !

L'initiation spirituelle m'a montré combien le mental était limité. Dans le silence, je peux rencontrer ma nature profonde, l'essence de mon être. Personne ne peut le faire à ma place. Personne ne peut expliquer cette sensation si ce n'est le voyage intérieur avec soi-même… Au-delà du concept existe une expérience intemporelle et inimaginable pour un esprit plein de certitudes. En devenant apaisée par la méditation et la danse (parce que pour réparer mon corps, je me suis mise à danser souvent la danse des 5 rythmes de Gabrielle Roth et la danse médecine), je crois avoir trouvé le chemin de la paix. La paix, ce ressenti qui s'insère dans chaque pore de la peau, dans le plus profond de mon cœur, dans la vision du monde et dans l'acceptation de notre condition humaine limitée à moins d'entreprendre ce chemin de guérison. Je me sens bien. Et heureuse de partager en toute sincérité. C'est incroyable comme le changement intérieur se manifeste automatiquement sur le monde extérieur, combien la façon de penser influence la vie. Voilà la responsabilité que j'ai à honorer maintenant : prendre soin de mes pensées et de mes actes pour aimer du mieux que je peux et accepter l'imperfection de la vie. Et pour cela, j'ai dû aller au fond de mes ombres, là où l'on m'avait interdit d'aller. Je croyais que seule la lumière était pure. Que l'intime, l'invisible, l'ombre représentait le mauvais, le mal, le sombre, l'obscurité, le secret, le mystère… Mais n'est-ce pas ma partie primale, animale? Mon côté sauvage, mystique, brut, chamanique condamné à la clandestinité ? Coupée de mon essence profonde et divine, mon corps souffrait. Grâce à la plante péruvienne sacrée qui a nettoyé mon corps au point de me sentir vide et morte d'un passé douloureux, j'ai maintenant la place pour laisser couler en moi cette énergie féminine, comme l'eau d'un ruisseau pour retrouver le pouvoir, la pure conscience et la félicité qui ont toujours été en moi, occultés par un rideau de peurs et d'ignorance. Enfin, je l'incarne. Je me sens si chanceuse de vivre tout cela. Si chanceuse.

La créativité ou faire de ma vie une œuvre d'art

« Cher mental, tu n'as rien à faire
avec la poésie qui vient d'un monde
où tu n'as pas accès.
Il faut savoir t'éteindre
pour entendre sa musique. »

Comment l'écriture peut-elle apporter tant de réconfort? Comment la poésie vient-elle d'entrer dans ma vie? Les livres de poètes et de grands auteurs avaient été ma tasse de thé à l'époque de mes années étudiantes. J'ai oublié l'amour que j'avais durant mes études de la langue française, de la philosophie et des belles lettres. Je me suis perdue dans le monde commercial, pragmatique et ambitieux. La poésie reflète certainement ce que j'ai rejeté : le féminin. Cette part mystérieuse ouvre la porte à d'autres mondes. Dans cet espace, le silence se remplit de mots. Je me souviens de ma délectation à écrire une dissertation. Pourquoi avoir enfoui mon goût pour les lettres par la suite? Pour avoir un avenir, me disait-on ! Je suis allée en faculté de langues vivantes sans savoir ce que j'allais faire. Et finalement, j'avais laissé tomber les études pour me lancer dans le monde du travail car je voulais réussir… Même si j'étais révoltée, je devais me prouver que je pouvais réussir selon la norme. Je ne reviendrai pas ici sur mes expériences professionnelles ni sur mon burn-out, détaillés plus haut.

Le plus important : me voilà aujourd'hui, artiste, auteure et animatrice d'ateliers pour accompagner l'autre à se réaliser. J'ai mis des années pour retrouver ce goût des lettres que j'avais perdu. Pour m'autoriser à devenir ce que j'étais depuis le début.

L'écriture m'apaise. Bizarrement, une pause cérébrale. Exceptée pour rédiger un plan ou faire des corrections, seuls moments où je perds en spontanéité. Si j'ai trop de contraintes de style, si je cherche un plan, une méthode, l'essence de cet art se liquéfie, passant en mode analytique. La magie disparaît pour laisser place à l'intellect. Guerre des hémisphères. Je préfère l'irrationnel. Moins fatigant. Ce mental prend trop de place. S'il fallait que j'écrive pour respirer, alors j'écrirais tous les jours pour rester en vie. Car ce mental m'étouffe sous ses pensées, sous son censeur. Parfois je lui parle. Et je lui dis ce genre de choses : « *Laisse vivre mon cerveau créatif. Laisse-lui prendre sa place. Et oublie-moi. Je suis lasse de t'entendre du matin au soir. Des milliers de pensées depuis des années. Cher mental, tu n'as rien à faire avec la poésie qui vient d'un monde où tu n'as pas accès. Il faut savoir t'éteindre pour entendre sa musique. Un cerveau cartésien ne peut atteindre cette sphère spirituelle. Or, tu vis dans le cerveau cartésien. Et tu prends trop de place. Je ne peux pas me frayer un chemin vers le ciel quand tu gigotes, tu parles fort, te défendant comme un fou par peur de ne plus exister. Mais n'aie crainte, tu auras toujours ta place pour les tâches qui t'incombent. Pour le reste, oublie-moi.* »

Le stylo posé sur la feuille, yeux fermés, j'inspire profondément pour ne pas penser à ce que je vais écrire et laisser venir les mots sans réfléchir. Le titre arrive comme une fulgurance. Le stylo, mon guide, avance tout seul. Sensation mystique. Je me souviens du livre *Conversations avec Dieu* de Neale Donald Walsh, qui relatait une correspondance entre un homme et ce qu'il pensait être Dieu. Et si Dieu était en train de me répondre ? Et si je devais y voir la réponse à ma question ? L'écriture me sauve de l'errance et du mal-être. L'écriture m'enseigne, me donne des clés, me guide. Mon stylo devient un vecteur entre l'invisible imaginaire et la réalité… Et parfois, la surprise d'un enseignement naît au bout de ma plume sans savoir comment j'ai pu avoir cette idée sortie de nulle part, si ce n'est du néant de l'inconscient collectif où serait niché mon imaginaire. Est-ce une sorte de réservoir à idées dans lequel je viens puiser mon inspiration sans en avoir conscience ? Qui sait d'où vient la créativité ? Est-ce la Source qui se glisse au bout de mes doigts, qui titille mon cortex pour passer son message ? Qui sait ? En tout cas, l'écriture n'a pas fini de me surprendre… Je ne sais pas ce que je vais écrire. Mais comme d'habitude, je laisse venir les mots sans réfléchir. L'écriture semble venir d'un espace de conscience inaccessible à la raison. Je me sens comme un canal où une main invisible tiendrait le stylo et me guiderait dans mon écriture. Et particulièrement dans la poésie. Il y a quelque chose de magique. Spirituel. Profond. Impénétrable. Gratitude. Oh oui. Gratitude d'avoir ce don, cette capacité à recevoir. Finalement, j'entends mon féminin. Il s'exprime par ce canal. L'écriture n'est que le reflet de mon intime, de ma connexion intérieure, le chemin spirituel. Oui, je crois que c'est une façon de le vivre. Je me sens si bien, après l'écriture. Comme apaisée. Et cette écriture me montre la route vers plus de paix et d'acceptation.

Je noircis des pages de mes angoisses, vide mon sac chaque fois que je m'égare, que je perds pied. Je m'accroche à elle comme une naufragée à sa bouée. Je plonge dans les délices de la liberté. Liberté du ton, des mots, de l'univers que je crée dans cet espace sur mon écran ou sur un carnet. Je donne vie à tout ce qui m'oppresse et m'en débarrasse. Je peux ensuite passer à autre chose. Décider que mon monde sent bon, qu'on y vit heureux. Que les guerres n'y existent pas. Je peux imaginer le monde dans lequel je décide de me plonger. Et personne ne peut m'en empêcher. N'est-ce pas pour cela que nous aimons tant entendre des histoires, voir des films, lire des livres ? Nous plonger dans une histoire pour ressentir des émotions. Notre vie n'est-elle pas un roman à écrire ? Une histoire à inventer chaque matin ? Avons-nous le choix de créer un quotidien merveilleux ou dramatique ? Il semble que nous avons une puissance créative ignorée. Je peux vivre autrement. Et l'écriture me montre la route. Si je ne peux l'entendre par la raison, alors le cœur lui, saura me guider vers plus d'authenticité et d'amour. Car finalement, je ne cherche qu'à aimer. Je souhaite tant aimer à chaque instant. Je veux aimer. Aimer mal peut-être, mais aimer. Je ne veux plus juger, critiquer. Je veux juste être une femme qui aime. Que mes proches se sentent en sécurité près de moi. J'aimerais être cette femme-là. Et la spiritualité, cette pratique de l'écoute intérieure me montre le chemin. Au-delà des religions, il y a la foi. Et pour trouver la foi, il faut dépasser les barrières mentales que j'ai érigées autour de moi pensant me protéger. Je suis là pour vivre des expériences sans les analyser. Ce n'est pas la solution. La méditation m'ouvre à une dimension plus grande que l'analyse.

Ne cherche pas toutes les réponses. Et ne cherche pas un sauveur. Tu peux le faire toi-même.

J'ai arrêté de lire le journal et je m'en porte mieux. J'ai remarqué combien la lecture des mauvaises nouvelles de la planète influence le moral. Je préfère me nourrir autrement. La méditation me donne une nourriture énergétique puissante et profonde. J'en reviens toujours rassasiée. Alors que la lecture du journal me donne une impression d'impuissance face à ce monde. Or, je n'aime pas me sentir impuissante.

Loin de m'imaginer capable de vivre une expérience spirituelle
Où la vie m'apparaîtrait dans sa globalité
Un jour, je t'ai rencontré…
Pour mon plus grand bonheur
Bonheur car tel un enfant naïf
Lasse de ne pas comprendre ce monde
Amère de n'être qu'un individu vide de sens
Ne sachant où aller
Tu es apparu dans ma vie
J'ai ressenti un retour aux sources
Où mes incompréhensions d'antan
Allaient enfin révéler leurs secrets
Que je découvrais à travers la danse
Un jour en musique, un jour en esprit
Immobilité de la méditation pour
Mieux T'approcher.

La poésie m'appelle. J'entends les mots valser dans mon cortex. Elle me traverse comme une fulgurance de plus en plus souvent. Jouissance. Écrire d'un trait. Sans réfléchir. Comme traversée par la grâce. Je donne vie. Comme une mère. Les mots jaillissent de mes mains sans aucune résistance. Fierté. Bonheur. Même si personne ne lit mes mots, je sais que cet acte créatif me répare autant qu'il me procure du plaisir. Je suis née pour créer, pas pour travailler. J'en suis convaincue. Je n'imaginais pas pouvoir me sentir si heureuse, seule, derrière mon écran. Et la maternité n'est pas l'unique voie pour donner vie. Toute création peut exalter l'intime pour en faire une œuvre. Quelle qu'elle soit. Sans jugement de valeur. Parfois juste pour soi. Parfois avec un peu de chance, pour les autres. Parce que sans partage, la vie n'a pas la même saveur. Et créer uniquement pour moi ne me suffit pas. Je dois donner ce que je reçois… C'est sur scène que le partage me procure l'extase et la grâce que je peux vivre en méditant. Sur scène, je peux m'exprimer et laisser ma voix porter les mots et les maux en idéaux et en cadeaux à offrir aux oreilles d'un public. Parce que le partage est essentiel dans ma guérison intérieure, parce que le partage est vital à mon bien-être, parce que le partage nourrit l'autre autant qu'il me nourrit. Je suis passée d'un groupe de vingt-cinq personnes à seule sur scène par nécessité vitale de m'exprimer en toute liberté. Grande étape dans la prise de confiance, dans le souhait de prendre ma place longtemps cherchée, dans le challenge de partager autant ma force que ma vulnérabilité. Une fois passé l'énorme trac où mon cœur bat si vite que j'ai l'impression qu'il va exploser, une fois posée devant le public, je suis vivante ! La scène m'autorise à ne plus me sentir coupable du jumeau jamais né, me donne la possibilité de donner et de recevoir, de danser la valse de la vie, d'être pleinement qui je suis et de ne plus avoir peur de briller…

Le sourire aux lèvres, je traverse la rue jusqu'au canal. Le printemps est arrivé. Les bourgeons commencent à donner des fleurs et des senteurs me rappelant combien j'aime cette saison du renouveau. Qu'il est doux le printemps, ce temps de la renaissance, de la nouvelle vie, qu'il est doux le vent qui caresse ma joue, l'eau qui glisse entre mes doigts. Qu'il est doux de vivre près de la nature, je respecte ta verdure, tes bois, tes chants d'oiseaux, ta cascade qui coule, ce petit clapotis qui détend. Soudain la menthe sauvage emplit mes narines de son odeur quand celle des fraises sauvages aiguise mes papilles et là mes pieds écrasent des brindilles. Souvenirs d'enfance mêlés à la solitude. Je lève les yeux au ciel et derrière la cime d'un sapin, je vois passer l'oiseau, le bel oiseau libre. J'ai envie de m'envoler et de partir avec lui.

Le Printemps
En avril, le printemps fait monter la sève dans la nature
J'aspire à enlever mes habits trop lourds et mes armures.
Comme le bourgeon se réveille d'un long sommeil
Le temps est venu de briller comme le soleil.
Après l'hibernation, le repos et l'écoute du cœur
La saison se prête à réunir mes forces intérieures
Pour créer, prendre ma place dans le monde
Et laisser la force divine se transformer en onde.
L'hiver me laisse inspirer et laisse monter la sève
Au printemps, la création naît à partir de mes rêves
Le paradis existe bien dans le jardin de la Terre
Il suffit alors de la regarder comme une mère…
Cette force du printemps soulève le voile
Laissant émerger l'expression de l'art sur la toile
Les premiers rayons du soleil caressent alors ma peau
Dévêtue, elle aspire la lumière par ses pores inégaux
Pour se nourrir elle aussi de la sève du printemps
Et donner ainsi de l'éclat aux marques du temps
Comme cette petite ride sous l'œil telle une virgule
Témoignant des étapes accomplies et de la bascule
Vers toujours plus de maturité et d'amour de soi
Car qu'est-ce que la vie sans l'amour et la foi…

Je pense à cette longue route que je viens de vivre. Au passé et à la nouvelle femme que je deviens. À l'homme compatissant, compréhensif qui partage ma vie. Est-ce de la chance ou de la clairvoyance? Une forte intuition ne pouvait me conduire que vers un homme ouvert à mes expérimentations spirituelles. Savoir m'entourer pour mieux rebondir. C'est très important d'être entourée par des personnes bienveillantes sur ce chemin souvent incompris de la majorité. Parce que la majorité a envie de vous détourner de votre route, par réflexe, par gêne, parce que vous représentez alors ce qui sort de la zone de confort et tout le monde n'a pas envie de se sentir inconfortable. Car oui, c'est vrai que c'est inconfortable, parfois douloureux, difficile, exigeant. Mais lorsque je regarde en arrière, que je vois les cadeaux que m'offre aujourd'hui la vie, alors je ne regrette rien. La vie a commencé de manière difficile. L'heure est venue d'accéder au bonheur simple mais réel. L'heure de recevoir. Pourquoi la vie devrait-elle être une succession de difficultés? Il y a un moment où l'expérience apporte son lot de sérénité parce que l'on accepte enfin tout ce qui est. J'ai la sensation de m'en rapprocher. Il manque quelques pièces au puzzle. Mais bientôt tout devrait s'éclaircir. Et alors j'accepterai tout mon passé. Tout ce qui fait que je suis cette femme fière de se prendre en main. Actrice de son destin. Faisant de sa vie une œuvre d'art. Un modelage. Une création de chaque instant. Avec ce que cela implique en brouillons. Chaque étape nécessitant des balbutiements pour devenir peu à peu confiante. Il n'y a pas d'échec mais seulement des expériences. Voilà la libération. Le réveil. Ce n'est ni le monde ni l'autre qui me rend heureux. C'est ma perception de l'autre et du monde qui fait mon bonheur. Pas la situation. Voilà la clé. Et la cerise sur le gâteau, c'est que plus je « travaille » sur moi, plus ma créativité s'épanouit, plus ma conscience s'éveille à la beauté de la vie, à la simplicité et au bonheur que je mesure dans l'attention que je porte aux instants de ma vie et l'intention que je mets dans mes actes et mes pensées.

Je partage aujourd'hui un amour plus inconditionnel dans mon couple grâce à ce chemin car j'essaie de ne plus demander à l'autre de réparer mes blessures. Je suis l'artisan de ma propre vie. Partager l'amour avec mon conjoint, c'est tenter de s'accompagner mutuellement dans notre propre évolution, en tâchant de ne pas briser la liberté de chacun, tout en partageant des moments communs. La foi grandit chaque jour grâce à ces enseignements spirituels que j'essaie d'appliquer ensuite au quotidien. Lorsque je suis dans un acte créatif, je ressens parfois une force plus grande me guider. Je permets à ma propre lumière de briller et ainsi, quelque chose peut naître. Développer ma foi, réussir ma vie de couple, ma vie de famille et ma vie artistique et littéraire, aimer du mieux que je peux mon prochain, voilà ce qui m'anime et me donne envie d'avancer toujours plus loin. J'essaie d'être en état de conscience où je ne suis ni dans le passé ni dans le futur mais dans la pleine conscience de l'instant présent avec sa multitude de petits moments précieux du quotidien. C'est en tout cas la philosophie que j'essaie d'atteindre grâce à ce travail intérieur qui, peu à peu, m'invite à vivre davantage dans la joie et l'amour, dans le regard attentif que je porte à l'art et la nature, à la beauté de la vie et à ses défauts pour mieux les accepter…

Détachée du mental, la peinture m'appelle. Je prends un pinceau. Je n'ai jamais pris un cours de peinture. Pourquoi cette nouvelle attirance ? Encore l'inconnu qui vient frapper à ma porte. Accepter. Et là, les courbes de mon pinceau sur la toile semblent danser sans résistance. Un plaisir et une paix caractérisent cet instant. Et si l'art était ma plus belle thérapie ? L'art soigne au même titre que la thérapie qui accompagne la personne à trouver sa propre guérison. Mais l'art s'adresse directement à l'âme et là, on ne peut pas tricher… On ne peut pas se masquer derrière le voile du mental. On peut toujours intellectualiser une œuvre d'art mais au fond, il n'y a rien à comprendre. Juste à ressentir une toile ou une chanson, laisser aller le mental submergé par l'âme, à travers le cœur. On est touché ou pas mais on ne peut rester insensible.

D'ailleurs, s'il y a autant de personnes touchées par l'art, c'est parce qu'elles cherchent peut-être à nourrir leur âme. Devant une œuvre d'art, une parenthèse enchantée s'ouvre. Et ce n'est pas rien dans ce monde noyé de devoirs, d'obligations en tout genre. L'art permet de s'évader ou de se confronter à la réalité de manière douce même si le sujet est compliqué. Il interroge, il propose, il soumet, il apporte une vision… Finalement, en Occident, on dirait qu'il n'y a qu'à travers l'art que la spiritualité peut vraiment s'exprimer sans peur. Sans dogme. En toute liberté.

Épilogue

Aujourd’hui, je suis ma propre Source créatrice de Vie

Mon chemin de résilience, bilan

« J'ai décidé de dire oui
Fini de voir les soucis
J'ai envie d'être en vie
D'oublier les ennuis
Me voilà assagie
Rien n'est jamais fini
Accepter l'infini
Dieu que c'est beau la Vie ![22] »

Cela fait maintenant deux ans que je n'éprouve plus le besoin de « travailler » autant sur moi. La créativité m'offre de l'espace pour poser à plat ce long chemin avec l'espoir et l'envie de partage qui grandit, à travers un spectacle, un livre, des chansons, des peintures. Parce que l'artiste a vocation à interroger le monde dans lequel il vit, non par le prisme de l'intellect, mais par le cœur. L'artiste peut faire passer des messages, comme un acte politique culturel…

22. Extrait de la chanson « Bienvenue », album Ô Féminin (auteure-interprète EstELLE Penain, compositeur David Keler) présente sur le CD bonus.

Si je devais condenser ma vie en un chapitre, voilà ce que je dirais. J'ai traversé la jeunesse et sa fougue au milieu de personnes pas toujours bienveillantes à mon égard. Mon côté garçon manqué me faisait souffrir, je ne sais pas pourquoi je n'arrivais pas à vivre la féminité comme mes copines. La vision de la maternité me rappelait une époque où la femme se consacrait uniquement à son époux et ses enfants, qu'elle le veuille ou non. Ma mère en avait souffert, et je m'étais mise en tête que je ne serais jamais comme elle. Un classique de l'adolescence que de rejeter le modèle familial. Je n'aimais pas mon corps, toujours préoccupée de devenir une autre que moi-même. J'avançais à reculons dans la vie sans avoir de modèle auquel m'identifier. Je me suis perdue de nombreuses fois sur la route, cherchant parfois à imiter un modèle patriarcal. J'avais si peur de la dépendance à l'homme, du mythe de l'infériorité féminine et de celui du prince charmant, ce sauveur qui résoudrait tous mes problèmes. Puis j'ai peu à peu dépassé le rôle que mes proches avaient prédéfini, même inconsciemment, pour moi, avant de faire le ménage dans mes relations toxiques. C'était un voyage périlleux.

Fatiguée de lutter pour exister, j'avais un sentiment de perte et un désir ardent de me sentir bien dans mon corps, moi qui l'avais toujours méprisé. J'avais oublié mes rêves pour plaire aux autres sans m'en rendre compte. Changer de vie a été nécessaire. Et un jour, j'ai dit non à cette vie toute tracée selon un modèle patriarcal d'ambition dénuée d'amour. J'ai entendu ma rage s'exprimer tant d'années après avoir été contenue, non verbalisée. Je ne voulais plus me sacrifier pour plaire aux autres. Je suis donc descendue vers la profonde féminité et remontée vers la profonde masculinité comme une danse alchimique nécessaire pour sentir la complétude de la vie. Je savais que la rupture entre le corps et l'esprit avait eu lieu quand la Déesse Mère avait été rejetée par la religion. Loup Blanc m'a appris à honorer mon corps comme un temple sacré, à faire confiance au mystère, au Divin par le prisme de la nature et de l'Esprit. Le professeur Amrani Joutey, à comprendre l'invisible. Gaël, à vivre pleinement et de manière incarnée notre totalité d'être au féminin masculin. Amma dans ses darshans à sentir l'appel de la Déesse Mère, Marianne Roques, à accepter et guérir mon féminin et mon corps physique. Isabelle Turpin à l'accueillir et l'honorer. Puis, je n'ai plus senti l'appel. Tout était en moi. Pourquoi aller chercher à l'extérieur ce qui est à l'intérieur ? J'ai compris que la voie de la féminité, c'était de passer du faire au être. Être accueillante demandait une conscience active et concentrée. J'ai vu que la Mère nourricière existait en moi. Mon salut. J'avais besoin des autres femmes pour réussir. La sororité m'appelait pour mieux me reconstruire, pour nous aider à évacuer toute la colère accumulée par des années de déni, de silence, d'irrespect, de violences…

J'ai appris à célébrer les saisons, les cycles de la vie nécessaires. Je suis devenue une Femme créatrice et guérisseuse. J'ai dû apprendre à accepter toutes mes facettes, à comprendre la multitude d'aspects qui composait mon être. Je crois avoir réussi à guérir le masculin blessé par la force créatrice en mettant de l'amour dans les ténèbres, en affrontant mes démons. J'ai accepté de l'aide. Ce côté masculin guerrier devait se transformer. Je me suis apaisée de plus en plus, à force de laisser ce féminin adoucir cette puissance guerrière. J'ai accepté l'amour de Gaël, cet homme doux, attentionné, loyal et heureux de me protéger, me soutenir. Cet homme nouveau, débarrassé du poids de ses aïeux. À deux, nous sommes devenus plus forts, plus puissants, acceptant enfin les imperfections de la vie, puisque le mal et le bien, le juste et le faux font partie de la vie. Ensemble, nous avons traversé plusieurs crises où nous avons dû dépasser la peur du rejet avec cette envie furieuse de fuir dès que l'insécurité montrait le bout de son nez. Avec cette peur que l'amour me soit enlevé, que je ne le méritais pas.

J'ai appris à respecter mes propres besoins et croire enfin que ce n'était pas égoïste. Même si on nous a enseigné qu'être désintéressées et ignorer nos propres besoins font de nous une bonne personne, ceci active une culpabilité qui empêche de s'épanouir. Puis j'ai cherché ce que l'on appelle Dieu. Mais en plaçant l'autorité à l'extérieur de moi, je me rendais à nouveau dépendante. Dépendante d'une autorité qui saurait ce qui est juste pour moi. Et si cette autorité vivait à l'intérieur de mon cœur ? Et si cette croyance appelée Dieu, cet invisible lointain et inaccessible, ce qui renforce le sentiment d'impuissance, vivait en chacun de nous ? Et si nous étions la réponse à nos questions ? Et si Dieu était la somme de Tout un chacun ? De toute façon, qui peut prétendre savoir ce qu'est Dieu ? Personne. Les humains s'entre-tuent depuis si longtemps pour ce Dieu invisible. Pourtant, l'idée de réunir une communauté autour d'une croyance commune permet la cohésion de groupe, le sentiment de protection, la fraternité. Mais quand un groupe commence à vouloir imposer à l'autre sa religion, où est l'amour déclamé par toutes les religions de la terre ? Est-ce la religion, le problème ? Ou ce qu'en font les gens ? Si nous croyions suffisamment en nous, ne serions-nous pas capables de nous réunir au-delà des communautés ? Nous avons tous besoin de croire. Alors pourquoi ne pas mettre notre croyance dans notre propre potentiel ? Arrêter de nous martyriser, de nous juger ? Et si on apprenait à aimer notre être, notre culture, notre région, notre pays, notre continent, notre monde, notre planète, notre univers ? Il est si facile de croire que l'herbe est plus verte ailleurs, alors que nous avons un tel trésor devant nos yeux. Apprendre à aimer ce qui est, voilà un vrai chemin de réconciliation qui m'a ouvert les yeux à plus de simplicité.

Chacun.e de nous est amenée à vivre son karma, sa vie, ses épreuves, sa route. Il n'y a pas de chemin unique pour trouver le salut. Je n'ai pas eu besoin d'une religion pour me dire comment sentir et vivre ma Foi. Je respecte les croyances de chacun.e. Mais on peut être religieux sans sentir la Foi, et vice versa. Nous ne devrions pas nous faire la guerre pour nos religions. Chacun·e peut sentir l'appel du divin en lui, et ce, dans chaque religion. Qui sait si la Source de Tout n'a pas créé toutes ces religions différentes pour nous apprendre la tolérance ? Ce serait une sacrée leçon d'indulgence ! Je sens en moi cette énergie particulière qui habite mon cœur, mon corps, chacune de mes cellules. Comment ne pas observer la magie d'un corps et de la nature sans y voir la perfection ? La perfection n'est pas humaine. Mais bien plus grande que notre mental. Sommes-nous des particules de Dieu Déesse ? Chacun·e de nous contribue à l'ensemble. Pourquoi se battre pour quelque chose d'invisible ? Pourquoi ne pas laisser chacun·e de nous dans ses croyances si celles-ci font du bien, aident à vivre, à grandir sans gêner autrui ? Il faudrait que l'humanité se débarrasse de ses ennemis jurés : le jugement et la peur. Et pour cela, je n'ai pas trouvé mieux qu'un travail sur la conscience en examinant mon comportement, ma vie, ma relation aux autres et au monde… Nous ne sommes pas nos pensées. Par contre, nos pensées influencent la matière. Ce travail intérieur demande du courage parce qu'il y a eu la peur de perdre amis et familles. La crainte du rejet… La peur de changer pour rester dans la norme, être acceptée. La peur que personne ne comprenne. Mais un jour, j'ai vu cette flamme qui brille derrière l'ego : mon âme. Ton âme.

Dans les moments de tristesse et mélancolie
qui m'assaillent parfois,
Dans cette profonde solitude qu'est la vie,
heureusement il y a Toi...
Dans l'espoir d'une vie plus en paix,
malgré nos différends, il y a Toi...
Dans l'abyssale détresse de ne pas avoir
su demander de l'aide,
Tu m'as montré la voie...
Dans cet amour maladroit désirant grandir
pour mieux t'aimer,
Il y a ta douceur... et c'est Toi...
Dans cette colère face aux hommes trop violents,
Tu m'as montré la puissance de tes bras masculins
Dans cette impuissance à changer le monde,
J'ai appris à m'accepter pour Être... avec Toi...
Dans ma féminité blessée et la peur de la vulnérabilité,
J'ai déposé les armes au creux de ton Masculin généreux...
Ensemble, nous dansons la valse de notre complémentarité…
Ensemble, nous sommes plus forts, plus aimants,
plus en paix.
Merci à toi mon amour, mon ami, mon ange,
mon guerrier de la douceur...
Avec Toi pour la Vie.

Aujourd'hui

« J'ai crié ma liberté
Entendu ma vérité
Donné ma fécondité
Des mots pour nous faire rêver
Des sons pour nous évader
Du sens pour me rappeler
Qu'il y a de la beauté
Avec la féminité.
Bienvenue dans ma vie
Rêvons à deux à midi
Ou à mille à minuit
Un instant… une vie[23]*. »*

Aujourd'hui, je me sens l'âme d'une « guerrière » pacifique. La guerrière arc-en-ciel. Je suis mon propre ARC EN JE (archange) entre le monde intérieur et extérieur. Je n'ai plus peur de vieillir, car j'y vois de la sagesse toujours plus grande, donc davantage de paix. Vieillir sans enfant ne m'inquiète plus, car la solitude éventuelle et l'ennui peuvent devenir de bons compagnons de

23. Extrait de la chanson « Bienvenue », album Ô Féminin (auteure-interprète EstELLE Penain, compositeur David Keler), présente sur le CD bonus.

route nécessaires à l'écoute de ma propre spiritualité. Sans enfant, la vie s'ouvre à une forme de liberté, de curiosité des autres et pas seulement focalisée sur la famille. Femme = mère n'est pas l'unique voie pour se sentir complète. L'être humain reste bien plus complexe que les rôles qu'on a voulu lui attribuer. Si la maternité n'a pas voulu de moi, le désir trouve toujours son terreau quelque part. Et puis la mort ? N'est-on pas seul face à la mort ? N'est-ce pas un passage solitaire ? Faut-il faire des enfants pour ne pas être seul ? Il y a tant de raisons qui poussent à être parent. La maladie m'a obligée à me questionner. Aujourd'hui, je suis en paix avec ma place, ma mission de vie, la femme que je suis devenue, je dirais même plutôt l'être humain détaché du genre, du rôle qu'on a voulu m'attribuer, à l'écoute de mon guide intérieur : le cœur, siège de l'âme. Je regarderai toujours un bébé avec un élan d'amour profond parce que dans son regard, je vois l'immensité de l'univers, la pureté de l'âme, l'amour. Alors oui, je n'aurai pas cette chance de vivre en présence d'un bébé mais je me dis qu'un jour, si cela devient trop pesant, je pourrais toujours me proposer comme câlineuse dans les hôpitaux où les bébés naissent sans maman, ou maman toxico ou malade… Mes bras resteront toujours ceux d'une mère, avec ou sans enfant.

Aujourd'hui, l'endométriose s'estompe peu à peu de ma vie, mais je reste vigilante en continuant à soutenir le corps, l'âme et l'esprit, en prenant ma vie en main, en aidant d'autres femmes à accepter leur histoire, en me donnant les moyens d'être heureuse, en écoutant et accueillant ce qui EST... Je suis passée de dix-huit cachets anti-inflammatoires par lunes rouges à quatre comprimés. J'ai peu à peu cessé de passer une à deux journées au lit pendant les lunes rouges, pliée en deux par la douleur. Je suis passée du dégoût du sang à la récupération de celui-ci afin de le rendre à la nature pour son incroyable richesse en faveur de nos sols. Cuisiner sainement tout en gardant le plaisir est devenu vital. Changer mon alimentation m'a demandé plus de créativité. J'ai vite trouvé difficile la procréation médicalement assistée, que j'ai vécue, comme un calvaire, comme pour de nombreuses femmes. Pour celles qui franchissent ce cap, bravo, vous êtes courageuses ! Je souhaite à toutes mes sœurs atteintes de cette maladie de garder espoir pour celles désirant enfanter, d'accepter les femmes merveilleuses que vous êtes, même sans enfant pour celles, comme moi, qui n'ont pas été diagnostiquées à temps, ou pour celles qui sont devenues stériles, ou pour celles qui ne voulaient pas d'enfant. L'endométriose ne doit pas être comprise uniquement sous l'angle du problème de maternité, de l'infertilité. Il faut entendre toute la douleur que provoque cette maladie, les difficultés que connaissent ces femmes handicapées par un mal invisible mais bien réel, touchant autant le physique que l'émotionnel…

Une fausse couche et une insémination artificielle ont suffi pour m'éclairer sur mon potentiel à dépasser toutes ces contraintes de la PMA. Et puis, avec le diagnostic tardif, l'âge devenait critique. Je me suis dit que j'étais sûrement destinée à donner vie autrement, à nourrir ma communauté avec la créativité, une sorte de baume, de soin spirituel lorsqu'elle est partagée. Soigner, accompagner, accoucher de moi-même, être une sage-f-âme pour mon prochain, créer, partager, soutenir, éduquer, guider, écouter, accoucher l'autre dans un regard, un soutien, un sourire, n'est-ce pas aussi l'expression de ma part maternelle ? Je le crois…

Le besoin de me rapprocher de la nature a rendu à mon corps sa véritable place, loin du bitume permanent qui coupe de la terre. Les forêts et bois sont mon refuge, là où je peux laisser hurler la louve en moi, pour me réapproprier mon instinct sauvage et naturel. Au creux de la forêt, dans les champs, sur les petits chemins, les pieds dans le sable, dans la mer ou les ruisseaux, la vibration de mon corps grandit et la joie l'accompagne. Juste la joie de me sentir vivante. Les soins, les massages ont apporté le plaisir dans une vie trop rigide jusque-là. J'ai pris soin de moi comme une mère avec son enfant. J'ai laissé mes mains peindre, sculpter, modeler la terre et l'argile, écrire sans fin, juste en laissant l'inspiration se déverser. J'ai pris soin de mon couple, aimé les enfants autour de nous, les femmes et les hommes conscients de ce tournant nécessaire pour un mieux-vivre ensemble, j'ai pris soin des animaux et de la flore.

Aujourd'hui, je me vois de plus en plus devenir une sorte d'être androgyne autonome. Avec l'idée que la fraternité et la sororité devraient s'accoupler pour se fondre dans l'adelphité. En effet, je refuse de diviser ces deux éléments. Je souhaite tant embrasser cette relation nouvelle dans l'histoire de l'humanité : des êtres de deux sexes libres et égaux. L'histoire devrait se transformer. Le mot fraternité vient d'une époque guerrière, celle de frères d'armes, un concept né à la fin du XVIIIe siècle. De grands philosophes prétendent que la fraternité ne rejette en aucun cas les sœurs, donc les femmes. En réaction, à partir des années 1970, la sororité nous appelle. La solidarité entre exploitées crée amour et amitié, et surtout un lien social souvent absent du fait de l'isolement des femmes jusque-là. Cette affinité profonde est le pendant féminin de la fraternité. Mais encore une fois, la réaction apporte de la résistance. Que ce soit d'un côté ou de l'autre, nous ne sommes toujours pas en paix entre hommes et femmes, frères et sœurs. Nous en avons marre d'écouter encore et toujours le bourreau et sa victime. Il y a encore division. Il faut trouver le mot juste, celui qui réunit et ne divise plus. Pourquoi pas « l'adelphité », terme proposé par le mouvement féministe ? Cet état d'esprit où la sympathie, la solidarité et l'élan vers l'autre entraînent un plaisir à être ensemble en confiance, entraînant ainsi une grande créativité. Et si *Liberté, Égalité et Fraternité* devenait « Liberté, égalité et adelphité »?

Mais comme ce mot vient du féminisme, il me paraît important de partager ici mes réflexions sur le mouvement féministe. Aujourd'hui, pour moi, être féministe, ce n'est pas être contre les hommes. C'est revendiquer les mêmes droits que les hommes tout en gardant notre spécificité de femme. En tant qu'être humain, nous ne devrions pas faire de différences en termes de DROITS, mais voir la complémentarité dans nos différences homme-femme. Cela m'amène à dire que tant que nous nous définirons d'un côté ou d'un autre, nous créerons de la division. Donc de la résistance. Et donc l'impossibilité de se retrouver. Hommes et Femmes, nous ne sommes en aucun cas ennemis, mais les parties d'un tout. L'un ne peut exister sans l'autre. Alors pourquoi tant de haine et de mépris face à ce mot « féminisme »? Pourquoi l'égalité des droits est-elle un problème pour encore autant de gens sur cette planète? Que ce soit la haine de la couleur de peau avec le racisme, la hiérarchie des espèces avec le spécisme, la guerre des sexes avec le sexisme, la peur rôde toujours dans l'esprit de l'humain. Et là où la peur domine, il ne peut pas y avoir de place pour l'amour. Et nous revoilà au cœur de mon sujet : en traversant nos ombres, nous trouvons la lumière. En traversant nos peurs, nous pouvons en sortir, grandir et aimer…

Mes émotions et sentiments travaillent encore et toujours à me sentir vivante, imparfaite, parfois sympathique, parfois pas, parfois douce, parfois pas, parfois intelligente, parfois pas, parfois docile, parfois pas… Je ne suis qu'un être spirituel traversant une expérience humaine dans un champ de conscience globale, essayant de trouver du sens à ce chaos qu'on appelle la Vie. Je reste un être humain parfaitement imparfait, faisant l'expérience de qui Je Suis, gardant l'œil ouvert, la conscience alerte pour accueillir l'inconnu, là, face à moi, qui ne cessera jamais de changer… Car la seule chose qui ne change pas, c'est le changement… Alors bonne route à tous et toutes dans ce grand échiquier que sont la VIE et la Mort. Parce que, n'oublions pas que nous sommes nés poussière et retournons à la poussière, une parenthèse éphémère, une virgule temporelle dans cet espace-temps… Nous sommes des enfants des étoiles avec du calcium dans nos os, du fer dans nos veines, du carbone dans nos âmes, de l'azote dans nos cerveaux… comme les étoiles. Nous sommes des poussières d'étoiles avec un prénom et un nom…

Toutes les expériences et les voyages de groupe que j'ai connus m'ont appris à me connaître individuellement à travers le miroir des autres et l'observation de mon propre comportement. Je crois que la libération du papillon approche. Femme chenille pendant toutes ces années, je sens que la chrysalide perce pour laisser sortir les ailes. Le corps est en pleine mue. Il reste encore quelques hésitations, bien sûr. Mais je sais que je suis en train de prendre l'envol que j'ai longtemps cherché. Un envol simple. Sentir la paix intérieure sans attendre quoi que ce soit de la vie, si ce n'est aimer et vivre dans l'acceptation. Je sais qu'il y aura encore des épreuves, mais je ne suis plus outillée de la même manière. Je ne me sens plus seule. Mais accompagnée par ma propre puissance intérieure qui, si je l'écoute dans le silence de la méditation, sera toujours là pour me guider vers le meilleur choix. Il n'y a plus à douter. Ce poison qui rend la vie floue, comme un bateau sans capitaine. Le capitaine, c'est moi. Et je saurais mener ma barque par vents et marées.

De la dualité à la complémentarité

« Ô Création, je te vénère
Essence de mon être cher
Sans Création, point de vie
Telle une mère, tu donnes vie[24]*. »*

Après presque vingt ans de recherches intensives sur l'être, je ne suis pas encore tout amour parce qu'imparfaite, et qu'enfin je l'accepte. J'entends encore le mental me mettre des freins, sauf que maintenant j'en ai conscience. Je ne vis pas le bonheur en permanence, mais je sais comment sortir de l'état de mal-être. Je ne dis rien qu'on ne sache déjà mais j'apporte ma contribution par nécessité vitale. Je ne donne aucune leçon, mais j'apprécie de rendre ce que j'ai reçu et, ainsi, je participe à la respiration de l'univers. Je ne sais rien pour l'autre, mais je peux faire miroir. Je suis comme vous, une personne en chemin qui ose montrer sa vulnérabilité car je n'ai rien d'autre à offrir que mon moi transformé par la Vie. Personne ne sait ce qui est juste pour vous. C'est pour cela que nous ne pourrons jamais tous nous comprendre. Seulement nous accepter. La route de l'autre peut faire écho à la

24. Extrait du poème/slam « La Création », EstELLE Penain.

nôtre. C'est ce que nous cherchons dans le regard d'autrui, dans le partage, dans l'initiation spirituelle ou celle de la vie quotidienne. Un enfant, un vieillard, une femme, un homme, une enseignante, un politique, un ouvrier, un banquier, un athée, une musulmane, un catholique, un juif, une bouddhiste, un auteur, une athlète, une caissière, etc. Ce ne sont que des étiquettes mentales qui caractérisent un être ou une situation. Mais derrière l'étiquette, le jugement ou l'apparence, nous sommes UN dans nos différences. Nous sommes des âmes remplies d'amour, cachées derrière des montagnes de peurs. Regardez un enfant ! Il naît et arrive dans nos vies avec ce regard d'ange. Il émane de lui une sagesse, pour qui sait le voir. Nous naissons amour. Et un jour, on nous dit : attention, à trop aimer on souffre. Qu'à trop rire nous nous faisons remarquer, qu'à trop briller nous faisons peur. Et alors nous nous éteignons à notre beauté déjà présente. L'arrivée de la mort précipite certains dans un océan d'effroi, celle de l'incompréhension qu'ils ont eue de la vie. Pourquoi passer sa vie à lutter ? Parce qu'on nous l'a appris. Parce que nous sommes restés animaux dans le rapport de domination, alors que nous avons une conscience tellement plus évoluée. Réapprendre à être cette enfant pleine de joie et d'amour, mon état naturel, m'a demandé de faire tout un chemin spirituel. Personne ne doit traverser l'océan, prendre des plantes, être initié par un maître s'il n'y est pas poussé par un appel du cœur. Chacun de nous doit trouver sa propre route, à l'écoute de son cœur. Ce qui me paraît commun, c'est la nécessité de guérir nos polarités blessées par des années de guerres de religion, de sexe et de territoire. Je crois qu'en guérissant notre féminin, nous offrirons un espace sécurisé pour que le masculin puisse se déployer dans toute sa splendeur, dénué de violence, pour construire un monde plus respectueux de nos valeurs humanistes. Les femmes peuvent contribuer grandement à ce changement nécessaire pour la survie de notre espèce. Nous pouvons prendre notre place et honorer la Vie, permettre aux hommes de vivre dans un espace sacré et sécurisant, portés tous deux par l'amour de leur complétude. Un héros et une héroïne… Je prie pour qu'un jour, ensemble, nous puissions vivre à l'unisson sans peur de l'autre, parce que nous aurons fait le chemin de la tête au cœur. Et pour cela, il faut dépasser l'ange ou la bête en nous, l'ombre et la lumière, le bien et le mal. Sûrement le chemin de plusieurs vies. La destination semble la même pour tous et toutes. Mais les voies d'accès multiples. La bonne nouvelle, c'est de savoir qu'il n'y a pas que deux options possibles : la dualité, le bien et le mal, l'ange et la bête. Il y a une troisième porte, très petite mais réelle. Voilà où se situe ma conscience actuelle. À l'orée de cette expérience. Je ne l'ai pas encore pleinement vécue. Je la conscientise, la comprends peu à peu et vous la partage. Cela deviendra sûrement un autre témoignage, dans quelques années. Quand j'aurai atteint l'éveil. Quand je serai devenue pleinement observatrice du moment présent, observatrice de cet être humain dans un corps de femme, s'appelant EstELLE, jouant le rôle de sa vie dans un film appelé LA VIE, quand j'aurai suffisamment expérimenté la vision quantique qui dit que je suis LA SOURCE de la manifestation qu'on appelle LA VIE, quand j'aurai intégré qu'il n'existe rien d'autre que le moment présent et que dans la méditation, je peux goûter à cet état de présence puisque c'est ma véritable nature, quand je serai témoin du moment présent en permanence ne cherchant plus rien que ce qui est à chaque instant, quand je ne m'identifierai plus à ce corps, cette identité et cet ego, quand je serai éveillée…

Pour le moment, j'ai saisi que la conscience peut alchimiser le bien et le mal en regardant de près nos croyances et nos structures mentales dans la dualité, et ceci à travers un travail sur l'émotionnel. En gros, ne plus juger la vie en bien ou mal. Pas facile ! Car cela demande une intégrité totale et l'acceptation que je suis à l'origine de l'univers de dualité dans lequel je vis.

En gros, l'hypothèse quantique qui dit que nous créons notre univers à chaque instant. Le bien et le mal inclus. Nous alimentons son fonctionnement par nos pensées, notre façon d'être. La société reflète nos consciences individuelles. Il y a donc une vigilance pour aller vers une vision élevée de l'être. La plus grande maladie de l'humanité a toujours été l'ignorance. Nous vivons dans un monde qui nous paraît normal. Norme – mâle. La voie patriarcale. Il faut du courage et du discernement pour se réveiller et accepter que la voie unique entraîne un déséquilibre et des conflits. L'oubli et le rejet créent colère et rébellion. Il est donc nécessaire de s'informer pour retrouver sa liberté. Pour sortir du concept duel, il faudrait arrêter de lutter pour une cause au détriment d'une autre. Réhabiliter la place du féminin ne se fera pas en supprimant la place du masculin. Il y a à accepter l'ensemble dans ses différences.

Dans le chaos dans lequel nous vivons, il y a un retour vers l'ancien et le religieux afin de trouver le salut dans la Foi par l'existence d'un Sauveur qui rétablirait la paix mondiale comme à une époque lointaine. Si j'entre dans le jeu de la peur, suis-je alors résignée à trouver ce Sauveur ou bien à me rebeller contre le système ? Dans ce cas, je nourris la violence mondiale. Si j'accueille et accepte ce monde imparfait, je peux créer celui que je souhaite en utilisant ma véritable essence créatrice.

Quand ce n'est pas un retour au religieux, j'ai remarqué la fougue occidentale pour l'homme ou la femme médecine amazonienne. Au début, les toxicomanes rendaient visite à ces chamans d'Amazonie péruvienne pour s'arracher à la drogue. Puis l'engouement des Occidentaux a créé un tourisme chamanique inquiétant. J'ai fait ce chemin parce que j'avais reçu un enseignement en amont, qui m'avait préparée à ce voyage au-delà de notre culture. Mais je n'aurais jamais tenté cette aventure sans préparation, sans suivi, sans être accompagnée. Ce qui n'est pas le cas aujourd'hui face à cet engouement où tout le monde semble devenir chaman en un coup de baguette magique. Je me méfie particulièrement de tous ces chamans occidentaux qui fleurissent partout sous prétexte qu'ils ont suivi un enseignement de quelques mois (et encore, je suis sympa, parce que certains veulent enseigner après une seule initiation). C'est notre coupure à la nature, à nos rituels ancestraux, à nos traditions qui fait que nous avons soif de revenir vers l'essentiel. Mais devons-nous aller à l'autre bout de la terre quand on est né sur une terre européenne? Ne pourrions-nous pas renouer avec nos anciens druides et autres traditions plutôt que de vouloir goûter à ce breuvage de plantes péruviennes? Je ne regrette pas d'avoir tenté cette expérience parce qu'elle faisait partie d'un enseignement global. Mais je ne prônerai jamais ce chemin à quiconque. Surtout pas dans le cadre de cette mode du néo-chamanisme à l'occidentale. Nous ne sommes pas faits pour endurer physiquement ce genre d'expérience, à la différence d'un sorcier amazonien qui a grandi dans cette tradition. Et puis, un chaman peut avoir une grande expérience des plantes sans pour autant être dénué d'un ego surdimensionné. Être chaman n'est pas à la portée de tout le monde. Il faut être capable de ne pas tomber dans le piège du pouvoir. Bien se renseigner, si vous sentez l'appel. Le bouche-à-oreille reste le meilleur moyen de savoir où vous allez mettre les pieds, ou plutôt à qui vous allez confier votre âme. Responsabilité suprême !!!

J'ai failli tomber dans le piège du New Age, qui cible l'émotionnel, en valorisant uniquement la lumière. Dans l'univers quantique, j'ai compris que les deux polarités reçoivent la même dose d'énergie de la Source. Elles ne sont pas en opposition, mais complémentaires. Selon une loi physique, deux forces restent en équilibre si elles s'opposent avec la même force. L'ombre n'est peut-être que de la lumière sombre, siège de notre karma non libéré? Nous avons cette part sombre en chacun de nous. Ne faut-il pas accepter que des « démons » soient présents en nous, puis nous pardonner ? Pour beaucoup d'entre nous, nous manquons de foi. C'est exactement le chemin que je fais depuis tant d'années. Nous avons en nous le pouvoir de guérir, mais nous préférons trouver des guides qui sauront nous dire ce qui est bon. En fait, nous manquons cruellement de confiance en nous et d'estime. Si l'amour était enseigné à l'école, si on nous apprenait à nous accepter dans nos différences dès l'enfance, si nous ne cherchions pas à nous changer mais à laisser notre amour nous guider, si nous pouvions être soutenus dans nos communautés au lieu de chercher le salut seul dans son coin, si, si, si… Il y a tant à construire plutôt que de lutter contre un système qui s'effrite car il ne correspond plus à la fréquence de nos cœurs. J'ai espoir… La solution ne semble plus se situer dans la lutte, le combat ou la fuite, jeu de l'ego dont l'histoire n'a cessé de nous montrer cette illusion de puissance. Une autre illusion serait de croire à l'unité des deux pôles (masculin et féminin) sur une même fréquence. Il est impossible de créer un monde d'unité dans un système de dualité ! Je peux participer à la création de ce nouveau monde à travers la vibration d'un nouveau champ d'énergie, libéré de son programme de dualité. Augmenter mon taux vibratoire, ma fréquence (parce que le monde vibre, que tout est connecté) à travers la méditation, la nature, la créativité, la prière, la purification des lieux, la joie, la respiration, le sourire, l'amour, les massages, la marche, le rire, la danse, le chant, l'écoute, la nourriture saine, le yoga, l'eau, la respiration… et tout travail appelant à se sentir aligné avec qui l'on est, quel que soit le travail accompli. Que fais-tu comme création dans la vie ? Voilà une nouvelle façon de se parler qui me plaît bien… parce que je crée ma vie à chaque instant.

Nous sommes les artisans de demain, soucieux de cocréer une société culturelle riche, porteuse de vie et de projets novateurs pour le bien commun. Nous pouvons devenir conscients de notre façon de consommer et notre alimentation. Il ne s'agit pas de culpabiliser qui que ce soit, mais juste d'observer l'expérience que l'on appelle la vie et voir ce que nous voulons en faire, chacun à notre niveau, à notre manière, avec notre potentiel individuel unique… N'est-ce pas là notre réel pouvoir, ce qui fait de nous, non pas des êtres impuissants devant le chaos mondial mais des êtres actifs et cocréateurs·trices de nos vies par nos actes, nos pensées, notre façon de consommer et de participer ? Chacun·e de nous a sa place et son rôle à jouer dans ce grand théâtre de la Vie en apprivoisant cette part féminine de la planète qui demande à être respectée et honorée, surtout en cette période où les trois quarts de l'humanité sont menacés de mourir de chaud selon une nouvelle étude tirant la sonnette d'alarme : en l'absence de réduction drastique des émissions de CO_2, jusqu'à 75 % des habitants de la planète pourraient être victimes de vagues de chaleur meurtrières à l'horizon 2100. La Terre notre maison et nous-mêmes, nous voulons encore un avenir pour nos enfants, n'est-ce pas ? L'écologie du corps, de l'âme et de l'esprit appelle à l'écologie de la terre.

En prenant le temps de découvrir mes terres intérieures, je ressens moins l'envie de traverser les océans pour me changer les idées, apprendre une autre culture. Je sais qu'à l'intérieur de moi, dans la pratique méditative, je peux voyager où je veux en conscience et ressentir des émotions. N'est-ce pas un chemin vertueux, du coup ? En méditant, je protège davantage ma planète et fais reculer la pollution en évitant de voyager en permanence à la recherche de quelque chose qui se trouve déjà en moi et tout près de moi. Ai-je besoin d'aller voir si l'herbe est plus verte ailleurs alors qu'il y a tant de beauté près de moi que je n'ai pas pris le temps d'observer ? Pourquoi m'éparpiller partout alors qu'en me centrant, je peux faire l'expérience du Tout ? Parce que la méditation, c'est cette capacité à voyager avec la conscience tout en restant assis, ou marchant ou faisant les choses en conscience, pleinement… Pourquoi vouloir gravir l'Everest au lieu de me contenter de mes vallées ? Toujours plus, toujours plus grand, pour qui ? Pour moi, pour plaire aux autres ? N'y a-t-il pas mieux que de passer son temps à vouloir plaire pour être aimée ? Ne puis-je pas être aimée pour qui je suis et non pour ce que je fais ? Autant de questions auxquelles la spiritualité a apporté des réponses…

Accueillir ce qui est...

« Je vous offre mon Verbe pour embellir la vie
Apporter de la lumière, des sourires et de la profondeur aussi
Les mots pansent les maux par son eau purificatrice
Apportant au monde un peu de sa lumière réparatrice.
Je suis au service de l'art et des mots
Pour donner vie et nous envoler très haut[25]... »

J'ai traversé l'ombre et la lumière. Parfois en bas, parfois en haut, parfois l'enfer, parfois le paradis. Pour savoir qui je suis, je dois savoir qui je ne suis pas. Tout ce que je sais, c'est que je ne sais rien... Ce qui est juste pour moi en 2018 risque de bouger avec les années. Plus j'avance, plus je lâche prise de la compréhension. Il n'y a pas de connaissance sans expérience... Seule l'expérience compte. Parce que la dualité doit se vivre pour pouvoir l'accepter et la transcender.

L'avantage d'avoir accompli ce chemin spirituel et artistique, l'un nourrissant l'autre, c'est la sensation de détachement progressif envers la souffrance et donc une forme de liberté. Voilà le cadeau ! Aujourd'hui, la créativité m'apporte une grande satisfaction et une nourriture spirituelle que je ne cherche plus à l'extérieur.

25. Sans titre, EstELLE Penain.

Elle se manifeste au bout de mon crayon, pinceau ou voix, dans la solitude et le partage. La paix intérieure se gagne au prix d'efforts dans un premier temps, puis d'acceptation, de lâcher-prise. Avoir suivi des enseignements avec des êtres éclairés, inspirants, m'a permis d'éviter des pièges sur le chemin du réveil à ma véritable nature, car un maître cherche à élever ses élèves au-delà de l'ego et nous amener à vivre pleinement notre potentiel de vie. Dans mon manque de confiance intense, je ne pouvais que chercher à valider mes ressentis et intuitions à travers le regard d'une autorité de sagesse. Et puis l'expérience de l'autre m'intéresse. Rencontrer une personne pleine de sagesse, un guide, une âme évoluée, reste une expérience fantastique, extraordinaire et pleine d'amour parce que l'état de transcendance ouvre à l'amour… Mais un enfant, écouter la vie d'une vieille personne, observer la nature, vivre au contact des animaux, tout cela peut tant apporter, peut également métamorphoser une vie… Chaque jour, la Vie peut nous enseigner. Question de regard. De conscience. D'état de présence. Et si la présence, c'était cela la Source que l'on appelle Dieu ? Si nous étions des étincelles de cette merveilleuse lumière ? Si nous étions la Source d'un grand Tout ?

Finalement, après tant d'années de recherches, je crois que nous avons tout en nous. La résistance à accueillir ce qui est, crée de nombreuses souffrances. Pourquoi se demander comment trouver le moment présent, le lâcher-prise ? Il n'y a pas à chercher dehors quelque chose qui existe déjà naturellement en nous. Par l'accueil, par l'écoute, par le dépassement de notre ego peureux, nous pouvons goûter à notre être véritable. L'accueil vient de notre relation avec notre féminin profond. N'est-il pas temps de l'aimer ce féminin ? De lui redonner ses lettres de noblesse ? De ré-enchanter le monde par notre beauté et notre puissance ? Je ne crois pas qu'accepter veut dire se résigner, ne rien faire. Accepter signifie lâcher prise sur ce que je ne contrôle pas. Comme la marche du monde. Ou simplement l'autre. Celui qui n'est pas moi. Par contre, accepter ma place, mon potentiel pour en faire quelque chose pour le monde, pour ma communauté, ma famille, mon couple et moi-même, voilà ce qui est possible. Nous vivons des situations injustes partout. Bien entendu, c'est intolérable. Mais la révolte nourrit la violence. La seule chose que je puisse faire, parce que je ne peux pas défendre toutes les causes, c'est d'accepter que ces injustices existent même si je rêve d'un monde parfait. Ensuite, c'est d'observer ce qui se passe, et avec mes capacités et mon potentiel, agir à mon niveau de possibilité. Voilà ce que veut dire accepter… Accepter n'a rien de passif. Au contraire… C'est un acte conscient qui peut faire sens dans une vie… Il y a de tout pour faire un monde. Chacun peut trouver sa place. Il m'a fallu des années pour la trouver. C'est ce que j'appelle le chemin de résilience…

J'ai hésité avant de témoigner, préférant raconter des histoires et inventer une vie avec des personnages dans mes slams, chansons et romans. Il m'a fallu du courage pour oser révéler ce chemin, parce que la pudeur m'a souvent donné envie de faire marche arrière. Partager sa vulnérabilité n'est pas chose aisée. Mais à force de rencontrer des femmes en souffrance dans leur vie sentimentale ou à travers la maladie endométriose, des hommes insatisfaits par le rapport entre nous, par le soutien inconditionnel de mon amour Gaël, de mes sœurs de chemin, par l'envie d'une maison d'édition de mettre en lumière ce parcours, à l'orée d'un changement profond de la société et des individus, j'ai senti que le moment de partager mes années d'exploration de conscience était venu. En effet, à travers la dépression et la maladie, je me suis intéressée au rapport à soi-même, à l'autre, à la société, la faune, la flore et l'univers. J'y ai passé du temps, de l'argent, de l'exigence, de la persévérance pour essayer de comprendre et d'envisager la vie autrement que par le moule sociétal. Comme toute génération, à ma manière, j'ai cherché à faire évoluer cette société. Chaque grain de sable contribue à l'ensemble. Il ne faut pas sous-estimer le travail intérieur ! Je reste persuadée que c'est ainsi que nous changeons réellement le cours de nos vies, et donc celle de notre famille, communauté, nation, pays, monde…

De cette souffrance est née une force par la volonté de traverser mes abîmes. Tel le Phénix, de mes cendres, je suis re…née… Peut-être même ressuscitée de ces morts symboliques… Par cette expérience de libération, de guérison physique et émotionnelle, d'ouverture vers plus d'amour, j'ai appris à ÊTRE sur le plan physique (agir avec le cœur), le plan émotionnel (écouter mon âme), le plan mental de la conscience (recevoir l'Esprit) et le plan spirituel (l'Amour de Soi par la lumière).

J'espère que ce partage d'expérience, cette résilience, trouvera résonance en apportant un coin de ciel bleu dans votre jardin intérieur, cet espace où tout est là… Peut-être même une clé ? Si c'est le cas, alors à votre tour d'ouvrir vos propres serrures…

Je vous invite dans mon univers
La tête dans les étoiles et les pieds sur terre
Voilà qui je suis au service de l'humani-Terre
Une tisseuse entre Ciel et Terre…
Une tisseuse entre Père et Mère…

Changer le monde

J'ai longtemps cherché comment changer le monde...

Pour changer le monde... J'ai appris à remercier, à cultiver la gratitude, car nous donnons et recevons, participant ainsi à la respiration du monde.

Pour changer le monde... J'ai fait la liste de mes envies, de ce qui me fait vibrer et je me suis mise à vivre le plus en accord avec mes « tout doux listes » du bonheur.

Pour changer le monde... J'ai appris à accepter de l'aide, à me laisser glisser dans mon chaudron magique pour transmuter les mémoires dans les flammes de mon élixir de vie en méditant, observant et accueillant ma puissance créative.

Pour changer le monde... J'ai appris à regarder l'autre avec des yeux remplis d'amour, mais également à accepter d'avoir des moments de violence, d'incompréhension que je soulageais dans une activité physique ou dans la créativité.

Pour changer le monde... J'ai appris à regarder l'homme autrement, à travers l'observation de mon fiancé, que je côtoie au quotidien, voyant combien il traversait aussi son masculin blessé par les longues guerres de ses aïeux. J'ai senti sa souffrance et sa lutte, sa culpabilité, son fardeau et j'ai compris que je pouvais être son refuge.

Pour changer le monde… J'ai appris à aimer mon père, mon beau-père, mes grands-pères, mes oncles, mes anciens amoureux et mes frères de chemin, parce que chacun d'eux m'avait enseigné quelque chose. J'ai appris à aimer ma mère, ma belle-mère, ma sœur, mes grands-mères, mes tantes et toutes mes sœurs de chemin, parce que chacune d'elles m'avait montré une facette de mon être.

Pour changer le monde… J'ai compris que je pouvais me sentir protégée par un homme si je l'encourageais, je l'entendais. J'ai appris à être nue devant lui, à danser ensemble dans nos forces et fragilités, sans peur d'être trahie parce que la confiance et la loyauté ont toujours été le socle de notre relation.

Pour changer le monde… J'ai appris à devenir vulnérable et permis à la puissance d'un homme de m'envelopper de son bras protecteur. J'ai appris à canaliser toute ma colère envers l'homme pour les abus perpétrés depuis si longtemps, à me laisser tomber dans ses bras les yeux fermés sachant qu'il serait toujours là, à faire confiance à la Vie.

Pour changer le monde… J'ai compris que je pouvais être femme avec ou sans enfant, ce qui comptait, c'était de nourrir d'une manière ou d'une autre. J'ai appris à devenir une femme aimant la vie sans enfant, sans me sentir jugée. La maladie ne devrait pas être un prétexte pour aimer une femme sans enfant. Chaque femme a le droit d'enfanter un être ou pas… En acceptant tout cela, j'ai guéri de mon mal profond peu à peu… J'ai senti que mon utérus pouvait guérir en purifiant de vieilles blessures.

Pour changer le monde… J'ai compris que la vie ne me demande pas de comprendre, de découvrir qui je suis mais de savoir ce que je veux être. La vie est devenue une création consciente, une œuvre d'art que je sculpte à chaque instant.

Pour changer le monde… J'ai compris que le féminin et le masculin réconciliés étaient une voie nécessaire pour un monde en paix. Que cette notion de polarités dépassait la notion de genre. L'être androgyne que je suis devenue ne se demande plus s'il doit se comporter comme un homme ou une femme mais comme un être humain à l'écoute de son âme, valsant parfois dans sa polarité masculine, parfois féminine, laissant danser les multiples facettes qui composent un être humain.

Pour changer le monde… J'ai goûté à la chance de partager notre vie avec deux petites chiennes. L'âme d'un animal peut aider à guérir. Leur joie de vivre, leurs jeux, leur amour inconditionnel, leur capacité à vivre l'instant présent sont autant de cadeaux que mes chiennes m'offrent au quotidien comme des soleils qui nous inondent d'amour chaque jour. Depuis mon enfance, j'ai toujours senti un amour très fort pour les chiens, les chats, les chevaux et les dauphins. Je respecte profondément le règne animal. Nous avons tant à apprendre d'eux.

Pour changer le monde… J'ai arrêté de manger des animaux parce que tant qu'il y a de la violence, le monde ne pourra jamais connaître la paix, parce que les animaux ont une sensibilité évidente et un degré d'amour si fort qu'il m'est difficile de participer à cette boucherie mondiale (3 millions d'animaux tués par jour en France, 142 milliards sont tués dans le monde chaque année pour être mangés), parce que notre organisme vit très bien sans manger de chair animale.

Pour changer le monde… Je défends l'écologie du corps, de l'âme, de l'Esprit, de la Terre et de ses habitants locataires de passage…

Pour changer le monde… Je prends soin de mon être et ainsi, je peux prendre soin de l'autre. J'apprends à m'accepter pour mieux accepter l'autre avec nos différences quelles qu'elles soient (race, sexe, espèce etc.).

Pour changer le monde… Je fais confiance à la Vie, à la Source, à la Grande Intelligence de cet univers parce que je ne peux pas changer le monde mais seulement accepter ce qui est, tout en agissant selon mon cœur et mes possibilités.

Pour changer le monde… Je continuerai d'apprendre à aimer parce qu'il n'y a rien de plus merveilleux que d'aimer…

Langage des oiseaux

Ô Poésie, j'entends tes mots
Des maux pour aller encore plus haut
Des sons aux couleurs des oiseaux
Chantant notre âme, ce beau vaisseau…
Ô évangile selon Saint-Jean
Au commencement était le Verbe
Et le Verbe était en Dieu
Et le Verbe était Dieu…

Autour de nous, de la matière
J'entends chanter l'âme à tiers
Un tiers d'âme en partage
Avec deux autres en héritage…
Trois passages pas si sages
Avant de trépasser à pas d'âge

Une âme en apprentissage
Pour ma quête des trois passages…

Ai-je besoin d'un joli pont
Entre mon âme et l'univers
Des prophètes aux si jolis noms
Pour trouver ma voie salutaire ?
Entendre la mélodie des ANGES
Trouver cette musique EN JE
Pouvoir recevoir les messages
À l'intérieur, dans le centrage…

Unir l'intime à l'extérieur
Marier les deux, c'est un bonheur
Un ARC EN JE s'est révélé
M'apportant toute ma vérité…
Deux c'est le Bi
Bi devient Un
Un le Bi UN
Bien pour les Siens…

Les mots comme des SECRETS
Là où tout SE CRÉE
Chanter comme les oiseaux
La poésie vient d'en haut…
Ô Poésie, langage de la félicité
Un nectar versé dans mon calice
Un secret d'initié partagé
Pour un retour vers la Matrice…

Remerciements

J'ai une profonde gratitude pour tous les anges croisés sur ma route, fil d'or de reliance entre vous et moi pour faire exister ce livre. Merci à mon amie Céline Anaya Gautier pour son regard, notre amitié, nos échanges passionnés et son soutien dès le début de cette aventure en me proposant d'ouvrir son carnet d'adresses avec la rencontre de Florence Lécuyer, merci à elle pour son passage de flamme à Stéphanie Honoré, cette belle âme qui a su me guider et m'honorer, me présenter à la maison d'édition Leduc.s pour mon témoignage. Merci à mon éditrice Barbara Astruc pour sa confiance et son enthousiasme à mettre en lumière mon chemin ainsi que toute l'équipe des éditions Leduc.s, à Estelle Durand pour son œil averti et précieux sur la sève éditoriale, Caroline Obringer pour la commUNIcation tellement nécessaire et précieuse, à Alice Bercker pour la coordination éditoriale. Je remercie particulièrement Gaël Lichan pour tout son amour et son soutien sans faille depuis le début de notre rencontre il y a bientôt dix ans, pour avoir produit cet album qui me tient à cœur et qui va prendre vie dans le CD bonus de ce livre, merci à toute l'équipe qui a contribué à la naissance de ces mots mis en musique par David Keler à la réalisation musicale et Jérôme Sztajman alias Jay.S pour son featuring et ses conseils artistiques, Chab pour avoir apporté son mastering légendaire dans le monde musical. Je me sens pleine de gratitude pour avoir collaboré avec toute cette merveilleuse équipe afin de vous offrir mon témoignage en mots et en musique puisque l'écriture, la poésie, la musique avec la peinture sont mes espaces créatifs préférés dans lesquels j'offre ce que la Source me donne à travers mes mains et mon âme…

Merci à Lise Bartoli pour la préface de ce livre, la lecture et son regard bienveillant, à Anne Cazaubon, Céline Anaya Gautier, Caroline Ithurbide et Johanne Toledano pour avoir lu ce témoignage en avant-première, pour leurs mots sincères et authentiques que je reçois comme une marque de sororité et de confiance qui me touche beaucoup.

Une gratitude infinie pour les personnes qui ont marqué ma vie par leur enseignement riche, profond autour de la connaissance de l'auto-guérison, de l'auto-libération. Ces êtres rares qui consacrent leur vie à aider les autres à devenir libres m'ont amenée à contacter ma guidance intérieure. Merci à Eric Sanchez mon initiateur américain, Amélya Tawil à la naissance de ma quête et sa guidance pour mieux être, le professeur Amrani Joutey dans sa recherche autour de la dynamique matricielle, Joachim Loup Blanc avec son chamanisme de l'origine, Patricia Salgon pour son approche intelligente de la psychothérapie, Franck Muller pour ses harmonisations éclairantes, Marianne Roques, Marie-Françoise Bourgeois pour l'approche au féminin, Amma pour ses darshans puissants, Mireille Foissey et Claude Jarry De Loges pour l'astrologie karmique, Henri-Pierre Pace et ses mains en or, Pierre Etevenon pour son travail autour des états de conscience modifiée et sa révélation de la poésie comme état de conscience particulier, Isabelle Turpin pour le partage des treize mères originelles sur la profonde féminité, Gabrielle Roth pour la danse des cinq rythmes, véritable moteur de transformation, Lise Bartoli pour son amitié et nos partages éclairants, Claire Marquet pour sa kinésiologie réparatrice, Claire Cordié pour ses massages énergétiques, Gabriel pour nos échanges virtuels d'une grande profondeur, Miranda Gray pour ses bénédictions de l'utérus, Marie-Lise Labonté pour son témoignage sur la guérison et le pardon, Pierre Rabhi pour son écologie holistique et notre échange passionnant, Corine Sombrun pour le partage de son expérience chamanique au féminin, Marc Vella avec sa caravane amoureuse et son éloge de la fausse note, Véronique Chabernaud pour la vitalité et le leadership éthique d'Edel Gött, Stéphanie Boulay et Rina Marsot pour l'efficience globale, Julie Lacoste pour le coaching personnalisé, Brunehilde Yvrande pour sa guidance dans la danse et cérémonie du cacao, la méthode France Guillain et ses bains dérivatifs pour diminuer l'inflammation chronique, Nicolas Dubois, Xavier Pineau et Nicolas Granier pour leur dévouement à créer un collectif d'artistes éclairés appelé Humanence, Nelly Sayag et son équipe à Femmes 3000. Merci à mes parents, à ma sœur et mes quelques amis proches, à ma belle-famille, à mes partenaires de chemin ayant contribué à cette ouverture de conscience ainsi que les anonymes qui ont contribué à mon réveil… Et une grande gratitude de recevoir de la Source ou de cette grande Intelligence, au Dieu Père Déesse Mère pour toute cette abondance de mots et poésie…

Merci aussi à tous ces conférenciers et lectures qui ont ouvert davantage ma conscience à une autre réalité possible. Particulièrement à Clarissa Pinkoles Estés, Jamie Sams, Miranda Gray avec leur livre sur la profonde féminité, Simone Veil, Elisabeth Badinter sur la place de la femme, Guy Corneau sur la relation parents-enfants, Jacques Salomé pour sa spiritualité, Eckhart Tollé pour l'instant présent, Neale Donald Walsh et ses conversations avec Dieu, Lise Bourbeau et ses cinq blessures de l'âme, Thich Nhat Hanh pour la vie consciente, Carl Jung, Maureen Murdock, Boris Cyrulnik, Julia Cameron, Docteur Murphy, Deepak Chopra, Omraam Mikhaël Aïvanhov, le Dalaï Lama, Krishnamurti, Bernard Montaud, Serge Hefez, Carlos Castaneda sur la conscience, ainsi que tous les poètes et romanciers dont la plume a aiguisé mon amour de la littérature et de la poésie comme Simone de Beauvoir, Marguerite Yourcenar, Baudelaire, Françoise Sagan, Serge Gainsbourg, Léo Ferré, Jacques Brel, Barbara, Christiane Singer, Joseph Campbell, Olympe de Gouges, Michel Jonasz, Jim Fergus, Platon, Hélène Frain, Didier Van Cauwelaert, Stefan Zweig, Jean-Paul Sartre, Daniel Pennac, Bernard Werber, Paolo Coelho, Milan Kundera et encore tant d'autres artistes dans les domaines artistiques, scientifiques, sociologiques et spirituels…

Enfin… Merci aux Femmes et aux Hommes soucieux de contribuer à rétablir l'harmonie sur Terre afin de permettre à nos enfants d'avoir un avenir plus respectueux de la VIE.

Merci à tous les enfants de la Terre pour tout ce que vous allez accomplir parce que chacun de nous a sa place à prendre et son rôle à jouer, quel que soit le rôle…

Merci la Vie de m'offrir ce chant des possibles…

EstELLE Penain

Ce livre est accompagné d'un CD de 10 chansons de l'auteure.
Les pistes du CD sont également disponibles en téléchargement :
– sur la page suivante : http://blog.editionsleduc.com/o-feminin.html
– sur l'application Marque-Page, en scannant cette page (voir ci-dessous pour plus d'explications).

MARQUE-PAGE

Séances audio, vidéos explicatives, interviews, liens... Nos livres s'animent désormais grâce à des contenus digitaux exclusifs ! Il vous suffit d'ouvrir l'application pour scanner la page du livre, et vous découvrirez alors des contenus originaux pour aller encore plus loin dans la lecture de nos livres.

Comment ça marche ?

Marque-Page vous permet de flasher les livres des éditions Leduc.s.
- Téléchargez l'application et ouvrez-la
- Flashez les pages de nos livres où apparaît le logo « Marque-Page »
- Découvrez des contenus exclusifs directement sur votre smartphone ou votre tablette !

Télécharger dans App Store   Disponible sur Google play